河南省哲学社会科学规划项目《新时期河南省文化产业发展战略研究》（2013BJJ023）、河南省教育厅科学技术研究重点项目《河南省文化产业园区发展路径研究》（13A790098）
河南省高等学校青年骨干教师资助计划

基于产业集群的文化产业发展战略研究

张洁梅　著

中国经济出版社
CHINA ECONOMIC PUBLISHING HOUSE
北京

图书在版编目（CIP）数据

基于产业集群的文化产业发展战略研究 / 张洁梅著．
北京：中国经济出版社，2014.7
ISBN 978 - 7 - 5136 - 3349 - 9

Ⅰ.①基… Ⅱ.①张… Ⅲ.①文化产业—发展战略—研究—中国 Ⅳ.①G124

中国版本图书馆 CIP 数据核字（2014）第 159043 号

责任编辑　严　莉
责任审读　贺　静
责任印制　马小宾
封面设计　华子图文

出版发行　中国经济出版社
印 刷 者　北京艾普海德印刷有限公司
经 销 者　各地新华书店
开　　本　880mm × 1230mm　1/32
印　　张　12
字　　数　250 千字
版　　次　2014 年 7 月第 1 版
印　　次　2014 年 7 月第 1 次
定　　价　42.00 元
广告经营许可证　京西工商广字第 8179 号

中国经济出版社 **网址** www.economyph.com **社址** 北京市西城区百万庄北街 3 号 **邮编** 100037
本版图书如存在印装质量问题，请与本社发行中心联系调换（联系电话：010 - 68330607）

前　言

随着科学技术的快速发展和消费层次的不断提升，以“知识”和“文化”为主要内容的“新经济”形式不断涌现，“个性服务”和“消费经济”特征日益凸显，依托新技术和新模式的现代服务业获得高速发展，文化产业由此产生并随之快速成长。目前，文化产业的迅速成长已经成为发达国家和地区经济发展的重要特征，以创新、创造、创意为核心的文化产业的发展规模和水平，正在逐渐成为衡量一个国家或地区整体竞争力高低的重要标志之一。从国际上看，英国、美国、日本等国家都把文化产业确立为本国重点发展的支柱产业，并通过制定相关的政策措施以及采取大量有效的手段来积极推动产业规模不断壮大、集群水平不断提升。因为产业集群能够实现要素资源的优化配置、利用效率的显著提高和竞争实力的不断增强，这种产业组织形式与文化产业高度的知识溢出效应相得益彰，在产业自身快速发展的同时能够显著带动其他关联产业协调发展。近年来，我国政府也高度重视文化产业并大力支持其快速扩张、集群发展，特别是在十八大报告中将其提到了新的高度，确立文化产业在2020年将成为国民经济支柱性产业。可以预见，伴随知识经济的快速发展和信息技术的不断进步，文化产业正逐步成为新经济时代的核心产业，蕴藏着巨大的潜在价值，将成为全球经济发展的新动力。同时，文化产业将成为下一阶段推动我国经济持续稳定增长的主力军，以集群为主要发展模式的文化产业，将会对我国经济实现新一轮增长以及经济发展模式的根本转变起到巨大的推动作用。

从理论研究情况来看，虽然不少学者都针对文化产业进行了研究，但其研究基础、研究方法以及研究角度等方面都还有待进一步拓展，从集群视角对文化产业进行综合分析的成果还较少。从现实发展情况来看，分析文化产业集群的形成与发展，研究文化产业集群对产业竞争力和地区经济发展的影响，同时注重探讨支持文化产业实现持久发展的融资模式选择和人才培养机制，对于提升我国文化产业的竞争力水平、推动我国文化产业的健康成长，乃至实现国民经济的可持续发展都具有重要意义。

基于理论研究上的不足和现实发展的需要，本书从产业集群视角对我国文化产业发展战略进行了研究，通过综述已有国内外文献，阐述了研究的理论基础，对文化产业的发展机制进行了分析，从知识整合视角研究了文化产业集群，并对文化创意产业的集群发展问题进行了研究。接着分析了文化产业集群的竞争力。通过构建指标体系，发现了竞争力影响因素，同时介绍了基于集群的文化产业投入产出效率。随后介绍了河南省的文化产业集群，讨论了河南省文化产业园区建设的现状并提出了相应的对策建议，提出了河南省文化产业集群发展的三种模式。同时，从战略层面为我国文化产业集群发展提供思路，并提出文化产业体制创新、文化产业投融资机制创新、文化产业市场发展与监管体系创新以及文化产业的品牌与营销创新四大支撑体系来具体落实。

全文共分为8章，具体内容为：

第1章，绪论。首先，介绍了研究背景与研究意义，对国内外研究文献进行了综述。其次，介绍了全书的主要内容、研究方法与可能的创新之处。最后，介绍了本书的技术路线和结构安排。

第2章，基于产业集群的文化产业发展战略的相关理论。本章首先介绍了文化产业的概念、分类、特征和发展现状。然后依次介绍了产业集群相关理论、产业竞争力理论和文化产业集群相关理论。

第3章，文化产业集群发展的机制分析。在界定文化与科技内涵的基础上，论述了文化与科技之间的关系、文化与科技融合的含义，从融合基础、融合层次、融合机制以及融合方向四个相关联方面构建了文化科技融合促进传统产业转型升级的理论架构。文化产业集群发展的动力机制是推动其发展壮大的根本动力，是地区文化产业发展的重要影响因素。本章将文化产业集群发展的动力机制分为文化产业集群发展的动力结构、动力因素关联机制和动力原理。

第4章，文化产业集群化：知识整合视角。本章在对文化产业集群、知识整合等文献分析的基础上，分析了我国文化产业集群知识整合的影响因素与模式，设计出我国文化产业集群知识整合的运行及保障机制。为了实现我国文化产业集群知识整合的高效率，从企业和政府两层面提出了我国文化产业集群发展的对策建议。

第5章，文化创意产业的集群发展。本章在概括文化创意产业的概念和特征的基础上，通过对国内外文化创意产业发展现状的总结和对文化创意产业核心要素的分析，从保护知识产权、借鉴国外先进经验、建立市场化运行机制、培育创意人才和开拓国际市场等方面提出了促进中国文化创意产业发展的政策建议。

第6章，文化产业集群竞争力分析。本章首先明确了文化产业竞争力的内涵及其构成要素，认为文化产业竞争力就是以创意为核心的文化产业在市场竞争中所表现出来的优于其他竞争主体的一种能力，这种能力是文化底蕴、创意设计、信息传输等要素之间相互作用的一种综合水平。其次构建了我国文化产业集群竞争力评价指标体系并介绍了基于集群的文化产业投入产出效率。

第7章，文化产业集群化发展：以河南省为例。虽然近年来河南在文化产业的发展中取得了不俗的成绩，但距文化产业强省仍有一定距离。本章讨论了河南省文化产业园区建设的现状并提出了相应的对策建议，认为河南文化产业的战略重点应着眼于自身丰富璀璨的文化资源，并根据不同主题将河南具有独特优势的文化资源分类。针对河南现存的三种文化产业发展模式进行分析，发现每一种模式都很好地利用了一类主题资源。根据三类模式的本质及其适用的条件，提出了完善现有模式的建议，并探讨三类模式在不同文化资源分类上的可能性。

第8章，文化产业集群发展的战略性支撑体系与对策。从战略层面为我国文化产业集群发展提供思路，并提出文化产业体制创新、文化产业投融资机制创新、文化产业市场发展与监管体系创新以及文化产业的品牌与营销创新四大支撑体系来具体落实。

在本书的写作过程中，我得到了社会各界和朋友们的大力支持。首先要感谢魏成龙老师的耐心指导，在魏老师的鼓励和帮助下，书稿得以顺利完成。还要感谢复旦大学管理学院的胡建绩教授对本书提供的帮助，也感谢我的学弟——复旦大学管理学院博士生黄舒为本书所付出的努力。感谢我的研究生李丽珂对本书第5章的资料收集、写作及对全书的校对。感谢家人对我工作的理解与支持，感谢可爱的儿子，自从有了你，生活充满希望和快乐。

在撰写书稿的过程中，借鉴参阅了相关专家的大量研究成果，在此表示衷心的感谢。尽管我在尽全力做好这项研究工作，但由于时间、精力有限，很多想法未能实现，书中存在诸多不足之处需要改进，期待大家的批评指正。

作者

2014年6月

CONTENTS 目录

第1章　绪论 | 001

1.1　研究背景 / 001

1.2　研究意义 / 003

1.3　文献综述 / 005

1.3.1　国外相关文献综述 …… 005

1.3.2　国内相关文献述评 …… 010

1.4　研究内容和方法 / 017

1.4.1　研究内容 …… 017

1.4.2　研究方法 …… 019

1.5　可能的创新之处 / 021

1.6　技术路线和结构安排 / 023

1.6.1　技术路线 …… 023

1.6.2　结构安排 …… 023

第2章　基于产业集群的文化产业发展战略的相关理论 | 026

2.1　文化产业 / 026

2.1.1　文化产业概念的界定 …… 026

2.1.2　文化产业的行业分类 …… 029

2.1.3　文化产业的特征 …… 032

2.1.4　我国文化产业的发展和存在的问题 …… 043

2.1.5 我国文化产业的发展战略 …………………… 047

2.2 产业集群相关理论 / 059

2.2.1 规模经济理论 ………………………………… 060

2.2.2 产业区位理论 ………………………………… 062

2.2.3 增长极理论 …………………………………… 063

2.3 产业竞争力理论 / 067

2.3.1 比较优势理论 ………………………………… 067

2.3.2 竞争优势理论 ………………………………… 069

2.4 文化产业集群相关理论 / 072

2.4.1 文化产业集群的概念与特征 ………………… 072

2.4.2 文化产业集群的形成机制 …………………… 074

第3章 文化产业集群发展的机制分析 | 079

3.1 文化与科技的融合与产业结构转型升级 / 079

3.1.1 文化与科技融合的内涵 ……………………… 079

3.1.2 文化与科技融合下的传统产业结构升级 … 086

3.2 文化产业集群发展的动力机制 / 090

3.2.1 文化产业集群发展的动力结构 ……………… 090

3.2.2 文化产业集群发展的动力因素关联机制 … 096

3.2.3 文化产业集群发展的动力原理 ……………… 099

3.3 文化产业集群发展的案例 / 102

3.3.1 好莱坞影视文化产业集群 …………………… 102

3.3.2 景德镇陶瓷文化产业集群 …………………… 111

第4章 文化产业集群化：基于知识整合视角 | 119

4.1 文化产业集群与知识整合 / 120

4.1.1 产业集群中的知识管理活动 ………………… 120

4.1.2 文化产业集群知识整合的类型 …… 125
4.2 文化产业集群知识整合的特征与过程 / 127
4.2.1 文化产业集群知识整合的特征 …… 127
4.2.2 文化产业集群知识整合的过程 …… 129
4.3 文化产业集群知识整合的影响因素及模式 / 130
4.3.1 文化产业集群知识整合的影响因素 …… 130
4.3.2 文化产业集群知识整合的模式 …… 133
4.4 文化产业集群知识整合的运行及保障机制 / 137
4.4.1 文化产业集群知识整合的运行机制 …… 137
4.4.2 文化产业集群知识整合的保障机制 …… 139
4.5 提高文化产业集群知识整合绩效的对策建议 / 140
4.5.1 对企业的建议 …… 140
4.5.2 对政府的建议 …… 146

第5章 文化创意产业的集群发展 | 148
5.1 创意与文化创意产业集群 / 148
5.1.1 创意经济时代 …… 148
5.1.2 文化创意产业的基本概念 …… 154
5.1.3 文化创意产业的基本特征 …… 162
5.1.4 文化创意产业集群的基本内涵 …… 163
5.2 中外文化创意产业集群的发展状况 / 167
5.2.1 国外文化创意产业的发展 …… 167
5.2.2 中国文化创意产业的发展 …… 171
5.3 文化创意产业集群发展的核心要素 / 172
5.3.1 文化理念 …… 173
5.3.2 科技支撑 …… 173
5.3.3 商业模式 …… 175

5.4 推动我国文化创意产业集群发展的政策建议 / 177

第6章 文化产业集群竞争力分析 | 183

6.1 文化产业竞争力的内涵与构成 / 183

6.1.1 文化产业竞争力的内涵 …… 183

6.1.2 文化产业竞争力的构成 …… 184

6.1.3 文化产业集群竞争力的指标体系 …… 190

6.2 文化产业集群的投入产出效率 / 194

6.2.1 文化产业集群效率的构成要素 …… 195

6.2.2 文化产业集群投入产出效率模型的建立 …… 198

第7章 文化产业集群化发展：以河南省为例 | 206

7.1 文化产业园区与产业集群 / 206

7.1.1 文化产业园区的概念 …… 206

7.1.2 文化产业园区是产业集群的一种类型 …… 207

7.2 河南省文化产业园区建设 / 208

7.2.1 河南省文化产业园区建设的意义 …… 208

7.2.2 河南省文化产业园区建设的成效 …… 210

7.2.3 河南省文化产业园区建设中存在的问题 …… 211

7.2.4 河南省文化产业园区的发展路径 …… 213

7.3 河南省文化产业集群发展的模式 / 218

7.3.1 河南省把文化产业作为战略性支柱产业的必要性 …… 218

7.3.2 河南省文化产业集群现状分析 …… 220

7.3.3 河南省文化产业集群发展的三种模式 …… 223

7.3.4 河南省文化产业集群发展的对策建议 …… 241

第8章 文化产业集群发展的战略性支撑体系与对策 | 250
8.1 文化产业体制创新 / 250
8.1.1 完善文化产业集群发展的规划和政策 …… 252
8.1.2 加快创意人才的培养 …… 259
8.1.3 完善文化产业内部链条 …… 265
8.2 文化产业投融资机制创新 / 266
8.2.1 我国文化产业投融资模式现状 …… 266
8.2.2 发达国家文化产业投融资模式 …… 268
8.2.3 我国文化产业发展的融资模式选择 …… 272
8.2.4 拓宽我国文化产业集群发展的资金体系 … 280
8.3 文化产业市场发展与监管体系创新 / 282
8.3.1 我国文化产业的市场管理 …… 282
8.3.2 市场失灵与管理失灵 …… 283
8.3.3 解除文化产业集群治理障碍 …… 285
8.3.4 提高文化产业集群效能的措施 …… 287
8.4 文化产业的品牌与营销创新 / 290
8.4.1 文化产业的品牌创新 …… 290
8.4.2 文化产业的营销创新 …… 294
8.4.3 文化产业集群品牌与营销创新的具体措施 …… 303

结论 | 306
附录1 文化产业分类 | 310
附录2 国务院关于推进文化创意和设计服务与相关产业融合发展的若干意见 | 316
附录3 河南省文化产业发展战略重点方案 | 328
参考文献 | 345
索引 | 367

第1章 绪论

1.1 研究背景

21世纪初,文化产业在世界范围内呈现出爆发式的发展态势,并已经成为世界发达国家和一些发展中国家新型经济的增长极,展现出文化产业这一朝阳产业的诱人前景。21世纪是知识经济时代。近些年来,以"知识"和"文化"为主要内容的"新经济"不断涌现,"个性化服务"和"消费型经济"特征不断显现,依托新技术和新模式发展起来的现代服务业获得了高速发展,文化产业在此环境下随之产生并快速成长(鲍枫,2013)。与世界经济同步,中国文化产业也进入了跨越式发展的时期。

新中国成立特别是改革开放以来,对于文化地位和作用的定位,经历了一个不断深化、逐步清晰的过程,人们越来越认识到文化是民族凝聚力和创造力的重要源泉,是综合国力竞争的重要因素,是经济社会发展的重要支撑。文化产业,作为文化与经济相互渗透、相互融合而形成的新兴产业,日益成为社会主义文化建设的重要组成部分,并受到党中央和全社会的普遍重视。2006 年公布的根据《中华人民共和国国民经济和社会发展第十一个五年规划纲要》所编制的《国家“十一五”时期文化发展规划纲要》,提出要重点发展影视制作、出版等九个重点文化产业、优化文化产业布局和结构,建设一批文化产业强省、强市和区域性特色文化产业群,形成文化产业协调发展格局等多项战略目标。2008 年国家制定的《文化产业振兴规划》把文化创意作为重点支持的产业,凸显了“内容原创”对于发展文化产业的重要性。2011 年 10 月 15 日至 18 日,中国共产党第十七届中央委员会第六次全体会议召开,重点调整了我国文化产业的发展方向,深化了文化产业的体制机制改革,提出要切实推动文化产业成为我国国民经济的支柱产业。此次会议是十七大以来,中央第一次将“文化命题”作为全会的主要议题,这预示着文化产业将沐浴春风,迎来国家战略的新境界。2012 年 7 月 31 日,国家统计局颁布了新修订的《文化及相关产业分类(2012)》标准,这不仅能够反映我国文化产业的发展现状以及发展特点,而且还能够为我国文化体制改革和文化产业发展的宏观决策提供非常重要的基础信息,这表明国家已经开始关注并注重提升文化产业特别是文化创意产业的发展水平,而不再是仅仅停留在口号层面。2012 年 11 月 8 日,中国共产党第十八次全国代表大会召开,文化产业在十八大报告中被提到了新的高度,确立在 2020 年将成为国民经济支柱性产业。报告特别强调,要发展现代的新型文化业态,要不断提高文化产业的规模化、集约化以及专业化水平,同时要大力推动文化事业实现全面繁荣,文化产业实现快速发展。可以预见,文化产业将成为下一阶段推动我国经济持续稳定增长的主力军,而文化产业如何更好地、更有效地发挥作用,将更加值得我们进行深入的探讨和研究。本书将充分运用产业经济学、战略管理、文化经济学等相关理论,运用发展战略的规范研究方法,从现状分析入手,借鉴国际上其他国家的成功模式,提出问题,从产业集群视角提出文化产业发展战略的支撑体系。

1.2 研究意义

相对于已有的传统产业,文化产业属于相对较新的领域,关于文化产业的研究总体来看仍处于起步和快速发展阶段,各种理论尚处于形成过程。中国经济正处于发展的特殊时期,文化产业如何获得持续性发展和竞争优势等问题促使学者们的研究不断深入。因此,基于集群视角来研究我国文化产业的发展现状,分析文化产业集聚对产业竞争力和经济增长的影响,不仅具有十分重要的理论意义,也具有重大的现实意义。

(1)理论意义。从理论视角看,文化产业作为一个新兴的产业门类,随着实践的不断发展正在发生着研究视角、研究视野和研究范畴的变革。文化产业的集群研究不仅具有产业经济学的一般性,同时具有其产业自身的特殊性。基于集群视角对文化产业进行研究,具有重要的理论意义:第一,有益于完善文化产业研究的经济学基础。从目前的研究情况来看,虽然不少学者都针对文化产业进行了研究,但其研究基础、研究方法、研究角度以及研究结论都还有待进一步拓展。目前,不少学者的研究视角集中在文化产业层面,而从经济学层面研究文化产业的成果尚不多见,且由于关注的重点不同,导致研究结论存在较大差异。因此,文化产业的经济学分析是本书在理论研究上的一个探索。第二,有利于拓展文化产业研究的视角。尽管在经济学领域研究文化产业的成果逐渐增多,但从集群角度对文化产业的概念、特点、产业组织模式、知识溢出效应、融资模式选择和人才发展机制等方面进行全方位细致研究的成果还较为少见。产业集群作为提升产业竞争力的重要产业组织形式,不仅能够激发产业发展的活力,也能促进产业的持久发展。因此,从产业集群的视角来研究文化产业是本书在理论研究上的又一个尝试。

(2)现实意义。与发达国家相比,我国文化产业发展还存在不小差距。目前,发达国家文化产业增加值占 GDP 比重在 10% ~ 12%,美国则高达 25%。在文化消费方面,我国也只达到发达国家文化消费水平的 1/3,实际文化消费仅 1 万多亿元。按照国际标准估算,目前我国文化消费缺口达 3 万亿元。与此同时,我国文化产业综合竞争力的国际排名也相对落后,不仅远远低于美国、英国、德国等发达国家,即便与同为发展中国家的印度相比也存在差距。因此,我国的文化产业在国际上仍然处于相对落后的水平。从集群视角来研究文化产业的形成与发展,深入分析文化产业对产业竞争力和地区经济发展的影响,探讨支持文化产业实现持久发展的融资模式选择和人才培养机制,对于提升我国文化产业的竞争力水平、推动我国文化产业的健康发展,乃至实现国民经济的可持续发展都具有十分重大的现实意义:第一,探寻我国文化产业的发展途径,是推动经济增长方式转变的有效手段,对于未来持久发展具有重要意义。通过从集群视角来研究文化产业的概念及特征,不仅能够准确把握文化产业的本质,掌握其发展规律和演进路径,而且能够为制定合理的产业政策提供依据,推动产业结构优化升级,从而改变我国在国际分工体系中的地位和作用,显著增强国家竞争力。第二,研究文化产业的作用机理,对提升区域竞争能力和推动地区经济发展具有实践意义。作为一个重要的新兴产业,文化产业是发展区域经济需要引起重视并重点培育的战略性产业,关系到一个区域在价值链中的位置和竞争力的强弱。此外,我国文化资源丰富,实现文化资源的有效开发和产业化,将我国悠久文化和先进思想结合的产物展示给世界人民,将会对世界经济、政治、文化等发展产生深远的影响,同时也会在军事和经济以外的文化层面进一步提高我国在全球竞争格局中的地位和作用。

1.3 文献综述

1.3.1 国外相关文献综述

1.3.1.1 国外关于产业集群的研究

英国新古典经济学家马歇尔(1890)作为产业集群早期的研究者,最早提出了"产业区"(Industrial District)理论。马歇尔在研究早期的工业地域分布时,发现在产业集聚区域中,专用机械和专用人才具有较高的效率,于是将一家大企业附近聚集很多小企业的区域称为"产业区"。"聚集经济"是产业集群含义演变过程中又一重要的观点。韦伯(1929)是最早提出聚集经济(Aggregation Economies)概念的学者。聚集经济的概念表达的是一种经济现象:或是产业的生产活动,或是贸易与商业的交易活动,或是其他与经济行为有关的生产性活动(劳动力聚集)和非生产性活动,在区域上具有比较明显的集中倾向,并呈现出一种地理性聚集的经济状态。另外,与聚集经济相联系的还有"产业综合体"概念。产业综合体是由美国区域科学家艾萨德(1959)首次提出的,在他看来,产业综合体可以看成是特定区位里的一组经济活动,由于这些活动相互之间存在着技术、生产和分配等方面的产业联系,所以可以带来一些经济上的节约。1978 年意大利社会学家贝卡蒂尼在马歇尔产业区理论的基础上,提出了"新产业区"的概念。他认为,新产业区是具有共同社会背景的人们和企业在一定自然区域内形成的社会区域生产综合体。新产业区概念还反映了许多新的经济特征,如弹性专精(Flexible Specialization),供应商、制造商与经销商之间的频繁交流互动;企业之间竞争与合作创新并存;商会、培训机构、教育机构及政府服务部门的支撑性作用等(1991)。斯科特(1992)则将新产业区定义为基于合理劳动分工基础上的生产商在地域集结成网,并与本地劳动力市场紧密相连的产业组织在地域空间的表现形式。波特(1990)在《国家竞争优势》一书中,把"在某特定领域中,一群在地理上邻近、有交互关联性的企业和相关法人机构,并以彼此的共通性和互补性相联结"现象称为"产业集群"。同以往的相关概念比,波特的产业集群概念强调的不仅仅是本区域内企业间的分工与协作关系,而且还是区域各机构间,包括企业、政府、同业公会、咨询机构等其他辅助组织之间的协作关系。

产业集群特征的相关研究起源于马歇尔的产业区理论,他认为产业区具备六个特征:与当地社区同源的价值观系统和协同的创新环境;生产垂直联系的企业群体;最优的人力资源配置;产业区理想的市场——不完全竞争市场;竞争与合作并存;富有特色的本地金融系统。波特(1990)所研究的产业集群的主要特征是基于企业间长期稳定的竞合关系而带来的成本降低和持续创新能力的提高。Rabellotti R.(1997)指出产业集群具有如下四个特征:产业集群主要由专业化的中小企业组成并聚集在某空间内；相互关联的经济主体有趋同的文化和社会背景，因而存在着或外显或内隐并且被这些经济主体所共同接受的行为准则；生产要素在集群中相互流通、相互作用，产生纵向和水平方向的联系；所在地域的公共和私营机构网络对集群内部经济主体有支持作用。

马歇尔(1890)认为是外部性效应把企业聚集在一起。相关配套产业和专业化协作的产生、空间集聚提供了专业稳定的劳动市场、信息交换和技术扩散这三点导致企业在同一区域内集聚。但马歇尔的论述比较粗泛，没有因果关系模型，也没有相应的案例研究和实证分析，对产业区的功能、效应等问题都未涉及。与新古典经济学研究角度不同，古典或现代空间经济地理学派代表人物韦伯、佩鲁、克鲁格曼主要从地理学的角度研究产业集群。韦伯(1929)认为，影响企业集聚的因素有如下几种：技术设备的发展、劳动力组织的发展、市场化因素、经常性开支成本。他还对工业集聚做了定量研究，运用了等高线作为工具，认为企业的区位应该在等高线内。虽然韦伯的集聚理论有一定的创新性，但是他未考虑当地社会文化影响。佩鲁(1950)提出的增长极理论认为，将推动性工业植入某地区后，将形成集聚经济，产生增长中心，从而推动整个地区经济的增长。因此，根据增长极理论，一个地区要想取得经济增长的有效途径，就是在本地区优先发展一系列推动性产业，通过推动性产业的带动作用，促使其他相关产业的集聚。这种推动性产业的建立可以依靠国家或地区政策自上而下地完成，这种产业聚集的动因强调是政策的作用。但增长极理论指导的区域发展政策没有引发增长极中心地区的快速增长，反而扩大了它们与发达地区间的差距，从而饱受争议。克鲁格曼(1991)通过建立“中心—外围”模型来说明企业和产业一般趋向在特定的区位集中，而不同群体和不同的相关活动又倾向于集结在不同的地方。他在规模报酬递增的理论基础上用数学模型分析认为，在一个区域内，工业生产活动的空间格局演化的最终结果是集聚。克鲁格曼用模型化的方法通过严密的数学论证，弥补了已有产业集群理论的不足，但是他对技术外部性因素的忽视，使得其理论意义大于现实意义。贝卡蒂尼(1978)则重点研究了新产业区中的分工协作关系、弹性专精的柔性化生产以及企业间网络，认为产业集群的形成要求企业具有社会根植性。对于“根植性”，格兰诺维特(1985)认为，现实发生的经济活动和行为并不是自足的、可脱离社会背景和环境而存在的，而是嵌入特定的社会关系网络之中，受到行为者之间社会关系的约束和影响，使得现实的很多经济活动和行为并不同于标准的经济理论所做出的预测。社会关系渗透各个企业，经济组织和个体经济行动者同样受社会关系网络的限定。Claus Steinle 和 Holger Schiele(2002)在总结前人理论的基础上，指出产业集群形成有充分条件和必要条件。必要条件包括流程的可分性和产品的可运性，体现了同类产品生产企业空间集聚的技术特征；充分条件包括长价值链、多样化竞争、网络创新和市场易变性。因此，不是所有产业都符合向特定空间集聚的条件。

1.3.1.2　国外关于文化产业集群的研究

2002 年，德国学者 Claus Steinle 和 Holger Schiele 归纳分析了文化产业集群生成和发展的必要条件和充分条件。其中必要条件包含流程可分性和产品可运性，充分条件包含长价值链、多样化竞争、网络创新和市场易变性。Keith Basset 等(2002)对布里斯托尔文化产业的发展现状进行了较为详细的阐述，同时更为仔细地阐述了文化产业集群生成和发展的过程,对于文化产业集群内文化企业的相互关系和影响文化产业集群发展的外部环境进行研究,同时对布里斯托尔文化产业集群的类型做出了科学性的解释和判断。Herald Bethelt(2002)对于文化产业集群的内涵做了仔细的划分,并且对德国莱比锡文化产业集群的再度崛起做了深刻的研究,为了便于对文化产业集群的生成和发展进行下一步的分析和研究还建立了五个维度的分析框架,包含水平关系、垂直关系、制度维度、外部集群维度以及权力关系。Herald Bathelt(2003)在研究莱比锡文化产业集群经济关系的时候,认为在研究文化产业集群时不能只局限在对内部关系的审视方面,还需要考察文化产业集群是否与外界存在较为紧密的联系。根据研究结果,Herald Bathelt认为由本地多个较大公司控制莱比锡的文化产业,尽管与外界依然存在着较为闲散的关系,但存在过渡根植的缺陷,这对于文化产业集群的发展是不利的。理查德·弗罗里达(2002)和普拉特(2004)仔细比较和区分了一般类型的产业集群和创意产业集群之间的异同之处,分析归纳除了创意产业集群自身所具有的基本特征以及其生存和发展所需要的要素条件。IvoMossig(2004)将科隆文化产业集群中的电视节目制作生产网络的过程作为案例进行研究,他对地方化的生产网络如何生成和运行发展进行深入探讨,同时对地方网络中的决策结构进行着重研究,归纳出地方化网络中各个企业的决策能力存在不平衡的结论。Wuwei Ping(2005)对创意产业集群和城市之间的关系进行了研究,对城市政策以及文化产业集群对于城市产出的影响进行了着重探讨,同时对波士顿、旧金山、圣地亚哥、西雅图等地区进行了实证分析。美国加利福尼亚大学阿伦·斯科特教授对文化产业集群的研究还是比较具有代表性的。阿伦·斯科特教授对文化产业的聚集倾向和高回报效应进行了研究，他在《文化产业：地理分布与创意领域》一文中阐述：文化产业在经济领域的范围内，文化企业之间的交流和沟通以及区域劳动力市场的生成和发展等方面，对于文化企业在地域方面和生产制度层面的聚集有较大的推动作用，时常会出现的高回报效应更是较大地促进了这种趋势的发展。巨大的高回报效应以及在地域方面的集聚倾向在提高生产制度效率的同时，对于创新性的发展也存在推动作用，上述所论特点在其他所有的生产经营场合都没有如此强烈地凸显出来。通过阿伦·斯科特教授的分析，我们可以了解到影响文化产业集群生成和发展的影响因素有文化资本方面的因素、人力资本方面的因素以及经济资本方面的因素。

1.3.2 国内相关文献述评

1.3.2.1 关于我国文化产业的研究

作为一个有着悠久文化的大国，中国文化产业竞争力亟待提高。王安琪(2011)研究了文化产业竞争力及其评价指标体系，认为文化产业竞争力是一个相对的概念。从区域的角度而言，文化产业竞争力指的是和其他区域相比，本区域文化企业通过生产和销售文化产品，占有市场和获取利润的能力。文化产业竞争力是一种现实竞争力，由整体创新能力、市场拓展能力、成本控制能力和可持续发展能力四大核心能力以及产业实力、产业效益、产业关联、产业资源、产业能力、产业结构和产业环境七大内容所构成。目前我国在这方面的研究还存在着评价指标体系过于笼统、定量研究较少、没有针对行业个性进行研究、没有重视人才的作用等方面的不足。任志强、陈静(2008)提出，文化产业竞争力是文化产业所特有的支撑自身可持续发展的内在智能体系。这种智能体系是文化产业特有的核心能力的一种综合,是文化企业在长期成长过程中自觉或不自觉地整合资源形成的,它以一种“通用能量”的形式向外界辐射,从而促使文化企业不断获胜。

在新形势下,有效振兴文化产业,解决文化产业发展中存在的问题,全面提升文化产品和服务的竞争力,是我国当前所面临的重大课题(魏萍,2011)。由于经济发达国家文化产业发展的竞争态势不仅是一场市场经济主体的较量,更是一场民族国家文化的战略竞争,因此学者们也开始在这方面展开研究,并给出相应对策和长远战略建议。胡青丹(2009)从市场策略、管理体制、产业结构三个方面研究了发达国家的文化产业发展战略,认为它们基本上都属于开放式的发展战略,包括以美国和韩国为代表的自由开放战略,以及以法国、德国两国为代表所采用的“文化例外”战略。在借鉴国外文化产业发展经验来建设我国文化事业时,可以采取对国外文化资源持包容开放态度的“原则开放、例外限制”战略;政府应改传统的单一文化管理体制为间接为主、直接为辅的柔性管理体制;根据比较优势理论,在选择产业结构时,走重点突破之路,促进产业结构升级,以增强整体文化竞争力。王琳(2008)从经济属性的视角提出,文化产业的竞争其实就代表了不同国家的经济利益的竞争,而目前全球范围内文化产业的竞争呈现出一种非均衡性的态势。

范玉刚(2011)认为,文化不仅有内在的人文价值向度,更有外在的产业维度和经济维度等外向度价值,作为内外向度的统一,文化的内向度指向价值观,外向度指向产业竞争力。社会主义核心价值观和文化产业竞争力具有深层意义上的关联,实现了社会核心价值观的有效融入,就能够催生文化社群的形成,扩大文化产品消费的受众,增强我国文化竞争力。对于如何进一步提升我国文化产业的竞争力,王春艳和韦晓宏(2011)认为,应把文化产业和其他产业的产品统一征税,采用平等对待的态度,改革及完善文化产业的税收体制;健全文化产业的流通体制,减少文化产业的风险;打破行业壁垒,培育文化产业内部创新型的人才;加强文化企业的联合,进行文化平台的收购、兼并、联盟,发展有实力的大型文化类企业,使之能够与国外文化实力雄厚的大型企业进行竞争。王岚、赵国杰(2009)构建了地区文化产业竞争力评价模型的基本框架,以描述各地区文化产业竞争力的强弱程度和发展潜力,这一模型包括外显竞争力、基础竞争力、潜在竞争力三个模块以及八个竞争维度,并以外显竞争力模块为例,对我国东部地区 11 个省、市、自治区的数据进行了处理,作为定量分析的一项尝试,为进一步分析研究和政策制定提供了较为客观的科学依据。

发展文化产业是社会主义市场经济条件下满足人民多样性精神文化需求的重要途径。必须坚持社会主义先进文化前进方向,坚持把社会效益放在首位、社会效益和经济效益相统一,按照全面协调可持续的要求,推动文化产业跨越式发展,使之成为新的经济增长点、经济结构战略性调整的重要支点、转变经济发展方式的重要着力点,为推动科学发展提供重要支撑(《中共中央关于深化文化体制改革 推动社会主义文化大发展大繁荣若干重大问题的决定》)。

在当前我国文化产业取得长足发展的同时,我们也发现相对于发达国家来说,我国的文化产业发展依然相去甚远。例如《中国经济导报》曾经报道,美国文化产业增加值占 GDP 的 18% ~25%,

在国民经济中比重居第四位。日本仅动漫产业产值每年就达230万亿日元,成为日本第二大支柱产业。杨吉华(2006)曾经预测,我国文化产业在未来20年的年均增长速度约在13%。

张晓明、胡惠林、章建刚(2011)认为"十二五"期间,文化产业的发展不应该仅仅实现量的增长,更应该实现质的跃升,为此,必须在思想观念上有突破创新:一是重新认识文化产业的发展目标;二是重新认识改革;三是重新认识文化市场主体"变两轮驱动为多元合力";四是重新认识文化安全"建立积极的外向的国家文化贸易体系"。陈文玲(2008)认为,要促进文化的大发展大繁荣,首先要确立新的理念,对文化大发展大繁荣有新的理解:一是确立文化竞争力是国家核心竞争力的理念,把文化的大发展大繁荣上升为国家战略任务;二是确立文化可以创造永久性财富的理念,推动我国的文化积淀、文化资源和文化创意转化为更多财富;三是确立文化是无形资产的理念,使文化和文化创意发挥比货币资本更大的渗透力;四是确立文化具有独特规律的理念,不能像搞运动和发展制造业一样发展文化产业;五是确立大力发展文化贸易就是主动调整贸易战略的理念,加快转变文化的贸易增长方式;六是确立发展文化产业就是优化产业结构的理念,用文化繁荣带动现代服务发展。

熊正德和郭荣凤(2011)认为提升我国文化软实力是一个系统工程,要全面提升国家文化软实力,从时间维度上看,必须注重可持续发展战略,即在对我国文化软实力现状认识的基础上,科学设计目标及实现目标的途径,对我国文化软实力的发展进行周密的布局规划,绝不能为短期利益而牺牲长远利益。从空间维度上看,必须注重区域一体化战略,进一步实施西部大开发与中部崛起战略，即不仅要重视西部与中部省域的经济发展，同时也要重视西部与中部省域的文化软实力的提升，进一步缩小西部省域、中部省域与东部省域的地区差距。具体来说，应重点围绕其文化价值吸引力、文化知识生产力、文化体制引导力、文化产业竞争力展开。李海舰和王松(2010)将人类经济发展归纳为两大思路：一是就经济发展经济，二是跳出经济发展经济。基于此，他们回顾了经济学对文化与经济关系研究由分离论到融合论的发展过程，提出了文化引领经济发展的观点，并从机理分析和具体实践两个层面阐释了产品、企业、产业以及区域层面上的文化与经济融合发展。其机理主要包括：打造产品观念价值；建立利润来自思想的新机制；把文化做成经济，把经济做成文化；把实的做成虚的，把虚的做成实的。他们认为，只有树立大文化观才能形成大经济观，以及由小文化小经济向大文化大经济的转变。

1.3.2.2　关于我国文化产业集群的研究

国内学者对产业集群研究最具代表性的是北京大学王缉慈教授将产业集群描述为“新产业区”现象(1994)，重在强调产业集群内的分工与协同、知识共享与创新、地区社会根植性和柔性生产网络。而且王缉慈教授于2001年提出了“地方产业集群”的概念。这一概念再次强调了在集群内除了关联企业之外还应存在支撑性机构，如政府部门、学校及科研机构、中介服务组织等，强调地区内的生产网络、社会网络以及根植性是判断集群的标准。唐华(2004)则将产业集群的特征归纳为八个方面，即专业化；有本地内生网络；有本地研发教育机构；胜任的劳动力；拥有融资通道；企业与企业间、企业与其他组织间构成区域系统；与知识环境相联系；创新能力。马建会(2004)认为，成熟的产业集群存在七个主要特征:以中小企业为主的企业规模结构与空间集群特征;灵活专业化生产;集群网络;集群根植;集群创新;自我增强;内部整合与外部链合。并且马建会认为其中的网络和创新特性是产业集群的核心特征。

文化产业集群的概念是由产业集群概念发展而来。刘倩(2011)指出,文化产业集群可以看作产业集群的一个分支,即把产业集群所涉及的领域由物质领域扩展到精神文化领域,将集群这种空间集聚形式应用到文化产业发展中来。同时,刘倩与方敏、徐静(2011)一致认为,文化产业集群是在文化产业领域(通常以传媒产业为核心),由众多独立又相互关联的文化企业以及相关支撑机构(包括研究机构),依据专业化分工和协作关系建立起来的,并在一定区域集聚而形成的产业组织。因此,一般意义上的文化产业集群包括了文化产业链上所有上下游的企业,包含了文化产业的五大主体——创意、制作、传播、服务和延伸。

冯子标(2008)认为,文化产业集群具有如下特征,即文化是标志;创意是核心;产业链是脊梁;具有强大的凝聚力;产业组织形式具有动态性。周国梁(2010)指出,虽然文化产业集群是产业集群的分支,但由于文化产业与制造业有着明显的差异,因此文化产业集群存在自身独有的特征,例如:人才集聚是其形成的首要条件;文化内容生产是文化产业集群的中心;集群通常由多个子部门融合集聚;集群内通常有松散、开放的联系网络。刘蔚(2007)提出,文化产业集群独立于一般产业集群的特点表现在:地域化集聚是数量众多的文化企业及相关机构在空间上聚集;文化产业集群首先是创意人才的集群和集聚;在专业化分工与协作的基础上集群内企业间形成了稳定的网络体系;文化产业集群不是单个文化产业子部门的集聚，而是它们的融合；文化产业集群与城市存在相互依存的关系。

文化产业集群的形成机制包括形成动因以及形成过程。周政、仇向洋（2006）指出，文化产业集聚区的形成机制类型有：自上而下政府引导推动型；自下而上自发形成型；自发形成与政府推动相互促进型。周冰（2005）通过对西安曲江新区文化产业集群内生机制的研究指出，文化产业集群不是一种可以遍地开花的产业组织形式。在市场不够发达的情况下，政府投资是培养市场投资信心的第一步。刘蔚（2007）应用有关产业集群的理论系统分析了文化产业形成过程，重点分析了文化产业中生产组织网络的形成、社会网络的形成以及全球网络的联动关系。郑玲莉（2009）认为，对于文化产业集群而言，集群内的知识溢出效应能够促进产业集群的形成与发展。张振鹏、马力（2011）阐述了文化创意产业集群的内生机理，即竞争机理、资本积累机理、交易成本节约机理。赵学琳（2011）利用钻石模型，分析了文化产业集群发展的生产要素、需求条件、支持性产业、企业战略与同行业竞争、机会和政府等内在机理和现实问题，认为应尊重实际情况和客观规律，遵循钻石模型的实践指向，培育文化产业集群发展的要素条件。贺伟（2010）分析了文化产业集群在世界各地区的形成和发展状况，指出文化产业集群也存在“市场失灵”现象，所以在其形成过程中需要政府的介入与引导。

虽然国内外学者对产业集群、文化产业集群进行了大量的研究，但还存在不足之处，主要表现在两个方面：一是缺乏对文化产业集群形成机制的系统性研究。由于我国文化产业集群的发展还处于初级阶段，因而国内学者对文化产业集群形成动因的研究较多地照搬产业集群的一般性理论,而未紧扣文化产业集群的专业特色(万晶,2013)。虽有学者对某一城市或地区的文化产业集群进行了案例分析和实证,但从整体来看,已有文献缺乏对文化产业集群形成机制的系统性分析。二是缺乏从产业集群视角对文化产业发展战略的研究。已有文献对文化产业集群的研究尚停留在其属性、特征的解析之上,对文化产业发展战略缺乏深入的探讨。

1.4 研究内容和方法

1.4.1 研究内容

本书的主要研究内容如下:

(1)文化产业集群的发展机制。在界定文化与科技内涵的基础上,论述了文化与科技之间的关系、文化与科技融合的含义,从融合基础、融合层次、融合机制以及融合方向四个相关联方面构建了文化科技融合促进传统产业转型升级的理论架构。文化产业集群发展的动力机制是推动其发展壮大的根本动力,是地区文化产业发展的重要影响因素。本章将文化产业集群发展的动力机制分为文化产业集群发展的动力结构、动力因素关联机制和动力原理。

(2)知识整合视角的文化产业集群。在对文化产业集群、知识整合等文献分析的基础上,分析了我国文化产业集群知识整合的影响因素与模式,设计出我国文化产业集群知识整合的运行及保障机制。为了实现我国文化产业集群知识整合的高效率,从企业和政府两层面提出了我国文化产业集群发展的对策建议。

(3)文化创意产业的集群发展。在概括文化创意产业的概念和特征的基础上，通过对国内外文化创意产业发展现状的总结和对文化创意产业核心要素的分析，从对知识产权的保护、借鉴国外先进经验、建立市场化运行机制、创意人才培育和开拓国际市场等方面提出了促进中国文化创意产业发展的政策建议。

(4)基于集群的文化产业竞争力分析。首先明确了文化产业竞争力的内涵及其构成要素，文化产业竞争力就是以创意为核心的文化产业在市场竞争中所表现出来的优于其他竞争主体的一种能力，这种能力是文化底蕴、创意设计、信息传输等要素之间相互作用的一种综合水平。随后构建了我国文化产业竞争力评价指标体系并介绍了基于集群的文化产业投入产出效率。

(5)河南省的文化产业集群。虽然近年来河南在文化产业的发展中取得了不俗的成绩，但距文化产业强省仍有一定距离。本书讨论了河南省文化产业园区建设的现状并提出了相应的对策建议，认为河南文化产业的战略重点应着眼于自身丰富璀璨的文化资源，并根据不同主题将河南具有独特优势的文化资源分类。针对河南现存的三种文化产业发展模式进行分析，发现每一种模式都很好地利用了一类主题资源。根据三类模式的本质及其适用的条件，提出了完善现有模式的建议，并探讨三类模式在不同文化资源分类上的可能性。

(6)文化产业集群发展的战略性支撑体系与对策。从战略层面为我国文化产业集群发展提供思路，并提出文化产业体制创新、文化产业投融资机制创新、文化产业市场发展与监管体系创新以及文化产业的品牌与营销创新四大支撑体系来具体落实。

1.4.2 研究方法

本书运用产业经济学(产业组织理论、产业发展理论、产业结构理论、产业关联理论等)、战略管理、传播学等多种理论,系统全面地分析中国文化产业发展状况,对比其他先进国家和地区文化产业管理和发展中的成功模式和先进经验,找出目前我国文化产业发展中存在的问题,分析文化产业与其他产业发展的共同性和特殊性,充分挖掘文化产业的潜在价值,提升文化产业的竞争力。本书的研究方法主要有文献分析法、理论工具运用、深度访谈、田野调查、专家研讨和案例分析法。

1.4.2.1 文献分析法

广泛收集本研究所需的文化产业领域的最新中外理论研究成果及实践动态,主要是对我国目前文化产业发展现状,文化产业政策和投融资体制,我国特色文化产业的范围及主要特点,以及世界主要文化产业发达国家和地区的历史、成功经验和发展现状做深入的了解和分析。本书注重运用经济学中的产业组织理论、产业集群理论和产业竞争力理论,通过深入研究文化产业及其集群的概念、特征等基本理论问题,结合已有优秀研究成果深入剖析文化产业集群的形成和作用机制。

1.4.2.2 理论工具运用

一是博弈论方法的运用。博弈论于20世纪70年代被引入产业分析,用于研究垄断竞争和寡头垄断状态下的市场均衡和厂商行为,已成为新产业组织理论研究的统一方法,其中非合作博弈理论及其分析方法又居于统治地位。这一点从中国文化产业的现实情况来看,由于体制方面的影响,文化产业各个类别往往呈现出垄断竞争和寡头垄断。因此博弈论的方法是比较切合我国文化产业研究的。二是经济计量法的运用。20 世纪 60 年代后,经济计量方法成为产业理论的主要研究方法。经济计量分析需要定量化的统计指标,在文化产业研究中,如测量文化市场集中度的值、赫希曼指数、反映文化市场绩效的勒纳指数、贝恩指数等量化指标为进一步地分析变量之间关系研究打下了基础。经济计量分析方法不仅是寻求考察对象之间关系的基本工具,同时也是实证分析的基本工具。

1.4.2.3 深度访谈

主要针对文化产业研究的三类对象进行深度访谈:一是文化产业政策的制定和决策者,二是文化产业的相关经营管理者,三是对文化产业研究的专家学者。各类访谈人员的访谈目的各不相同。不同于其他产业的发展,文化产业的发展和一个国家的意识形态、社会背景有着密切的联系,所以通过对涉及文化产业发展的相关政策制定单位,例如中宣部、文化部、新闻出版总署、广电总局相关领导进行深入访谈,可以及时了解目前我国文化产业发展的政策体制环境,也为本研究提供来自政府管理部门的信息和见解。对文化产业相关经营管理者的访谈,主要是了解目前我国文化产业市场化发展现状及相关企业的运作状况。了解当前文化产业运作主体的经营现状和感受,为制定战略提供依据。对于文化产业研究专家的访谈,可以聆听专家的真知灼见,为本书的研究提供多视角的观点。

1.4.2.4 田野调查

本书将根据研究需要,进行田野调查,实地考察上海、开封、郑州、安阳等地的创意、动漫园区和北京、郑州等地的古玩、书画等文化市场，了解文化产业集群和文化市场的实际状况。

1.4.2.5 专家研讨

根据研究进展，召开两次专家研讨会，一次以京沪两地专家为主，一次以河南专家为主。每次约6人。广泛听取文化产业研究专家、相关部门领导与本研究相关的见解，为本研究的顺利进行提供理论上的指导和战略性建议。

1.4.2.6 案例分析法

由于文化产业起源于国外，因此这些先行国家的发展方式、政策制定和模式选择等方面都对我国的发展具有很强的指导和借鉴意义。基于此，本书通过对英国、美国、澳大利亚等世界上文化产业发展较好的国家和地区的文化产业集群的发展路径进行概括和总结，找到它们的发展条件和动力来源，并结合我国及各地区的实际发展情况，概括出值得借鉴的经验。

1.5 可能的创新之处

本书认为，河南省文化产业发展的战略对策主要包括四个方面：一是文化产业体制创新。在保证意识形态安全和文化生态安全的前提下，探索文化产业发展的体制改革问题。二是文化产业投融资机制创新。针对文化产业中创新型智力资本的特殊产权结构问题，建立适用于政府行为和企业行为的投资评估操作流程和文化产业风险评估指标体系等。三是文化产业市场发展与监管体系创新。通过文化产业市场机制进行生产要素配置，建立文化产业生产要素的合理流动机制，加强政府对文化市场的培育与监管。

四是文化产业的品牌与营销创新。基于品牌理论和经典品牌个案研究,确立文化产业的创新型营销模式。

本书可能的创新之处:

第一,研究视角的拓展。现有关于文化产业的研究成果大都局限在国外文化产业发展经验及国内发展存在的问题、文化产业发展的对策建议等某一方面,本书系统运用产业经济学和战略管理等相关理论,对文化产业发展进行经济学和管理学视角的研究,准确概括文化产业的产业特性和发展特点,从产业集群的视角确立文化产业发展战略的支撑体系及对策。

第二,研究范围的突破。较之已有的研究成果,本书开阔视野,给出了更加贴近现实以及更具指导意义的文化产业及文化产业集群的概念,更加强调创意、创新以及集群在文化产业发展过程中的重要作用。

本书对我国文化产业的集群发展进行了探索性的研究,不足之处主要体现在资料获取的难度大,导致某些刻画文化产业集群的指标无法采用,本书未进行文化产业集群的定量研究。在今后的工作和学习中将会继续深入研究和探索,争取以实地调研和科学的研究方法来弥补本书的不足,从而为探求我国文化产业集群发展的思路提供更加全面和完善的对策参考。

1.6 技术路线和结构安排

1.6.1 技术路线

本书的技术路线如图 1－1 所示。

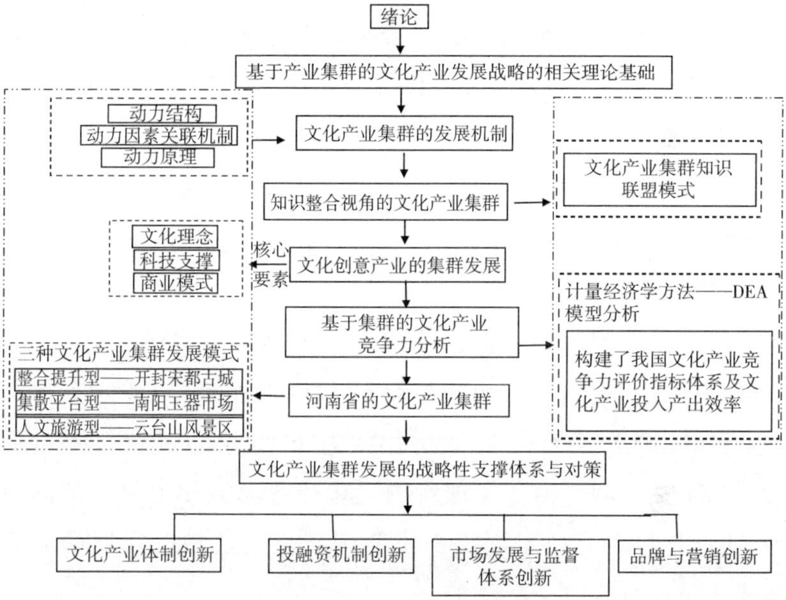

图 1－1 研究技术路线

1.6.2 结构安排

全书共分为 8 章。

第 1 章，绪论。首先，介绍了研究背景与研究意义，对国内外研究文献进行了综述。其次,介绍了全书的主要内容、研究方法与可能的创新之处。最后,介绍了本书的技术路线和结构安排。

第2章,基于产业集群的文化产业发展战略的相关理论。本章首先介绍了文化产业的概念、分类、特征和发展现状。然后依次介绍了产业集群相关理论、产业竞争力理论和文化产业集群相关理论。

第3章,文化产业集群发展的机制分析。在界定文化与科技内涵的基础上,论述了文化与科技之间的关系、文化与科技融合的含义,从融合基础、融合层次、融合机制以及融合方向四个相关联方面构建了文化科技融合促进传统产业转型升级的理论架构。文化产业集群发展的动力机制是推动其发展壮大的根本动力,是地区文化产业发展的重要影响因素。本章将文化产业集群发展的动力机制分为文化产业集群发展的动力结构、动力因素关联机制和动力原理。

第4章,文化产业集群化:知识整合视角。本章在对文化产业集群、知识整合等文献分析的基础上,分析了我国文化产业集群知识整合的影响因素与模式,设计出我国文化产业集群知识整合的运行及保障机制。为了实现我国文化产业集群知识整合的高效率,从企业和政府两层面提出了我国文化产业集群发展的对策建议。

第5章,文化创意产业的集群发展。本章在概括文化创意产业的概念和特征的基础上,通过对国内外文化创意产业发展现状的总结和对文化创意产业核心要素的分析,从对知识产权的保护、借鉴国外先进经验、建立市场化运行机制、创意人才培育和开拓国际市场等方面提出了促进中国文化创意产业发展的政策建议。

第6章,基于文化产业集群竞争力分析。本章首先明确了文化产业竞争力的内涵及其构成要素，文化产业竞争力就是以创意为核心的文化产业在市场竞争中所表现出来的优于其他竞争主体的一种能力，这种能力是文化底蕴、创意设计、信息传输等要素之间相互作用的一种综合水平。随后构建了我国文化产业集群竞争力评价指标体系并介绍了基于集群的文化产业投入产出效率。

第7章，文化产业集群化发展：以河南省为例。虽然近年来河南在文化产业的发展中取得了不俗的成绩，但距文化产业强省仍有一定距离。本章讨论了河南省文化产业园区建设的现状并提出了相应的对策建议，认为河南文化产业的战略重点应着眼于自身丰富璀璨的文化资源，并根据不同主题将河南具有独特优势的文化资源分类。针对河南现存的三种文化产业发展模式进行分析，发现每一种模式都很好地利用了一类主题资源。根据三类模式的本质及其适用的条件，提出了完善现有模式的建议，并探讨三类模式在不同文化资源分类上的可能性。

第8章，文化产业集群发展的战略性支撑体系与对策。从战略层面为我国文化产业集群发展提供思路，并提出文化产业体制创新、文化产业投融资机制创新、文化产业市场发展与监管体系创新以及文化产业的品牌与营销创新四大支撑体系来具体落实。

第 2 章　基于产业集群的文化产业发展战略的相关理论

2.1 文化产业

2.1.1 文化产业概念的界定

文化产业概念虽有分歧,但基本内涵相同。主要是提供文化产品内容及文化服务。20 世纪 70—80 年代以来,文化产业发展速度开始逐渐加快。联合国教科文组织(UNESCO)于 1978 年组织了一个专门小组对文化产业进行研究。联合国教科文组织认为,“文化产业”是指那些包含创作、生产、销售“内容”的产业,它通常以产品或服务形态出现,但本质上又是“不可触摸的”、与文化有关的,一般需要通过版权来加以保护。

世界各国有关文化产业的名称大不相同,在英国、新西兰、新加坡等国称为“创意产业”(Creative Industries),在韩国称为“文化内容产业”(Culture Content Industry),在我国称为“文化产业”

(Cultural Industries)。

1998年,英国创意产业特别工作组首次对创意产业进行了定义,“源自于个人创意、技能及才华,通过知识产权的开发和运用,具有创造财富和就业潜力的行业”。英国将创意产业界定为“广告、建筑、艺术品和文物交易、工艺品、设计、时装设计、电影和音像、互动休闲软件、音乐、表演艺术、出版、软件与计算机游戏、广播和电视”13个行业。这一概念及定义后来被许多国家和地区沿用。“创意产业”与传统产业最大的区别在于创意活动为产品或者服务提供了实用价值之外的文化附加值,最终提升了产品的经济价值,创意产业更强调人的创造力,更加注重文化艺术对经济的渗透和贡献。

2001年8月,韩国成立了文化内容振兴院(KOCCA),该院是韩国政府为发展文化内容产业并支援国际合作而成立的专门机构。韩国将文化内容产业定义为“由与内容有关的经济活动(如创意、生产、制作、流通等)组成,这些活动的内容源自于任何类型的知识、信息及与之相关的文化资源”。包括动画、卡通、漫画、电影、音乐、电子图书、移动/互联网内容、游戏、娱乐内容、广播电视等。内容文化产业以创意为动力,以数字技术为载体,将各种文化资源与最新数字技术相结合,融汇重铸,建立了新的生产和消费方式,产生了新的产业群落,培育出新的消费人群,并以高端技术带动传统产业实现数字化更新换代,创造出惊人的经济社会价值。韩国政府认为文化内容产业都是具有高附加值和高成长潜力的行业。

美国是世界公认的文化产业强国,虽然其在文化产品出口方面无可匹敌,但是至今美国官方并没有关于文化产业的界定或分类标准,也没有明确的文化政策文件。

英国著名媒体理论家尼古拉斯·加纳姆(Nicholas Garnham,1983)最早从文化的商品性和服务性的角度出发来界定文化产业,是指“生产和传播文化产品和文化服务的机构,如报纸、期刊和书籍的出版部门,影像公司、音乐出版部门、商业性体育机构”。澳大利亚学者、创意产业学院院长斯图亚特·坎宁安(2002)从文化产业概念发展史的角度来界定文化产业,强调了文化产业的服务性和创造性。相对于文化产业来说,坎宁安更倾向于用“创意产业”一词,以此表明文化产业正在发生的历史性变革。澳大利亚麦觉里大学经济学教授大卫·索斯比(David Throsby,2001)综合了加纳姆和坎宁安的观点,一方面指出文化的商品性和服务性是文化产业的基本特性,另一方面又强调艺术的创造性和独特性对于文化产业的重要性。他把文化产业的范围比作一个同心圆,创造性是这个同心圆的核心,同心圆大致可以分为三个层次,核心层有音乐、舞蹈、喜剧、文学、视觉艺术、工艺,也包括以新科技形式所表现的艺术;围绕核心层的是那些具有文化产出的行业,虽然具有较高的文化内涵,但不像前一类那样具有创意,其创造的核心并非艺术,主要包括书籍、杂志、电视、广播、新闻、电影;处于最外围的是那些具有文化内容的行业,包括广告、旅游、建筑等。

胡惠林(2001)认为,文化产业是一个以精神产品的生产、交换和消费为主要特征的产业系统,是一个涵盖包括文化艺术业、新闻出版业、广播电视业、电影业、音像制品业、娱乐业、版权业和演出业在内的庞大体系。叶朗(2003)在《中国文化产业年度发展报告》中则从文化产品的使用性质上加以定义文化产业,他认为文化产业是由市场化的行为主体实施的,以满足人们的精神文化消费需求为目的而提供文化产品或文化服务的大规模商业活动的集合。

金元浦(2006)认为,文化产业是与艺术、文化、信息、休闲、娱乐等精神心理性服务活动相关,满足小康形态下人们精神文化娱乐需求的所谓"第五产业",是城市精神消费与娱乐经济融合发展的新载体,是现代服务业的高端组成部分。蔡荣生和王勇(2009)认为文化产业本身并不能和创造性直接关联,在针对文化产业的研究中,需要加强对文化创意产业的研究。田卫东和张健(2010)认为文化产业是一种以文化为标志对产业的新分类,该分类强调的是文化要素中"观念系统"的商品化,文化产业的基本现实指标包含三个方面:实物商品、产权商品和符号商品。

本书所研究的文化产业是指为社会公众提供文化、娱乐产品和服务的活动以及与这些活动有关联的活动的集合,国家统计局近日颁布了新修订的《文化及相关产业分类(2012)》标准,指出文化产业是指为社会公众提供文化产品和文化相关产品的生产活动的集合。我国文化及相关产业的范围包括:以文化为核心内容,为直接满足人们的精神需要而进行的创作、制造、传播、展示等文化产品(包括货物和服务)的生产活动;为实现文化产品生产所必需的辅助生产活动;作为文化产品实物载体或制作(使用、传播、展示)工具的文化用品的生产活动(包括制造和销售);为实现文化产品生产所需专用设备的生产活动(包括制造和销售)。本书所提及的文化产业主要包含以下几类:新闻出版发行行业、广播电视电影行业、文化创意和设计行业、文化休闲娱乐行业以及其他文化行业。

2.1.2 文化产业的行业分类

国内外学者对文化产业分类的看法还不一致,需要进一步研究。

如果按照三次产业分类的标准，文化产业所属的主要行业部门大都可以在服务业中找到，但随着文化产业发展新趋势的出现，第二产业甚至第一产业中一些与信息、设计、创意有关的行业部门也逐渐加入文化产业，成为文化产业的一部分，或者文化产业的相关产业。于是，文化产业的行业界定和分类问题也成为研究的重要内容。

最早建立文化产业分类标准的是联合国教科文组织。1986年，联合国教科文组织率先制定了文化统计框架，并于1993年做了修正，该框架成为规范各国文化统计工作以及建立自己的文化产业体系的参考标准。随着文化产业的飞速发展，各国政府纷纷制定自己的文化产业分类体系。现将国际组织与文化产业发达国家的分类整理，见表2－1。

表2－1　不同国家和组织的文化产业分类及内容

国家或组织	文化产业的内容与分类
联合国教科文组织	文化遗产、出版印刷业和著作文献、音乐、表演艺术、视觉艺术、音频媒体、视听媒体、社会文化活动、体育和游戏、环境和自然等10类
欧盟（内容产业）	制造、开发、包装和销售信息产品及其服务的产业，包括各种媒介所传播的印刷品内容（报纸、杂志、书籍等），音像电子出版物内容（联机数据库、音像制品服务、电子游戏等），音像传播内容（电视、录像、广播和影视），用作消费的各种数字化软件等
国际标准产业分类（第三版）	（1）文化内容发源（书籍、音乐、报刊和其他相关资料的出版、软件咨询和供应、广告业、摄影活动、广播电视、戏剧，艺术、音乐和其他艺术活动）；（2）文化产品的制造（电子元件制造，电视广播发射器和电话机装置的制造，电视广播接收器、磁带、录像机装备和附件的制造，光学仪器和摄影仪器的制造，乐器的制造）；（3）文化内容的翻印和传播（印刷业、录制媒体的再生产、电影和录像的制造与发行、电影放映）；（4）文化交流（其他娱乐业、图书馆和档案活动、博物馆活动、历史遗迹和建筑物的保护）

续表

国家或组织	文化产业的内容与分类
英国（创意产业）	广告、建筑、艺术和古董市场、手工艺、设计、时尚设计、电影、互动休闲软件、音乐、电视和广播、表演艺术、出版和软件 13 个部门
法国	以传统文化为主，主要包括为展现传统文化服务的文化基础设施建设、文化设施的管理、图书出版、电影、旅游业等以及文化产业的边缘产业，如体育健身、广告咨询等以及文化产业与信息产业的交叉行业，如信息传播和信息服务等
芬兰（内容产业）	生产文化意义内容的产业，包括制造、开发、包装和销售信息产品及其服务的产业
美国	(1)文化艺术业(含表演艺术、艺术博物馆)；(2)影视业；(3)图书业；(4)音乐唱片业
加拿大	(1)信息和文化产业(出版业、电影和录音业、电视广播、互联网、电信业、信息服务业)；(2)艺术、娱乐和消遣(演艺、体育、古迹遗产机构、游乐、赌博和娱乐业)
澳大利亚	(1)文化遗产和古迹，如博物馆、自然遗产和保护、图书和档案馆等；(2)艺术活动，如文学作品的创作、出版和印刷，表演艺术、音乐创作和出版，广播、电视和电影等；(3)体育和健身娱乐活动；(4)其他文化娱乐类，如赌博、娱乐行业、饭店业
日本	文化产业更多被称为观光娱乐业，包括文化艺术业、信息传播业、个人爱好与创作、娱乐等
韩国	与文化商品的生产、流通、消费有关的产业：影视、广播、音像、游戏、动画、卡通形象、演出、文物、美术、广告、出版印刷、创意性设计、传统工艺品、传统服装、传统食品、多媒体影像软件、网络及其相关的产业

国内很多学者针对中国自身的情况，对文化产业的行业进行了分类。白志刚(1998)认为，文化产业的行业大致有 10 类：旅游文化产业、艺术文化产业、娱乐文化产业、教育文化产业、体育文化产业、民俗文化产业、信息文化产业、出版文化产业、高智力文化服务产业与心理文化产业。他认为文化产业的商品形式有七大类：

器物欣赏商品、文字图片欣赏商品、视听欣赏商品、空间环境商品、审美服务商品、智力服务商品和信息服务商品。谢名家(2003)提出中国特色的文化产业系统应该包括教育产业、智力产业、高新技术产业、媒体产业、艺术产业和休闲产业等一系列产业群。安宇(2004)认为文化产业的概念可以表述为:凝结一定程度的知识产权,并传递象征性意义的创造性的文化产品和服务的生产、扩散、聚合体系。其范围可分为,产业的核心部分:视觉艺术、文学艺术、音乐艺术、表演艺术、造型艺术等;产业的扩散部分:传媒业、唱片业、电影业、广告业、设计业等;产业的聚合部分:文物博物馆、图书馆、艺术品市场、教育产业与旅游业等。

按照《文化及相关产业分类(2012)》标准,文化产业分为五层:第一层分为"文化产品的生产"和"文化相关产品的生产"两部分;第二层根据管理需要和文化生产活动的自身特点分为10个大类,即"新闻出版发行服务"、"广播电视电影服务"、"文化艺术服务"、"文化信息传输服务"、"文化创意和设计服务"、"文化休闲娱乐服务"、"工艺美术品的生产"、"文化产品生产的辅助生产"、"文化用品的生产"、"文化专用设备的生产"等;第三层依照文化生产活动的相近性分为50个中类;第四层是具体的活动类别,共计120个小类;第五层是对于含有部分文化生产活动的小类设置延伸层,共计29个。具体见附录1。

2.1.3 文化产业的特征

从文化产业的本质特征、运行特征和发展特征三个方面论述文化产业的特征(赵晶媛,2013)。

2.1.3.1 文化产业的本质特征

文化产业的本质特征揭示了文化产业与其他经济部门的根本差别。文化产业与一般经济部门明显的不同之处有以下六点。

第一,文化产品具有商品和公共品双重属性。文化产品是一种以提升人们精神生活为目的的特殊产品,它包括精神和物质两种形态。一类是以物化劳动形态为存在形式,另一类是以活的劳动或劳务形态为存在形式。作为精神产品的文化产品,同其他物质商品一样,生产过程中消耗了一定量的社会必要劳动,是一种劳动产品,具有商品的一般属性。但是,文化产品又与一般商品不同,它具有公共品的特殊性。一般物质商品的消费是人们的一种占有与直接的使用消耗,而文化商品的消费方式在很多情况下是欣赏,它所消耗的只是文化艺术的物质载体,其文化价值不但不会被消耗,反而会在人们的共鸣中进一步增加。许多文化产品不会在消费中立即消失,一部优秀的文化作品可以通过再版复制备份而获得永久的流传。许多非竞争性的文化产品的消费并不影响其他人同时消费。例如,广播电视报道的时事新闻可以被世界各国数以亿计的人同时接受。受众人数的增加,既不会减少原有的消费成本,也不会增加供给的成本。有些文化产品是以整个社会为对象,社会的每一个成员都可以无偿获取并消费,如城市街头的雕塑、画廊,广场社区的音乐会等。

第二,文化产业的本质在于文化的市场化与产业化。文化产业区别于其他产业的独特内涵和本质特征就在于,它提供的不是一般的物质产品,满足消费者的物质需求,而是精神产品,“直指人心”,满足人们的精神文化需求。从文化到文化产业是一个历史过程,即文化的产业化过程。在现代社会,科学技术的发展、大规模的都市化和人口的高度集中，以及精英教育向大众教育的转变，孕育了庞大的文化消费市场和消费群体。各种文化要素本身就能够成为孵化人类消费欲望的资源，或者说成为人们现代消费生活的对象。人不仅是一种经济动物，更是一种文化动物，是文化的实践者。按照马斯洛的需求层次理论，人在基本的生理需求获得满足后，势必会产生满足自己精神生活的需求，因此，文化不仅是人类精神活动的创造物，也可以成为人类精神生活的消费对象。在这个过程中，在强劲增长的市场需求的带动下，文化生产和传播的各个环节逐步展开，并成为一个集创意、生产、销售于一体的产业链条，形成了一个独立的新兴产业——文化产业。

第三，文化产业的知识密集性。知识是文化产业增长的主要贡献因素。文化产业并不过多借助于物质的力量，物质力量仅仅是其载体和润滑剂，是实现文化价值向经济价值转变的手段。人的精神、智慧与思想是文化产业的内核，是财富的直接来源。在文化产业的产业链条中，内容的创意是文化产业的起点，其余所有的环节——生产、再生产和交换都是围绕知识和创意展开的。文化产业是高固定成本、低边际成本，甚至是零边际成本的产业。文化产品生产创造之初，需要投入大量固定成本，但是一旦固定投资成本形成，在追加产品生产时，边际成本则迅速下降，甚至为零。例如，制作激光唱盘，第一张光盘的成本极高，但是大量复制后，边际成本就趋向于零。这也说明文化产业需要很大的规模经济，如果没有强大的规模经济，就难以市场化。文化产业的知识密集性还体现在必须要运用新思想、新观念和新方法去整合、发展产业，创造财富。也正因如此，文化产业属于高收入弹性产业，只有在人们的收入达到一定水平，人们的精神文化需求强度足以支撑整个产业的发展时,它才能作为一个独立的产业兴起和发展。

第四,文化产品的可复制性。文化产业的核心虽然在于“原创”,但文化产品主要是通过对原创文化符号大批量复制生产出来的。文化产业的复制生产与传统制造业的批量生产有着本质不同。传统制造业的生产,如汽车,只能称为制造,而不能称为复制。复制的含义是将一个产品重新编码,然后作为自己的内容去反复再现。因此,文化产品的复制一方面是复制文化内容的载体(如光盘),另一方面是将文化产品的内容加上自己的理解进行解码。文化产业的标准化生产指的就是复制品的“逼真性”和无差异性,就其生产了大批的科技载体而言,文化产业是在进行制造;而就其产品所负载的文化内容来说,文化产业是在进行复制。

第五,文化产业边界的不确定性。任何一个经济体系中的产业,一般应具有相对清晰的产业边界,这也是作为一个独立产业所要求的。但是,文化产业与其他产业在此方面存在显著不同。文化产业直接诞生于经济与文化的互动关系中,这两大领域的对接使经济和文化中的各个环节都可能是文化产业的范围。不仅如此,文化产业还在经济和文化之外拓展了新的领域。“从运作方式看,文化产业不仅涉及经济与文化的互动性和互补性,而且还拓展了‘以知识和信息为资本’的生产空间,包含了‘以智力资本、文化资本、数字资本为运营方式’的新的信息文化产业。从人类生存发展的空间而言,文化产业不仅涉及人的基本存在方式,还提升人的生活质量。”文化的广义性决定了文化产品的广义性和文化产业的包容性、扩展性,因此,很难给出一个稳定的文化产业边界。在统计和对文化产业进行数量分析时要非常小心,不能夸张或贬低,在国际比较时尤其要注意统计口径的差异。

第六,文化产业的意识形态性。文化产业的意识形态性来源于文化的意识形态性。文化是带有意识形态性质的特殊商品,文化的商品生产中还存在产品的商品性与艺术、意识性的矛盾,对于上述矛盾的调节,市场是失灵的。因而,文化不能全面市场化,只有适合市场化运作的文化产品和服务才能市场化。即便是对于商品性文化生产,亦应采用政府规制、管理和调节模式,实现以先进文化为指导。对文化资源的配置,绝不可以听任市场的自发作用,应该有效发挥政府的功能,使市场的"搞活"、"调适"功能与政府的管理和指导相结合。中国将文化建设分为公益性文化事业与经营性文化产业。尽管从文化产业与文化事业的区分来看,文化产业侧重于市场化运作和产业利润,文化事业侧重于意识形态,但是,文化产业和文化事业的划分不是根据有无意识形态性进行的,两者都有意识形态性,区别仅在于意识形态功能的实现形式。一方面,文化产业的本质在于文化的产业化运作,文化的意识形态性决定了在通过产业化手段和方式生产、传播文化的过程中,文化的意识形态性必然得到张扬,而不是消除。另一方面,文化产业和其他产业一样,在追求产业利润的过程中,必然带来社会效益。这完全符合亚当·斯密的"看不见的手"原理。所不同的是文化产业的社会效益在很大程度上体现为意识形态功能,也就是说,文化不仅能创造通常意义上的 GDP,还能创造另一种 GDP,即优雅(Grace)、多样化(Diversity)和积极向上的人格(Personality)。

2.1.3.2 文化产业的运行特征

文化产业的运行特征揭示了文化产业运行的特殊性。分析文化产业运行特征的最终目的是提高产业运行质量,构建合理的产业运行机制,推动产业竞争优势的形成。

第一,文化生产成为当代社会大生产新的组成部分。现代文化不再仅仅是社会经济发展的精神动力和智力支持,而是作为一个独立的经济成分和产业升级标志而成为经济现代化的重要组成部分。在现代发达市场经济中,特别是在当前的信息经济的发展中,文化越来越被合并于生产,成为一项新的生产要素和重要的经济资源,文化的生产力功能更加增强。而且,经济发达国家出现了发达的文化生产,形成了生产文化、知识产品的文化产业,商品性文化生产成为当代社会大生产的一个新的组成部分,文化产品成为现代国民财富的重要内容。

第二,文化生产运行的双重性。文化生产作为一种特殊的商品生产,无论内容还是形式,都兼有精神和物质的双重性,受价值规律与文艺规律的双重支配。“科学、艺术等,都不过是生产的一些特殊形式,并且受生产的普遍规律的支配。”因此,文化的生产、分配、交换和消费必然遵循商品生产的普遍规律,即价值规律,接受价值规律的调节。同时,文化艺术作为人类的精神行为,它所追求的是传达生产主体的审美价值,满足人们精神上的独特需要,因此必然受到文化艺术作为精神行为的固有规律的深刻影响。价值规律和文化艺术自身内在规律的共同作用,构成了现代文化生产的全部运动。在这个过程中,一切违背价值规律的生产或者可能引导不正当文化消费的生产,都将经过社会的选择而被控制,如当今世界除个别国家外,都限制色情淫秽物品的生产;而一切遵循价值规律生产或者有助于价值规律充分发挥作用的生产、引导正当文化消费的生产,都会得到社会的响应。

第三,文化产业运行对技术的高度依赖性。早在20世纪50年代,法兰克福学派学者就敏锐地发现,文化生产一旦与科技结合在一起，形成工业化体系，就会产生影响社会的巨大力量。从历史上看，工业革命初期，造纸术和印刷术的现代工业化发展引发了传播媒介的根本性革命，使印刷文明一举代替口传文明，居于社会传播方式的中心。反过来，纸媒介的发展又进一步促进了专业化、现代化的造纸工业、印刷工业和出版工业的飞速发展。纸媒介文化在图书的基础上相继创造了报刊文化、新闻产业、纸本广告产业等，文化不断经历创新扩展，使得文化的领土前所未有地猛烈扩张。从世界范围来看，随着现代科技的发展，尤其是信息技术、传播技术、自动化技术和激光技术等高科技的发展，现代科技广泛运用于各类文化艺术活动之中，在文化领域掀起了新科技革命的旋风，已经导致新兴文化形态的崛起和传统文化形态的更新。

第四，文化产业的高渗透性。文化产业中的创意产业的核心生产要素是信息和知识，特别是文化和技术等无形资产，是具有自主知识产权的高附加值产业。创意是技术、经济和文化等相互交融的产物，创意产品是新思想、新技术、新内容的物化形式，特别是数字技术和艺术的交融和升华；是技术产业化和文化产业化交互发展的结果，可能渗透许多产业部门。从文化产业的外延来看，文化产业涵盖了生产、营销、消费的各个环节，“文化产业之树，长于第三产业，而它的枝、茎已蔓延至第二产业”。正因为文化产业拥有如此强大的包容性，因此很难将其从传统产业类型中完全分离出来。

第五，文化产业发展的高风险性。任何产业的发展都有风险。与其他产业相比，文化产业的风险性更高。一方面，由于文化产业的意识形态属性，国家和政府必然对文化产业加以规制，从而为文化产业的发展带来政策风险。另一方面，信息化时代的到来，加快了人们的生活节奏，使人们对文化产品的需求越来越难以把握。

一种艺术性的创意能否转化为消费者喜闻乐见的文化产品和服务,往往取决于它能否适应这种快速变化的社会。一种文化产品还没有完全流行,另一种全新的文化产品就已经出现,文化产业的经营风险加剧。同时,文化产业还面临盗版的侵蚀。信息化技术在为文化产业插上信息化翅膀的同时,也提高了盗版的技术水平,盗版产品的逼真度越来越高,消费者几乎不可能辨别。文化产业经营者不得不承担由此带来的经营风险。

2.1.3.3 文化产业的发展特征

文化产业的发展特征指文化产业的成长特点。研究文化产业的成长特征,可以从产业演进角度揭示文化产业成长所需要的条件、产业进步的驱动因素、产业结构变化的规律,从产业间竞争角度以及产业发展对国民经济的影响角度分析资源配置问题。

第一,文化产业结构的高度化。文化产业结构高度化的标志是产业融合,它意味着文化产业在技术含量和文化含量方面迈向了更高的发展层面,也意味着文化产业在组织形态和资源利用方面形成了更具有适应能力的结构。文化产业结构的高度化表现为三种方式:一是高新技术与文化产业内容的融合;二是文化产业内部的融合重组;三是文化产业与第三、第二、第一产业间的融合。

第二,文化产业组织集群化、网络化,企业组织扁平化。当今社会,文化产业已不再仅仅指个体设计师、艺术家的灵感和创造,而是知识和社会文化传播构成与产业发展形态及社会运作方式的创新。文化创意产业的发展不仅局限于个人和单个企业的行为,更是集体的互动和企业的地理集聚,形成集群化的环境。文化产业集群的特征是生活和工作结合、知识文化产品生产和消费结合,有多样性的宽松环境和独特的本地特征,而且与世界各地有密切的联系。文化产业,尤其是文化产业中的创意产业具有特殊的产业组织形式,企业呈现出小型化、扁平化、灵活化的特点。就单个企业而言,可以是比中小企业还要小的微型企业,甚至是个人工作室,但这类企业通常以产业集群的方式分布,具有集群效应的基本特征,如经济的外部性、技术创新优势、集群式学习和集群式组织能力。正是这种扁平化的产业组织特征,形成了文化产业生产组织层面小企业和大公司错位的竞争态势,使文化产业发展具有良好的势头。

第三,经济文化一体化。从经济发展逻辑来看,一方面,随着经济的发展,产业中心逐步由有形财物的生产转向无形的服务性生产,产业结构上体现为产业的下游化和服务业的主导性支配地位,整个经济由物质经济向知识经济转变,文化产品的生产和服务的提供成为整个社会经济的主导力量。另一方面,随着人们物质财富的增加,人们的物质需求基本得到满足,人们开始追求精神文化需求,消费的“脱物化”成为消费的主流,从而对文化产品和文化服务提出了巨大需求。在这两方面的推动下,经济文化潮流涌现。从文化发展逻辑来看,传统的文化发展规律在人们广泛的文化需求的冲击下,伴随着现代传媒技术的发展,在传统的创作—保存两环节之间加入了能够使原创性文化面向大众的、基于复制技术的现代传媒工业,从而在文化消费和供给之间架起了产业联系的桥梁,使文化的发展纳入经济轨道,文化资源成为经济资源,文化传统成为现实财富。

第四,文化产业的全球化趋势。当今全球经济一体化进程日益加快,文化产业经济进入了创意文化主导的时代。国际文化产业的交流日益频繁,使得各个主要文化大国的文化相关产业得到了快速发展,并呈现多元化发展态势。在西方国家,文化产业已然成为一种促进经济发展的重要支柱产业。对于我国文化产业来说,文化也可以构成传递国家形象和民族精神的重要媒介。因此如何建设富有我国特色的文化,向世界传递中国文化、发出中国声音是每一位文化工作者都应思考的问题(刘虹杉,2011)。经济全球化趋势促进了文化交流,中国文化要“走出去”,但也要注意文化安全问题。

在经济全球化背景下,打造文化产业,凸显文化产品的精品化、大众化、时尚化和财富化效应,需要以符合市场经济运行规律的方式运用资本,这是实现文化自觉的重要环节(张雄,2011)。文化产业已成为一些发达国家国民经济与社会发展的支柱产业,蕴藏着巨大的利润空间(苑浩,2008)。美日英等国的文化产业已成为最大的产业,一个国际传媒公司的产值可相当于一个中等国家的 GDP。美国 400 家最富有公司中,1/4 是文化企业。

虽然经济全球化也伴随着民族文化的弱化,但是民族文化的保护与传承是文化多样性存在的根本,文化多样性又是各民族独立、平等的保障。任何一个民族丢掉了文化特色,就会侵蚀多样性的根基,从而阻滞文化交流、创作和革新的进程(雷晴岚,2010)。

全球化的结果是各民族国家在合作竞争过程中各种动态博弈显现的结果,而经济全球化的趋势日渐加强,不仅催生了文化产业发展的空间,同时也使得文化全球化趋势进一步显现,这一局势就催生了文化安全的课题。从瑞雪(2010)认为,国家文化安全,是指某个国家能够自主地选择政治制度和意识形态,抵制其他国家将某种意识形态下的政治、经济模式强加于本国的做法,防范来自内部或外部文化因素的侵蚀、破坏或颠覆,从而能够较好地保护本国人民的价值观、行为方式、社会制度,保护文化的民族性,维护民族的自尊心和凝聚力,并扩大本国文化在国际上的影响。在全球化背景下中国面临的国家安全问题主要体现在:综合国力方面相较于西方处于弱势地位,国内区域文化资源分布和发展不平衡,文化产业遭遇整体性全球战略挑战,本国文化遗产资源面临消失的危险(丛瑞雪,2010)。杨东篱(2010)提出发展良性文化生态系统,其作用在于抵抗外来文化入侵,完善文化生态的多元性,维护多种文化形态之间的平衡,并推进多种文化形态之间的交流,协助文化与政治、经济领域建立互动关系。因此在外来文化的冲击下,国家文化安全问题的解决措施和相应的文化发展对策越来越引起人们的关注。当然,维护文化主权不等于"闭门造车"。近年来,伴随着中国经济高速增长,中国的文化事业蓬勃发展,各种文化作品和产品通过不同渠道、载体走出国门,以电影、图书、语言、交流等各种方式向世界展示中国充满活力的国家形象(赵钱孙,2011)。鞠宏磊(2011)研究了我国文化"走出去"的动力机制,认为我国目前文化输出的动力主要来自政府,政府通过目标设定、政策支持、资金投入、项目推进等方式,形成对我国文化企业的强大推动力,决定了"走出去"的形式、路径、模式、方向的选择。而这一文化输出过程也存在着可操作性偏弱、过程管理和效果监督缺乏等缺陷,可以通过强化市场考核、激发企业原动力、提供信息服务等改进措施来加强和改进文化产品和服务出口工作。为推动文化产品和服务出口工作,中央于 2005 年 7 月下发《关于进一步加强和改进文化产品和服务出口工作的意见》(中办发〔2005〕20 号),国务院办公厅于 2006 年转发了财政部、商务部、文化部、中国人民银行、海关总署、税务总局、广电总局、新闻出版总署八部门的《关于鼓励和支持文化产品和服务出口的若干政策》(国办发〔2006〕88号)。这两个文件提出了目前我国鼓励和支持文化产品、服务出口的若干具体政策。主要有以下几个方面的内容:一是降低门槛,为文化产品和服务“走出去”营造良好外部环境;二是加强对文化产品和服务“走出去”的指导和服务;三是帮助企业解决出口资金短缺问题;四是完善文化产品和服务出口表彰奖励机制。文化产业的全球化趋势体现为以下层面:首先,发展的全球化。前文中已经指出,文化产业具有较高的收入弹性,当居民的收入达到一定水平后,其精神文化需求必然会推动文化产业的兴起和发展。当前,发达国家已经进入“后工业化”时代,文化产业正在成为其支柱产业。一方面,广大发展中国家在经历工业革命、分工的细化和生产方面逐渐进步;另一方面,在发达国家的引导下,发展中国家兴起的文化高消费也带动了本国文化产业的发展。因此,当前全球出现了普遍的文化产业发展热潮。其次,文化产品和服务的全球化流动。随着全球化步伐的加快,已经形成了一个全球化的文化产品和服务流动的体系。电影、书籍、电视节目、音乐唱片可以在全球同时发行上映。尤其是互联网的兴起,更加速了文化产品和服务的全球化进程。最后,文化产品和服务制作的全球化。随着全球化分工体系的形成,文化产品同其他产品一样被纳入全球分工体系,全球文化资源得以共享,文化产品由多国不同企业共同完成,文化产品和服务全球发行销售。

2.1.4 我国文化产业的发展和存在的问题

文化产业是一个巨大的产业系统,是公认的具有无限生机与活力的朝阳产业,但它存在于整个自然与社会的大环境中,大环境中的种种自然和社会因素必然直接或者间接地影响文化产业的发展。2010 年,文化产业政策从宏观向微观过渡,渐成体系;受国家利好政策的影响,金融向文化产业靠拢,使得各重点行业获得了更广阔的发展空间和更有力的资金支持,文化体制改革继续推进,市场环境逐步净化(叶朗,2011)。

但是我国文化产业所面临的外部环境仍有诸多需要完善的地方。第一,促进文化产业的法律法规建设相对滞后(廖广莉,2011)。任何产业的发展都离不开政治环境的支持,文化产业法规政策的制定,对于改善文化产业投资环境,加强文化市场管理,满足多样化、个性化的文化消费,拉动内需,促进国家综合国力的提高具有重要作用。近几年,我国陆续出台一些文化方面或与文化产业密切相关的法律法规,如《著作权法》、《商标法》、《广告法》、《娱乐场所保护条例》、《专利法》、《营业性演出管理条例》、《音像制品管理条例》等,并制定一些配套的实施细则。但总体来说,我国文化产业法律环境与文化产业的发展还不相适应,法律法规尚不健全、缺乏系统性,立法也相对滞后。同时,文化产业投资法律保障机制的不完善也制约了经济环境的完善。第二,文化产业中各行业的税负依然较重,同样严重阻碍了投资者对文化行业投资的积极性(张晓玲,2007)。第三,文化产业占 GDP 的比例依然偏低,产业竞争力较弱(廖广莉,2011)。经济的持续发展为文化产业的繁荣奠定了坚实的基础(徐浩然等,2005)。2010 年我国人均 GDP 达到 29940 元,更激发了人们的文化消费需求。但是,2010 年我国文化产业占 GDP 的比重仅为 2.6%,在国民经济中的贡献远远低于其他同等水平国家。第四,文化产业的软硬件基础条件薄弱,包括文化产业所需的人才极度缺乏,从业人员不足 4%。并且人才结构极其不合理。同时,我国文化企业“软小散滥”问题比较突出(廖广莉,2011)。第五,在技术环境方面,以往研究都提出要鼓励技术研发投入和高科技人才的培养。科技和人才是文化产业腾飞的两只翅膀。“科技是第一生产力”,也是文化发展的动力。要从投资、财税、准入许可、文化产品流通诸方面给予开发、研制、引进使用高新技术以政策优惠,鼓励采用现代网络技术、三维动画制作技术、数码影视技术和照排技术、宽带信息传输技术等,提高文化产品技术含量,增强市场竞争力(郑百灵,2005)。

文化产业作为工业化后期的产物,文化创意产业作为后工业化的产物,在中国还处于“破茧而出”的阶段,从观念、体制、机制、政策各方面都准备不足,还存在一系列问题。

回顾改革开放30多年的历史进程,我国新时期文化产业大致经历了三个发展阶段。

第一个阶段是1978年至1988年,文化市场出现并逐步得到认可,文化产业在艰难困苦中萌生并缓慢发展。第二个阶段是1989年到1998年,文化产业浮出水面,在艰难前行中得到社会认可。总体来说,在文化与经济的关系上,是“文化搭台、经济唱戏”,文化只是经济发展的配角。第三个阶段就是1999年至今,文化产业取得了重大发展。2000年,在十五届五中全会通过的《中共中央关于制定国民经济和社会发展第十个五年计划的建议》中,第一次在中央正式文件中使用了“文化产业”这一概念,标志着我国对于文化产业的承认和对其地位的认可,具有重要的意义。2001年,发展文化产业被列入国家“十五”计划,文化产业从此成为我国经济与社会发展战略的重要组成部分。2002年,党的十六大报告用专章论述了文化建设,指出要积极发展文化事业和文化产业,完善文化政策，支持文化产业发展。2004年，党的十六届四中全会通过的《中共中央关于加强党的执政能力建设的决定》中，提出了中国文化建设和文化产业发展的时代要求。在2005年党的十六届五中全会关于第十一个五年规划的建议，以及2006年通过的国家"十一五"时期发展纲要中，都有发展文化产业的内容。2007年，十七大报告又多次提到要大力发展文化产业，使其为推动社会主义文化大发展大繁荣做出贡献。2010年10月，党的十七届五中全会召开，在中央"十二五规划建议"中，首次引人注目地将发展文化产业的目标定义为"推动文化产业成为国民经济的支柱性产业"。

叶朗(2011)在《中国文化产业年度发展报告(2011)》中对我国文化产业的未来发展趋势进行了归纳概括：文化产业新型态不断呈现，企业管理面临极大考验；文化产品品牌化，企业多元化发展；文化产业将迎来新一轮"喷发"，洗牌中实现量与质的平衡；文化产业规范化建设推进，国家管理复杂化。

陈少峰(2003)认为，发展文化产业，并不是简单地把文化艺术进行商业化和产业化，而是要站在商业和产业发展的角度去看文化艺术当中有没有足以产业化的内容。或者说，文化产业是把文化艺术中的某些特性通过商业化作为一种产品开发出来，并予以规模化发展。顾江(2006)认为，创新、创意对发展文化产业具有核心作用。创意不仅可以整合本地区、本国的文化资源，还可以整合全球文化资源。在创新文化产业的商业模式方面，拓展核心创意的关联效应尤为重要。文化产业的盈利模式需要紧跟时代的发展步伐。蔡荣生和王勇(2009)认为随着全球经济的发展和居民生活水平的提高，消费者对于文化产品的需求开始迅速增加，进而带动国内外文化创意产业的快速发展。然而文化创意产业作为一种新兴产业,其发展离不开政府政策的扶植和引导。因此,他们针对为我国政府更好地规划和发展当地文化创意产业,提出了优化文化产业发展环境的具体政策建议。

但是,我们同样清醒地认识到,当前我国的文化产业还存在着一系列的问题。张晓明、胡惠林、章建刚(2008)在《2008 年中国文化产业发展报告》中提出,宏观经济环境趋紧,对文化产业发展的不利因素要注意;文化体制改革在全国铺开,文化市场建设滞后问题开始凸显;在整体上市的大门打开之后,要特别注意防止市场集中度过高,形成垄断妨碍竞争;在文化体制改革刚刚起步的今天,发展和繁荣文化也要警惕政府对市场的过度干预及企业与政府的不良博弈;“走出去”虽然已经形成共识,但是对于国际文化产业发展现状及国际文化贸易发展规律缺乏了解,盲目性较大。胡惠林教授等主持研究的教育部哲学社会科学研究重大课题攻关项目“我国文化产业发展战略研究”,对各个细分的文化产业,如电影产业、演出产业等做了相关政策的解读。

2.1.5 我国文化产业的发展战略

2.1.5.1 我国文化产业的倍增计划

2009 年 7 月 22 日,《文化产业振兴规划》经国务院常务会议讨论并原则通过,这是我国第一部文化产业专项规划,对应对金融危机、加快文化产业发展、推动经济结构调整有着重要意义。《文化产业振兴规划》的出台,标志着国家把文化产业作为一个新型产业提升到了国家战略的层面。“振兴规划”的首要目的是为了应对当前的国际金融危机,以应对金融危机为契机大力发展我国文化产业的意义非常深远。《文化产业振兴规划》也可以看作“十一五”文化发展规划纲要的延续和升华。

2010年,《中共中央关于制定国民经济和社会发展第十二个五年规划的建议》提出“推动文化产业成为国民经济支柱性产业”,为文化产业发展确立了目标。2012年2月28日,文化部正式向社会发布了《文化部“十二五”时期文化产业倍增计划》(以下简称《倍增计划》)。《倍增计划》紧扣十七届六中全会关于文化产业发展的最新精神和文化产业发展新趋势,明确了“十二五”时期文化系统文化产业的指导思想、发展思路、发展目标、主要任务、重点行业和保障措施,拟实现“十二五”时期文化部门管理的文化产业增加值至少翻一番的目标。因此,这一规划的制定出台对“十二五”期间文化系统文化产业的发展有着重要指导意义。《倍增计划》分指导思想、发展思路和主要目标,主要任务,重点行业,保障措施四部分。

(1)指导思想、发展思路和主要目标。以邓小平理论和“三个代表”重要思想为指导,深入贯彻落实科学发展观,坚持社会主义先进文化前进方向,始终把社会效益放在首位,加强文化内容引导和建设,努力实现社会效益和经济效益相统一,以改革创新和科技进步为动力,增强文化产业发展活力,转变文化产业发展方式,充分发挥文化产业在促进经济社会发展、推进社会主义核心价值体系建设、传播先进文化、提升国家文化软实力中的积极作用。

遵循文化发展的客观规律,适应社会主义市场经济的内在要求,坚持文化事业和文化产业双轮驱动、两翼齐飞的思路,一手抓公益性文化事业,一手抓经营性文化产业,实现文化事业和文化产业相互促进、共同发展。以结构调整为主线,实施重大项目带动战略,谋划和启动一批具有示范性、基础性、战略性、带动性的重大工程和重大项目,提升产业规模和整体素质,加快产业结构调整和转型升级。发挥市场对文化资源配置的积极作用,加强政府政策引导和公共服务职能,打造政策支撑、公共服务、投资融资、贸易合作、人才培养五大服务平台,提供良好的政策环境和市场环境,营造发展氛围,推动产业集聚,培育市场主体。实施差异化的区域文化产业发展战略,加强分类指导,发挥各自优势,努力形成文化产业"东、中、西"优势互补、相互拉动、共同发展的局面。鼓励东部地区优化产业结构,倡导文化创新,提升文化品质,实现跨越式发展。支持中部地区完善产业政策,扩大文化消费,规范市场秩序,加快产业崛起。引导西部地区发挥资源优势,突出区域特色,培育消费市场,带动产业发展。

"十二五"期间,文化部门管理的文化产业增加值年平均现价增长速度高于20%,2015 年比 2010 年至少翻一番,实现倍增。文化原创能力进一步提高,文化产品和服务更加丰富,文化产业成为满足人民多样化精神文化需求、提高人民生活幸福指数的重要途径。文化产业就业容量大、形式灵活的优点得到充分发挥,成为吸纳就业效果显著的产业之一。文化消费保持快速增长态势,占城乡居民消费的比重不断提高,成为国家扩大内需的重要组成部分。

(2)主要任务。以实现跨越式发展为主题,以优化结构布局、加快转变发展方式为主线,以培育文化企业、扩大文化消费、推进文化科技创新、发展特色文化产业为重点,加强内容引导,实施重大文化产业项目带动战略,全面提升文化产业创新能力和核心竞争力,推出一批内容健康向上、深受群众喜爱、市场占有率高的中国原创文化产品,努力满足人民多样化精神文化需求,推动文化产业成为国民经济支柱性产业。

一是培育壮大市场主体。加快发展文化产业，必须毫不动摇地支持和壮大国有或国有控股文化企业，毫不动摇地鼓励和引导各种非公有制文化企业健康发展，形成公有制为主体、多种所有制共同发展的文化产业格局，塑造培育文化市场主体，提高文化产业活力和竞争力，促进各类文化企业协调发展。

二是转变文化产业发展方式。推动文化产业结构调整，提升文化生产的品质和效益，促进文化产业转型升级，提高文化产业规模化、集约化、专业化水平，加快由注重数量扩张的规模增长转变到更加注重质量效益的内涵提高。

三是优化文化产业布局。鼓励东中西部地区根据资源禀赋和功能定位，确立文化产业发展重点，发挥各自优势，依托大型城市和城市群建设文化产业带，支持中小城市和农村发展特色文化产业群，形成区域、城乡文化产业协调发展格局。

四是加强文化产品创作生产的引导。始终坚持正确的文化产品创作生产方向，加强内容引导和建设，建立以文化企业和个人为主体的文化创新机制，努力营造有利于文化创新的良好环境，不断完善文化产品评价体系和激励机制。

五是扩大文化消费。把扩大文化消费作为扩大内需的重要组成部分，建立扩大文化消费需求的长效机制，以优质、丰富的文化产品和服务吸引消费者，增加文化消费总量，提高文化消费水平，增强文化产业发展的内生动力，满足人民群众不断增长的精神文化需求。

六是推进文化科技创新。科技创新是文化发展的重要引擎。要发挥文化和科技相互促进的作用，深入实施科技带动战略，增强自主创新能力。健全以企业为主体、市场为导向、产学研相结合的文化技术创新体系，培育一批特色鲜明、创新能力强的文化科技企业，支持产学研战略联盟和公共服务平台建设。

七是实施重大项目带动战略。积极联合有关部门，实施一批带有全局性、引导性、公共性、基础性、示范性的重大工程，增强政府引导调控和公共服务能力，加强内容引导示范，促进产业集聚、企业孵化和人才培养，推进产业和产品升级，提升产业总体素质，增强产业发展后劲。

八是健全投融资体系。深入贯彻落实《关于金融支持文化产业振兴和发展繁荣的指导意见》，建立健全多元化、多层次、多渠道的文化产业投融资体系。促进文化产业与金融业全面对接，鼓励各类金融机构创新金融产品，改善提升文化产业金融服务，引导和鼓励社会资本投入文化产业。

九是强化人才支撑。以培养高素质文化产业经营管理人才为重点，建设文化产业人才教育培训机构，完善在职人员培训制度，鼓励高等院校开设文化产业相关专业，全面提高文化产业人才队伍的整体素质，为文化产业发展提供强有力的人才支持。

十是推动文化产业“走出去”。根据“政府引导、企业主体、市场化运作”的原则，充分发挥政府的引导作用和服务职能，大力推动对外文化交流与对外文化贸易促进工作的有机结合，积极推动文化企业和文化产品走向国际市场，培育一批具有国际竞争力的外向型文化企业和中介机构，打造一批国际知名文化品牌，增强中华文化在世界的感召力和影响力。

(3)重点行业。改造提升演艺、娱乐、文化旅游、工艺美术等传统文化产业，加快发展动漫、游戏、网络文化、数字文化服务等极具活力和潜力的新兴文化产业，构建结构合理、门类齐全、科技含量高、竞争力强的现代文化产业体系，以重点行业的快速发展实现倍增目标，形成各行业百花齐放、共同繁荣的良好局面，推动文化产业跨越式发展。

(4)保障措施。贯彻落实十七届六中全会提出的“加大财政、税收、金融、用地等方面对文化产业的政策扶持力度”的精神，积极协调有关部门，逐步完善文化产业政策法规体系，出台具有可操作性的配套政策，加快文化产业振兴立法进程，深化体制改革，规范市场秩序，加强公共服务，全面创造有利于文化产业跨越式发展的良好环境。具体措施包括：加大政府投入力度；完善政策法规体系；深化文化体制改革；规范文化市场秩序；加强产业公共服务；加强组织实施。

2.1.5.2　发展文化产业对我国的重要意义

当前，我国文化产业的发展受到党和国家的高度重视，也受到社会各方面的密切关注。党的十六届四中全会在强调不断提高党建设社会主义先进文化的能力时，提出要深化文化体制改革，解放和发展文化生产力，促进文化事业全面繁荣，强调要加快文化事业和文化产业发展。2006 年 1 月，中共中央国务院《关于深化文化体制改革的若干意见》(以下简称《若干意见》)正式颁布实施，这是深化我国文化体制改革的纲领性文件。《若干意见》的实施，对于加快发展我国文化事业和文化产业，推进社会主义先进文化建设，促进文化建设与经济建设、政治建设、社会建设的全面协调发展具有极其重要的意义。

国家进入全面建设小康社会的重要战略期后，把发展文化产业摆在文化建设的重要位置，发展文化产业是国家文化发展和产业结构调整的战略选择。

(1)发展文化产业是满足人民群众日益增长的精神文化需求的重要渠道。市场经济条件下,文化产业是满足人民群众多样化、多层次、多方面精神文化需求的主要途径,是改善文化民生、提高人们生活质量和幸福指数的重要手段。国际经验表明,人均国内生产总值达到3000美元时,居民消费进入物质消费和精神文化消费并重时期;超过5000美元时,居民消费将进入精神文化需求的旺盛时期。现在,我国人均国内生产总值已经达到4200美元,居民消费正由生存型、温饱型向小康型、享受型转变,人民群众精神文化需求呈"井喷"之势。随着经济条件的宽裕、教育水平的提高、闲暇时间的增多,人们追求自我文化表达、参与自主文化创造活动的愿望更加强烈,实现和维护自身文化权益的意识更加高涨。相比之下,我国文化产业发展水平还不高,总体上还不能很好地适应人民群众精神文化需求快速增长的新形势和人们繁荣文化市场的新期待。可以说,文化产业是少数几个总供给还不能满足总需求的朝阳产业之一,为加快文化产业发展提供了广阔的市场空间,也对加快转变发展方式、提高发展质量和水平提出了更高要求。满足群众精神需求、维护群众文化权益、引导群众文化消费,使全体公民在"文化享有"上健康向上、各得其利,在"文化创造"上迸发活力、各尽其能,迫切需要我们在构建公共文化服务体系的同时深化文化体制改革,加快文化发展方式的转变,推动文化产业又好又快发展。

(2)发展文化产业是贯彻科学发展观、转变我国经济增长方式的一条重要途径。我国取得的巨大经济成就举世瞩目,毋庸置疑。但是我们应该看到,我们的经济增长很大程度上是依靠"高消耗、高排放、低效益"的粗放型增长方式。正因为如此,党的十六届四中全会强调要坚持以人为本、全面协调可持续的科学发展观，推动建立统筹城乡发展、统筹区域发展、统筹经济社会发展、统筹人与自然和谐发展、统筹国内发展和对外开放的有效体制机制。中央经济工作会议提出，要大力推进结构调整，促进经济增长方式转变。文化产业正是推动我国经济发展的一个新的增长点。文化产业在我国既有潜力很大的市场空间，又有众多的消费群体，同时基本属于“无污染、低消耗、高效益”的无烟产业、朝阳产业。日本、美国等发达国家的成功经验已经告诉我们，文化产业完全可以成为支撑一个国家经济发展的支柱产业。我国许多知名文化企业的成长发展也充分证明了文化产业对国家经济发展的贡献丝毫不逊于第一、第二产业。

(3)发展文化产业是提高党建设社会主义先进文化能力的具体体现。党的十六届四中全会明确提出了加强党的执政能力建设的重要任务，它包括经济、政治、文化、外交及国家主权和安全等各个方面。这是党中央站在时代和战略的高度，根据新世纪新阶段国内外形势的深刻变化和党肩负的历史使命，对党的总体执政能力建设提出的新要求。其中，坚持马克思主义在意识形态领域的指导地位，不断提高建设社会主义先进文化的能力，是总体要求的重要组成部分。文化建设的出发点和最终目的是为了满足人民群众的精神文化需求和促进人的全面发展，我们是否具有建设社会主义先进文化的能力，就看我们能否真正实现这一目的。现阶段，我国的文化建设是在社会主义市场经济体制已经建立并正在逐步完善这样一个大的背景下进行的，文化建设自然不能游离于市场经济之外。过去往往习惯把文化艺术仅作为单纯的宣传教育和公益性事业看待，而对其所具有的商品属性和服务功能认识不足、重视不够，而随着形势的发展，逐步认识到，文化不仅具有意识形态属性，而且具有经济属性和商品属性；不仅具有公益事业的属性，而且具有服务业生产经营的特征。因此，加强文化建设不仅要符合精神文明建设的特点和规律，而且要适应社会主义市场规律的要求。

(4)发展文化产业是深化文化体制改革、解放和发展文化生产力的重要目标。发展文化产业靠什么？靠文化企业，文化企业才是市场主体。目前我国文化系统内真正具有国际竞争力的大型国有文化骨干企业还比较少。要大力发展文化产业，应对加入WTO后的挑战，必须按照四中全会的要求，从深化文化体制改革入手，以创新体制和机制为重点，培育市场主体，增强微观活力。要结合结构调整，积极推进国有经营性文化单位转企改制，培育一批自主经营、自负盈亏、自我发展、自我约束、有竞争力、有影响力的大型国有或国有控股文化企业和企业集团。目前，通过文化体制改革试点，从中央到地方涌现出中国对外文化集团公司，如北京儿艺股份有限公司、深圳歌剧团、北京歌剧舞剧院、沈阳杂技团等一批大中型国有或国有控股文化企业。这些单位“身份”一变，立即取得了明显的进步。应对日益激烈的国际市场竞争，仅仅依靠国有资本不行，还必须吸引社会力量参与发展文化产业。近年来，文化部采取了一系列鼓励非公有制经济发展文化产业的政策措施，全国涌现出许多如上海盛大网络发展有限公司、浙江宋城集团、北京麦乐迪等在全国影响较大的民营龙头企业。从文化系统文化产业来看，全国非公有制经济所创造的文化产业增加值已占全部增加值的一半以上，就业人数占文化产业人数总数的2/3。非公有制文化企业已经成为与国际文化企业竞争的一股重要力量。以国有文化企业为主导、多种所有制经济共同参与、投资主体多元化、融资渠道社会化、投资方式多样化、项目建设市场化的文化产业新格局正在逐步形成。

（5）发展文化产业是维护国家文化安全、增强国家整体实力的迫切需要。当今世界日趋激烈的综合国力竞争，越来越突出地表现在知识力量和文化力量的竞争上。蓬勃发展、潜力巨大的文化产业是当代及未来综合国力的重要组成部分，其竞争力的强弱直接关系到国家整体实力的强弱。近几年来，随着经济全球化和我国加入 WTO，我国面临着激烈的国际文化竞争。少数西方发达国家凭借其雄厚的资本实力、强大的文化传播优势和丰富的市场运作经验，借助现代市场机制和高新科技手段，将其大量的精神文化产品输入中国，在获得巨大的商业利润的同时，对我国进行文化的扩张和渗透，抢占、争夺我国的文化市场、文化资源和文化阵地，严重威胁了我国的文化主权和文化安全。面对来自外国文化的严峻挑战，我们须以文化的手段应对，要以强大的文化产业为依托实施“走出去”发展战略，赢得国际文化竞争中的主动权。中华文化博大精深，源远流长，具有丰厚的文化资源。在广袤的土地上原生、历经五千多年而不衰，并不断发展壮大的中华文化植根于世界 1/5 以上的人口之中，具有独特的巨大优势。不断壮大的经济实力、良好的外部环境和高度发达的现代化科学技术，为我国文化产业快速发展提供了强大的经济基础、开放的外部条件和充分的技术手段。只有大力发展文化产业，扩大我国文化产品和服务的出口份额，缩小文化贸易逆差，扩大国际市场占有率，中华文化才能凭借自身的潜力、实力和魅力立足于世界文化舞台，赢得应有的世界文化地位。我们应当针对新的形势，及时调整策略，立足于我国丰厚的文化资源,充分开发我国广阔的文化市场,并将文化资源优势和市场优势转化为产业优势和竞争优势,让我国从文化资源大国走向文化产业大国,从文化市场大国走向文化生产大国。

2.1.5.3 我国文化产业的集群发展战略

随着文化产业在世界范围内的兴起,构成一个以知识经济为背景的新兴产业群,形成了一个广泛的文化消费市场,出现了具有世界级影响、能够向全世界提供巨大能量的文化与创意经济价值和服务的产业集群。所谓文化产业的集聚发展,指的是在一个特定的区域内,以一个主导产业为核心,吸引大量彼此产业联系密切的企业群和相关服务机构在空间上集聚,从而形成可持续的竞争优势的现象。各种形态的文化产业集聚区是它们的物质载体,规范化的文化产业园区是它们的空间形态,而文化产业的集群则是它们发展和能量集聚的高级形态。文化产业的集聚发展,不是一个固定的模式和僵化的目标,而是一个动态的过程,会经历一个从初级到高级不断递进和发展的阶段。

我国要大力发展文化产业集群,必须制定符合产业发展规律与中国国情的模型和路线,其关键是要紧紧把握以创新网络为集群核心的关键,通过将文化产业集群建设作为一系列“加速器”和“增长极”,来提升整个国家文化产业的总体创新能力、市场拓展能力、综合管理能力。文化产业集聚发展往往是以产业集聚区的形态出现的,但是,作为硬件存在的厂房、围墙、展厅、实验室、设备、房地产等,并不是决定性的因素,也不应该通过圈占大片土地、消耗大量不可再生的资源,来使文化产业园区“做大”。这里的关键在于:当代文化产业在本质上属于21世纪的知识经济,它的第一动力是知识型的劳动者,它的核心价值是开发知识产权,它的集聚发展之首要目的正在于建立创新网络，充分开发人的智慧潜能，使产业集群具有比单个企业远为强大和可持续的创新活力。正如英国政府的相关报告所指出的，创意产业——作为知识经济的一部分，知识和创意通常在经济中扮演着重要的角色。然而，知识经济的概念在不断深化，它引发了思考模式的转变，将大量关键性的经济活动纳入知识生产的类别，这个转变伴随着企业为了迎合需求结构的改变而研发新的技术和工艺的过程。

文化产业集聚发展的关键是：应该鼓励园区的主体，尽快建立一种学习型和创新型的组织架构，让所有参与这个网络的企业和个人能够释放出远比先前更为强大的创新活力，带动周边地区文化产业的发展活力。朱荣林(2004)通过剖析中国台湾新竹科学工业园的模型，指出“园区创新网络”的理论。创新网络是一种良性循环和富有活力的产业组织形式，具体指每一个区域行为主体(企业、大学、研究机构、政府、中介组织等及个人之间)，在长期正式和非正式的合作和交流关系的基础上，不断进行创新开发，形成相对稳定的系统，其鲜明的特色是其所在的区域具有旺盛的创新能力和独特的竞争优势。其关键是凝聚多元主体，鼓励创新追求，形成发展合力。

文化产业集群化发展是当代文化产业发展的必然趋势。文化产业集群是指以传媒产业为核心的文化产业领域中，大量产业联系密切的文化产业企业及相关支撑机构(包括研究机构)在空间上集聚，通过协同作用，形成强劲、持续竞争优势的现象。一般意义上的文化产业集群，包括下游产业的文化企业、互补产品的供应商、专业化基础结构的供应者和提供培训、教育、信息、研究、技术支持的其他机构(大学、智囊团和技术标准机构等)。依据文化产业“创意”属性的强弱，文化产业集群通常被划分为核心文化产业集群、外围文化产业集群和相关支撑机构等。

2.2 产业集群相关理论

产业集群是指由在特定区域地理上集中的众多具有竞争与合作等交互关联性的企业、专业化供应商、服务供应商、金融机构、相关产业的厂商及其他相关机构等所组成的群体。它是介于纯市场和纯科层之间的一类新型空间经济组织形式（迈克尔·波特，2007）。从某种意义上讲，产业集群已经超越了一般的企业或产业范畴，形成了多个产业及相关机构在特定地理范围内相互联结、相互融合的综合经济体，并逐步成为衡量某一区域经济发展水平和综合竞争优势的重要指标。尽管直到20世纪90年代产业集群（Industrial Cluster）这一概念才第一次登上历史舞台。但对于研究某一产业的集聚现象，却可以一直追溯至马歇尔于19世纪末提出的“外部经济理论”。伴随着产业集群现象的发生与发展，后续的经济学者、社会学者和地理学者分别从不同的视角对这一问题进行了描述与解释，形成了诸多流派。例如：经济学家通过外部经济、专业化分工、交易费用、知识溢出等理论来分析产业集群的形成机制及创新竞争力；社会学家则从社会关系网络、社会文化环境的视角对产业集群组织进行研究；地理学家则强调经济空间、社会空间、地理空间的集聚对产业发展的影响以及对区域经济发展的作用。

产业集群理论主要分为规模经济理论、产业区位理论和增长极理论（鲍枫，2013）。

2.2.1 规模经济理论

规模经济理论是指在一定时期内,企业产品绝对量增加,而其单位成本下降。英国新古典经济学家马歇尔(Alfred Marshall,1890)是规模经济理论的创始人,被公认为提出产业集群理论的第一位经济学家。马歇尔在《经济学原理》一书中明确指出,大规模生产的优势在工业领域表现得十分突出,因为大规模工厂可以有专门的机构进行采购和销售,能够有足够的人力和财力来从事技术研发,其内部的经营管理分工十分明确。在《经济学原理》一书中,马歇尔还论述了规模经济形成的两种方式,即"内部规模经济"和"外部规模经济",前者主要是在个别企业对资源的有效利用和经营效率的提高基础上而形成的,后者主要是在多个企业之间合理的分工与联合、合理的区域布局等因素的基础上而形成的。他认为,外部规模经济的发展与产业集群之间具有密切的关系。马歇尔进一步详细地研究了产业集群发展,并指出产业集群产生的原因包含三个方面:首先,一个地方化的产业可以为产业的发展提供相对成熟的技术市场,而这种市场使其具有一定的优势;其次,附近地方产生和发展的附属行业为中心供给原料和工具,并且为它组织运输和交通,这些都有利于原料经济的使用;最后,产业集群不仅可以产生外部性,并且形成规模经济,同时也可以产生技术外溢。

传统规模经济理论中,马克思理论占据着比较重要的地位,他在《资本论》一书中详细地分析了规模经济的相关问题,指出社会劳动生产力的发展一定要以大规模的生产和协作为前提。马克思着重指出,大规模生产是提高劳动生产率的一种十分有效的途径,是近代工业实现长远发展的重要途径和必经之路。只有在工业领域实现大规模生产，才能够进一步组织开展劳动过程中的分工与协作，从而实现稀缺资源的集约和高效利用，制造出可以共同使用的劳动生产资料，如工业机器等。通过大规模生产建立的体系，能够为企业生产提供更多的有效服务和坚实保障，最终促进先进的科学技术在生产过程中的制造工艺开发流程上得到有效和广泛的应用。

美国学者科斯从市场交易成本的角度出发，以交易成本理论为基础对企业规模经济做出了与其他大多数学者不太相同的解释。科斯在《企业的性质》一文中指出，企业产生和形成的原因有多种，但根本原因是存在明确但不可见的交易费用。一般来讲，交易成本涵盖人力、物力、财力、时间等方面，具体看主要包括获得市场基础信息的成本、谈判项目和签约合同的成本、合同潜在蕴藏风险的成本等。随着经济的不断发展和企业的逐渐成长，人们发现如果将生产同样产品、零部件以及从事大致相同工艺流程阶段的人进行整合集中生产时，那么就可以大大减少交易规模、交易频率，同时也可以避免不少的交易摩擦，从而明显降低交易成本。也就是说，如果以比较“权威”的方式来借助特定的“组织”，对有关活动进行“安排”，那么交易成本就会得到十分明显的节约。从上述分析我们不难推断，这里所指的“权威”就是指企业内部的行政管理，“组织”就是指企业，“安排”就是指市场交易的内部化运作。因此，实际上企业在一定程度和一定条件下成为市场的替代物。当然，这种“安排”也不会无限持续，因为在企业规模扩大的同时也会带来内部管理成本的上升。总体来看，实际情况中企业之间的一体化整合也并非十分理性，即并不一定在企业内部管理费用和外部市场交易成本正好相等时停止一体化进程。一般来说，现实中判断企业之间合并是否成功的标准，就是用合并之后企业所增加的组织管理费用与所节约的交易费用进行比较。

2.2.2 产业区位理论

1909年，韦伯在其《工业区位论》一书中从工业区位理论的角度解释了产业集聚现象，建立了产业区位理论，该理论是最早关于产业区位的比较完整且系统的理论。韦伯认为，产业集聚主要分为简单扩张的初级阶段和现代化建设发展的高级阶段。第一阶段是初级阶段，主要是受到交易成本、发展阶段、技术水平等因素影响，是企业自身规模的简单扩张所引起产业的集中化趋势；第二阶段是高级阶段，主要是依靠大企业通过比较完善的规章管理制度以及借助现代化的产业组织方式，将企业产品的生产地点集中于某一个特定的地方，通过固定供给市场、构建集聚中心从而引发更多同类企业不断集聚在大企业周围，这些企业大多是为该企业提供配套零部件和相关元器件。在这种情况下有效的地方性集聚效应就发展成为大规模生产的经济优势，而这种优势常常是非常显著的，这可以看作产业集聚的高级阶段。

通过研究，韦伯认为产业集聚形成的原因主要取决于四个因素：一是技术设备的不断出现和配套技术的快速发展，受此影响，技术设备之间的依存度不断提高，这种强关联性就会促使相关企业不断集中集聚；二是劳动力组织的发展和相关条件的成熟，韦伯特别强调，设备并不仅仅是指机器设备，一个发展较好、功能较全、联系较紧的劳动力组织也是一种设备，劳动力组织的专业化将促进产业集中度不断提升；三是相对完善的市场化机制，产业集聚在将广大生产商集聚在一起的同时,也将大量的购买者集中,从而有利于提高购买的规模和出售的数量,显著降低得到信用的成本,“中间人”存在被消灭的可能;四是经常性开支成本明显降低,产业集聚可以使得集群内企业共享公路、自来水和电网等基础设施,从而显著降低这些企业的经常性开支成本。除上述因素影响产业集聚的形成以外,韦伯还从运输成本和劳动力指向两个途径细致地分析了产业集聚在经济发展过程中所能够达到的最大规模。

从马歇尔和韦伯关于产业集聚的研究成果可以看到,两位学者研究产业集聚的角度存在一定差异。马歇尔是从新古典经济学的角度出发,着重研究产业组织,揭示出大量企业的集聚行为主要是为了追求外部规模经济,最终获得规模经济效益。而韦伯则从微观企业的区位选择角度出发,通过详细研究和深入分析企业出现集聚的原因,阐明了企业是否集聚主要取决于生产经营成本的高低。此外,韦伯还利用等差费用曲线等工具来对产业集聚的水平和程度进行了衡量。但是,从韦伯研究成果的发展走势可以看到,韦伯研究产业集聚的方法还仅仅是理论性的,应用到具体的实践操作还是存在不少的困难。与此相比,马歇尔则是从经济学的角度出发,深入探讨了产业集聚形成的经济学因素,可以说站的角度更高、想的内容更深、分析的范围更广,因此所得到的结论也更贴近实际,更具实用价值。

2.2.3 增长极理论

法国经济学家弗郎索瓦·佩鲁(Francois Perroux)在1950年首次提出了增长极理论,该理论被认为是西方经济学中关于经济区域观念的理论基石,是不平衡发展论的重要依据之一。增长极理论明确指出,一个国家要想实现平衡发展是根本不可能的,所谓的均衡发展只是一种美好的理想状态和期望。一般来说,经济增长常常是从一个或多个“增长中心”,渐渐向其他生产部门或其他地区传导。因此,在选择增长极时应充分考虑并确定地理空间,以带动经济实现更快更好地发展。

法国另一位经济学家布代维尔(J. B. Boudeville)通过研究指出,所谓经济空间就是指经济变量在地理空间中的多方位运用,这个多方位既包括之内,也包括之上,增长极常常出现在拥有推进型产业的复合体中。因此,布代维尔将增长极定义为,是在城市基础设施和发展规模等配置水平不断扩大条件下的工业综合发展体,增长极在其影响范围内能够引导经济活动实现更进一步的深入发展。布代维尔坚持认为,增长极必须要有十分有效的规划配置才能够正常运转,形成推进工业发展的稳定增长机制才能够持久促进区域经济的发展。

此外,美国经济学家盖尔在研究了各种增长极的观点之后,认为影响经济发展的空间再组织过程其实就是一个“扩散—回流”过程,如果这一过程导致的空间影响表现为绝对发展水平的正向增长,那么就判断为实现了扩散效应,否则就是回流效应。

自法国经济学家佩鲁提出增长极理论以来,许多国家都将该理论用来解决许多发展中的区域规划问题,用以提振地区经济增长,究其原因,本书认为主要是因为增长极理论本身具有其他区域经济理论所无法比拟的优点和较为鲜明的特点:

第一,增长极理论对社会发展过程的描述较其他区域经济理论更加真实、更符合实际。新古典经济学推崇均衡说,该理论学者坚持认为空间经济要素的配置可以通过实现帕累托改进而最终达到帕累托最优,在此过程中即便是短期内出现一定的偏离,但从长期来看在一定时期也必将回到均衡位置。而增长极理论的创始人佩鲁则主张非对称的支配关系,即认为经济一旦偏离初始均衡水平,就会继续沿着这个方向运动和扩张,而不会自动调整到均衡位置,除非在此过程中有外在且反方向的推动力量才会促使其回到均衡位置。那么,从区域经济发展的实际情况来看,增长极理论所支持的这个观点无疑非常符合地区差异存在的现实。

第二,从增长极理论的基本内涵可以看到,该理论是非常重视创新的,因为该理论并不认为经济会自发回到均衡,而是遇强则强、遇弱则弱,这就要求企业必须加大创新力度,改革技术创新机制,从而加速推进型企业转型升级,使企业走在同行业的前列,这种结果符合社会进步的动态趋势。

第三,增长极理论的概念形式简单明了,表述易于理解,能够生动形象地反映出理论所要反映的内容,因此对政策制定者具有很强的吸引力。同时,增长极理论也确实针对区域实际发展情况提出了一些易于操作并行之有效的政策,不仅使政策制定者容易接受,而且为区域经济发展起到了很好的引领、指示作用。例如,佩鲁指出,现代市场中充满了垄断,很多运行机制也并不完善,这就导致很多企业无法自行实现理性选择,同时也产生了十分严重的环境管理问题,基于此,佩鲁认为政府应对某些企业进行补贴,并针对其发展和相关环境问题进行细致规划。

当然,与其他许多发展理论一样,增长极理论也并非完美无缺。不少国家的实践经验表明,根据增长极理论所指定的区域发展政策,并没有像预期那样引发增长极腹地的快速增长,反而现实的情况是扩大了它们与发达地区之间的差距,尤其是表现在我们所熟知的城乡差距上。因此,20 世纪 70 年代以来,增长极理论的有效性不断受到来自各方的质疑,究其本质原因,这是增长极理论自身所无法回避的缺陷:一是增长极的极化推进作用。增长极内的主导产业和具有较强推动性产业的发展,是具有相对利益的,因为资金的本质就是趋利的,这就会使得增长极内部及其周边产生吸引力和向心力,促使周围地区的劳动力、资金、技术、知识等生产要素转移到核心地区,从而大大剥夺了周围区域的发展机会,削弱了其周围区域的竞争能力,使核心地区和周围地区的经济发展差距愈加扩大,增长极对周围区域产生的负面效果是增长极理论所天然内涵的,极化作用始终存在。二是推进型产业的性质决定了增长极并不能给社会带来足够多的就业机会。推进型产业是和主导产业紧密配合、相互联系、互进互助的新兴产业,一般来讲具有较强的技术创新能力,发展速度较快、成长性较高,同时具有较大的规模,对经济的引领带动作用较强。推进型产业的性质决定了增长极一般都会围绕现代工业形成和发展,相比传统产业或是其他主导产业而言,该类型行业的技术装备较为先进,管理方法较为成熟,机器自动化生产水平相对较高,因此可以推断培育增长极并不可能解决很多的就业,由此带来的问题将会对社会发展造成一定影响,严重的可能会动摇社会稳定的基础,同时也极易形成“飞地”型的增长极。三是增长极理论所蕴含的内部机制体现的是一种“自上而下”的区域发展政策。这种机制是单纯依靠外力来实现和运转的,即大量凭借外来资本以及本地自然资源禀赋等,这就很有可能会造成国民经济的脆弱性,从而导致在国际竞争中持久竞争力不强。在当今全球化与本地化趋势并存的发展态势中,以依靠内力为主来实现地方经济发展的道路(Endogenous Regional Development)和以知识、人才、创新为本的区域发展战略,已经受到越来越多的国家重视。

2.3 产业竞争力理论

关于产业竞争力的研究虽然兴起不久(一般认为是20世纪90年代哈佛大学教授波特的一系列书籍和论文成果掀起全球关于国家竞争优势、产业竞争力的研究热潮),但其理论基础由来已久。通过梳理产业竞争力理论的发展脉络,我们发现自李嘉图的比较优势思想开始,就已经奠定了产业竞争力理论的发展基础。

2.3.1 比较优势理论

比较优势理论发源于国际贸易领域,是优势理论发展过程中的重要组成部分,主要经历了三个发展阶段:古典、新古典前期和新古典现代。

古典比较优势理论的主要代表人物是大卫·李嘉图(David Ricardo)。1817年,李嘉图在《政治经济学及赋税原理》一书中详细阐述了比较优势理论的基本思想。李嘉图指出,一个国家要想增加自身的福利水平,就应该出口本国生产效率方面具有比较优势的商品,同时注重进口生产效率不具有比较优势的商品,通过这种途径该国就可以实现利益最大化。然而,遗憾的是,在李嘉图比较优势理论(即李嘉图模型)中,是假定任何产品的生产过程都只耗费劳动这一种生产要素。与此同时,在李嘉图模型中对劳动这唯一要素的要求也比较苛刻,即劳动不能跨越国境流动,而仅能在本国内的部门之间流动。李嘉图认为,劳动生产率的相对差异是比较优势的重要来源,资源禀赋等因素也会对比较优势产生一定的影响。虽然李嘉图及其思想对比较优势理论起到了开创性作用,但他并没有针对劳动生产率这一核心要素做进一步的深入探讨和详细研究,也没有更加细致地分析导致劳动生产率和生产成本等方面出现差异的深层次原因。19 世纪 70 年代,比较优势理论进入了新古典的前期阶段。在这一阶段,理论上仍然延续着李嘉图模型的基本思想,但是在分析工具、研究方法和研究领域均已经有一定的突破和创新。20 世纪初,随着赫克歇尔—俄林理论(Heckscher – Ohlin Theory,HO 理论)的产生,比较优势理论实现了跨越发展,步入了新古典的现代阶段。HO 理论是李嘉图模型的扩展和延伸,认为产品的生产过程不仅仅是耗费劳动这一种生产要素,而是要耗费两种或者两种以上的生产要素。根据 HO 理论,在不同国家生产同一种商品,如果生产函数相同的话,那么比较优势就是来自各国生产要素相对禀赋的差异以及要素利用密集形式上的不同。据此可以判断,各个国家或地区占主导地位生产要素所具有的比较优势,就能够直接决定该国或地区的产业竞争力,与此同时也决定了其在参与国际竞争过程中所形成的贸易结构。根据 HO 理论的基本内容,该原理不仅可以用于不同国家或地区之间,同样也可以用在一国内部的各个地区之间。但是,在现实经济发展中,HO 理论无法描述竞争力的动态比较,对产业竞争力的变化已经难以分析,对现实经济的刻画已经不再真实,因此在这种条件下产生了动态比较优势理论。

1966 年,美国经济学家弗农(Raymond Vernon)继比较优势理论形成后首次从动态角度进行了拓展,提出了著名的产品生命周期理论。弗农指出,产品是具有周期性质的,其生产阶段是动态变化的,即初始阶段的创新产品是一种严格的技术密集型产品和资本密集型产品,此时在技术和资本方面具有优势的国家在生产该种产品时就具有很强的比较优势;随着技术的不断进步,产品生命周期不断向前演进,该种产品逐渐变成资本密集型产品,这时资本相对充裕的国家在生产该种产品时便具有了明显的比较优势;随着经济和技术水平的进一步发展,产品进入了生命周期的下一阶段,此时各种生产条件均已成熟并达到一个相当高的熟练化程度,该种产品便成了劳动密集型产品,此时劳动力要素相对充足的国家便具有了生产该种产品的比较优势。从上述分析可以看到,伴随着产品生命周期的不断演进,比较优势是一个动态的转移过程。

2.3.2 竞争优势理论

20 世纪 70 年代末,西方发达国家的经济普遍陷入低谷,而某些以中小企业为主形成的集聚区域——如美国的硅谷和“第三意大利”却展现出蓬勃的活力与惊人的增长势头。产业集群作为一种独特的经济社会现象,开始为研究者和决策者所关注。1998 年,迈克尔·波特在哈佛商业评论上发表的“集群和新竞争经济学”一文,更是将产业集群理论推向了新的研究热潮。他从组织变革、价值链、经济效率和柔性方面所创造的竞争优势角度重新审视产业集群的形成机理和价值。波特的产业集群研究是结合其对国家竞争优势研究而展开的。他在《国家竞争优势》一书中,通过不同国家和地区之间的产业集群竞争特点对国家竞争优势作了具体的比较分析,他认为,国家只是企业的外在环境,政府的目标是为国内企业创造一个适宜的环境。因而,评价一个国家产业竞争力的关键是该国能否有效地形成竞争性环境和创新。在《国家竞争优势》

一书中,波特提出了国家竞争优势的“钻石模型”。“钻石模型”的构架主要由四个基本的因素(要素条件;需求条件;相关及支撑产业;企业的战略、结构与竞争)和两个附加要素(机遇和政府)组成,如图 2－1 所示。

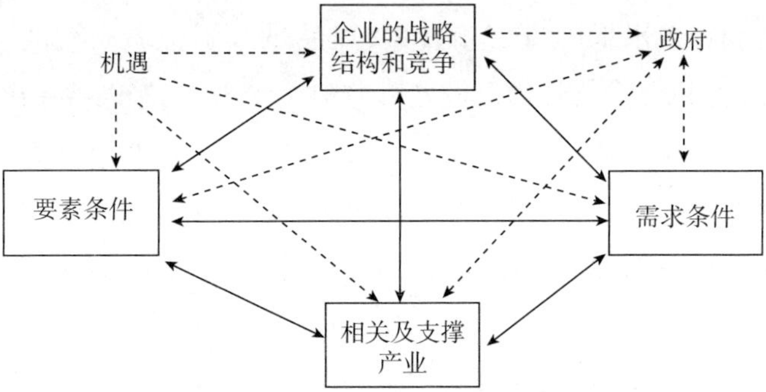

图 2－1　波特的国家竞争力分析模型(钻石体系)

在竞争优势理论中,波特强调各个要素发挥作用时,是一个动态系统性机制的变化。国内竞争压力和地理集中使得整个“钻石”构架成为一个系统。波特强调,“钻石模型”是一个动态的系统,只有在每一个要素都积极参与的条件下,才能创造出企业发展的环境,进而促进企业投资和创新,因此,地理集中是必要条件。地理集中造成的竞争压力可以提高国内其他竞争者的创新能力,但更为重要的是因地理集中而形成的产业集群将使四个基本要素整合成一个整体,从而更容易相互作用和协调提高,形成产业国家竞争优势。波特在其竞争优势理论中指出,国家竞争优势的获得,关键在于产业的竞争,而产业的发展往往是在国内几个区域内形成有竞争力的产业集群。

1998年波特发表了《集群与新竞争经济学》一文，系统地提出了新竞争经济学的产业集群理论，并解释了产业集群的含义：“集群是特定产业中互有联系的公司或机构聚集在特定地理位置的一种现象。集群包括一连串上、中、下游产业以及其他企业或机构，这些产业、企业或是机构对于竞争都很重要，它们包括了零件、设备、服务等特殊原材料的供应商以及特殊基础建设的提供者。集群通常会向下延伸到下游的通路和顾客上，也会延伸到互补性产品的制造商以及和本产业有关的技能、科技或是共同原料等方面的公司上。最后，集群还包括了政府和其他机构——像大学、制定标准的机构、职业训练中心以及贸易组织等——以提供专业的训练、教育、资讯、研究以及技术支援。”波特认为，集群通常发生在特定的地理区域，产业地理集中的发生，原因是地理因素，集群由于地理接近，可以使生产率和创新利益提高，交易费用降低。一个国家在国际具有竞争优势的产业，其企业在地理上呈现集中的趋势，通常聚集在某些城市或某些地区。波特认为，集群的规模，可以从单一城市、一个州、一个国家，甚至到一些邻国联结成网络，集群所具有的不同形式，要视其纵深程度和复杂性而定。

波特认为，形成产业集群的区域往往从三个方面影响竞争：首先是提高该区域企业的生产率；其次是指明创新方向和提高创新速率；最后是促进新企业的建立，从而扩大和加强集群本身。他认为，产业集群与竞争的关系表现在三个方面：其一，产业集群内的企业通过在群内的生产力对群外企业施加影响；其二，集群内的企业通过采取低成本进行技术创新为将来的发展奠定了基础；其三，集群的环境有利于新企业的产生和集群规模及影响的扩大。因此，产业集群能够提高企业的竞争力。

2.4 文化产业集群相关理论

2.4.1 文化产业集群的概念与特征

2.4.1.1 文化产业集群的概念

从1861年开始，产业集聚就随着工业革命在英国伯明翰出现了，随后扩展到了法国、德国、美国等工业化国家，成为体现工业实力的重要形态。1990年迈克尔·波特教授在《国家竞争优势》一书中提出产业集群的概念，并用产业集群的方法分析一个国家或地区的竞争优势，认为正是产业集群构成了一个国家的主要竞争力。以纽约为中心的现代服务业特别是金融、保险、科研、商贸产业集群，以硅谷和"东部硅谷"为中心的信息、电脑、网络产业集群，以西雅图为中心的航空和航天产业集群，以东京为中心的电子和通信产业集群，以慕尼黑为中心的汽车和机电产业集群，以米兰为中心的时尚服饰产业集群等崛起，构成了全球经济实力的基本版图。

文化产业的集群发展，指的就是在一个特定的区域，以一个主导产业为核心，吸引大量彼此联系密切的企业群和相关服务机构在空间上集聚，从而形成可持续竞争优势的现象。全球的文化产业竞争，从能级和规模的意义上讲，主要就是文化产业集群的竞争。我国"十二五"期间文化产业发展的重大战略之一，就是吸收各国的经验，立足中国的国情，大力推进产业集聚发展，依托不断壮大的各类产业集群，全面提升文化产业的综合竞争力（花建，2011）。

2.4.1.2 文化产业集群的特征

文化产业集群相比传统产业集群有很多相似之处,但是文化产业集群也存在自己独有的特征(黄娟,2013)。

首先,文化内容的生产是文化产业集群存在的鲜明标志。文化内容的生产作为文化产业集群的中心是区别于其他产业集群的重要不同之处。文化作为文化产业集群内部相互联系的纽带,指引着整个文化产业集群的发展,因此,不同文化产业集群存在不同的文化特点,在一个文化产业集群中,文化产品及其相关性的服务必定存在着共同的文化底蕴。假如一个产业集群的构成仅仅是文化产品的再制造商,那么这个集群不可称为文化产业集群,而是制造业集群。譬如加拿大蒙特利尔游戏产业集群中蕴含的主要是游戏和设计,所以被称为游戏产业,属于文化产业集群的范畴;然而有些地方主要是做游戏软件的简单生产,则不能称为文化产业集群。

其次,文化产业能够走向文化产业集群离不开创意这个核心要素。文化产业集群最关键的还是创意的集聚,整个文化产业集群的发展围绕的是创意的生产,这就意味着创意对于文化产业集群的发展有着举足轻重的作用。文化产业集群是创意人才工作、娱乐和生活的场所,也是文化生产和消费的场所,文化产业集群有了创意人才的聚集才会出现企业的聚集。可见,创意是文化产业集群得以形成和发展的基础,因此,创意支持着文化产业集群的形成和发展。

再次,作为文化产业集群脊梁的文化产业链在串联文化产业集群内部企业及相关支撑体系方面是不可或缺的。文化产业集群的形成不是因为文化企业扎堆达到一定规模,也不是文化产品的生产达到一定数量，而是在一定地域文化企业及相关支撑体系相互合作，紧密围绕一种文化产品而形成的文化产业链条，可见文化产业集群脊梁的称号非文化产业链莫属。当然，文化产业链并不一定是完整的，它可以是其中一个或几个环节。从文化产业集群内分工的角度来讲，文化产业链可以作为产品内部分工的结果，也可以是产业内部分工的结果。

最后，文化产业集群的生成和发展往往需要的是一个开放松散的联系网络。文化产业集群内的企业在专业化分工的基础上通常形成稳定性的网络体系，这种稳定性的网络体系在企业灵活性的增强、信息沟通和交流的扩大、资源利用率的提高、交易成本的降低，特别是文化创意的产生方面起着重要的作用。由于文化产品具有多样性的特征，网络组织过于严密不利于文化产业集群内部企业融合外来者，这就说明文化产业集群的生成和发展中所形成的网络组织体系必须是开放松散的。

2.4.2 文化产业集群的形成机制

2.4.2.1 文化产品需求是文化产业集群生成和发展的动力和必要条件

强大的动态的文化产品需求是文化产业集群发展的不竭动力，是文化产业集群得以顺利发展的重要保证。只有保持文化产品能够不断地被需要，才能保障文化企业顺利销售文化产品与服务和正常运转。

首先，文化产业能够发展为文化产业集群的动力就是文化产品不断被需要。人们对于文化产品及其服务的需要由原来的满足基本需求即可上升为对文化产品和服务有个性化的要求，并随着时代的发展和人们生活水平的提高，这种需求也不断改变。这种不断变化的个性需求要求文化产业企业改变生产方式，由此文化产业集群应运而生。文化产业集群内各企业分工合作以应对市场上对文化产品及服务不断调整变化的需要。

其次，文化产业走向文化产业集群是为了降低文化产品或服务的生产经营成本。文化产业集群将同质的文化企业聚集在一定区域，在地理因素方面降低了搜寻成本，强迫文化企业根据产品价值制定合理的价格，为文化产品的消费者降低了消费者剩余，而且可以充分选择各种文化产品，更利于吸引文化消费者和经销商，相较于分散的文化企业具有无可比拟的优势，促进了文化产业走向集群的发展模式。

最后，文化产业集群内的文化产品丰富多样，为集群内消费者和经销商提供了更为宽广的选择空间。大量文化企业在一定区域内积聚，该区域的市场就会出现品种多样的文化产品，同质的文化企业之间不仅能提供相似的产品及服务，还能有自己独特的产品和服务特征，这些特点恰如其分地满足了消费者的消费习惯，从而吸引着消费者和经销商的聚集，更加促进了文化产业集群规模的扩大。

2.4.2.2 文化创意是文化产业集群的内在动力

文化创意是文化产业集群生成和发展的核心要素，在一个文化产业集群中处于优势竞争地位的一般都是采用了新的文化创意的企业。

首先，文化产业集群中的文化企业相互沟通和协作，通过文化产业链条把文化创意传递给各个生产经营环节，然后对其创意产品进行加工制造。文化创意的传播受多种因素特别是地理空间因素的制约很大,处于文化产业集群核心层次的企业会首先将新的文化创意运用于产品生产,因为同一文化产业集群内存在大量的文化产业链条,集群内其他企业由于占据有利的地理位置也会较快地分享到新的文化创意所带来的各种收益,这样集群外的企业比较不容易接触新的创意而处于竞争的劣势地位。这样,新的文化创意通过文化产业链的传递而辐射一个文化产业集群的形式构成创意的硬辐射。

其次,一个文化产业集群内存在着大量的传统产业,新的文化创意因为其创新性等优势而被广泛接受并渗透到传统的产业中,这样传统产业也具有了新文化创意的内涵。在一个文化产业集群中,新的文化创意潜移默化地影响了传统产业的过程可以认为是创意的软辐射。

2.4.2.3　文化产业链是文化产业集群的主体结构

文化产业集群并不是无规则的简单的文化企业的叠加,而是以文化产业链作为文化产业集群生成和发展的主轴紧密联系着内部大量的文化企业紧密合作。

首先,大量文化企业走向文化产业集群是相互联系的文化产业链条提供的基础,它是文化产业集群的主体支持结构。文化产业根据文化资源进行生产和加工文化产品,提供文化服务,从而形成一条或多条关于文化产品的生产、加工、储存和营销的文化产业链,其联系着大量相关企业。可见,文化产业链条关联着文化产业集群各环节的发展,可称为文化产业集群的主体支持结构。

其次,文化产业链符合文化产业发展成为文化产业集群的要求。第一,文化产业的发展需要较长的产业链。产业链较短可以由企业内部各机构单独完成,而文化产品的开发利用、制作销售、后续开发以及较为开阔的延伸空间要求较长的产业链条，文化产业链较长并且环节较多，内部存在多个紧密合作的文化产业链，这些特质完全符合文化产业发展成为集群的条件。第二，文化产业链具备技术上可分性的特点。文化产业链内部各环节联系虽然紧密，但是也可独立存在。文化产业各部分专业化较强，分工也在深化，在现有的技术条件下，文化产业链技术上的可分性恰好符合文化产业专业化特性的要求。

最后，文化产业链关联着文化产业集群的内部产业。第一，文化产业集群内各个行业间有前向和后向的联系。文化产业集群内的各文化企业往往具有很强的专业技术性，所以往往负责其中一个环节，然后交予下游企业做进一步的加工，各企业相互合作共同完成对文化资源的开发和文化产品的生产经营。第二，文化产业具有很强的渗透性和传播性，新的文化创意和文化理念会影响集群内的传统产业，这样文化产业会为传统产业注入新的活力，促进传统产业的发展，这样文化产业的发展也就促进了文化产业集群所在地域经济的发展。

2.4.2.4 文化产业相关支撑机构是文化产业集群的重要依托

文化产业相关支撑机构主要是科研机构和大学，它们在文化产业集群中发挥着重要的作用。科研机构和大学为文化产业的发展提供人才和创意，有利于文化产业时刻保持创新竞争力，有力地支撑着文化产业向高层次发展。例如，行业协会在文化产业集群的生成和发展中发挥着举足轻重的作用。文化产业集群内存在着大量的文化企业，它们进行着激烈的竞争，市场上难免就会出现过度竞争等情况，行业协会的存在及其相关规章制度一定程度上制约着这些文化企业之间的恶性不良竞争，行业协会协调集群内部的企业达成合作共识，提高对外竞争力。

除上述所讲的相关支撑机构以外，文化产业集群内还存在劳动力市场、文化产品交易市场等（黄娟，2013）。这些文化产业相关机构的存在共同保证着文化产业顺利走向文化产业集群，并为文化产业集群的发展提供保障。

第3章 文化产业集群发展的机制分析

3.1 文化与科技的融合与产业结构转型升级

3.1.1 文化与科技融合的内涵

通过观察当今世界文化产业发展的经验，以及近年我国建设创新型国家的努力，可以发现，那些融入科技元素并借助科技力量推动的文化样式，大都能得到迅速发展，进而形成产业规模和市场优势。许多将文化内涵和科技技术融合为一体的文化输出产品都能够产生巨大的影响效应，如结合3D技术的电影《阿凡达》，以及世博园区内中国馆的“清明上河图”等，借助高科技，既体现了民族文化也传达了时代精神。因此政府应该妥善引导文化企业寻求科技武装，以高科技改选和提升传统文化产品和服务（杨乐，2011）。张晓明等（2009）指出，今后文化产业的结构变化将可能由技术和资本唱主角，推动文化产业的产业结构和链条发生历史性的重组，对文化体制改革产生压力。顾江(2009)认为,以科技创新促进文化产业发展有重要的意义。社会需求的增加、新兴技术的推动、政府政策的主导、市场规律的成品、产业结构的调整、海外市场的拓展等因素,都会给文化产业发展带来生机和转机。熊澄宇(2008)指出,文化产业的发展需要方方面面高新科技的支撑与推动。以信息技术为代表的高新科技成为文化产业发展的巨大动力;传统的新闻服务、出版贸易、旅游文化、广告会展等产业类型也被赋予了高新科技内涵。与此同时,我国文化产业发展与高新科技关系的呈现恰好与世界发达国家的文化产业发展特征合拍。所以,以科技创新推动文化产业大发展,实现文化和科技的融合是转变文化产业发展方式和优化发展结构的必经之路。

综观国内外关于传统产业升级转型的研究文献,大致有三种思路:一是以高新技术改造传统产业。主要研究传统产业技术发展的影响因素(Raz,1983)以及高新技术向传统产业技术扩散的途径(孙尚清,1982)。二是产业结构调整。即通过淘汰劳动密集型行业,转向从事技术与知识密集型行业来实现传统产业升级(吴崇伯,1988)。三是产业链升级。在当今新型国际分工体系下,传统产业升级应该看成是企业在价值链间或价值链内上升的过程(Gereffi,1999;Humphrey & Schmitz,2002;刘志彪,2006)。这三种研究方向主要肯定了科技创新在产业升级中的突出贡献,通过技术创新可以实现产业结构的升级换代或产业链上的攀升,即依赖于科技创新实现产业的升级转型。但随着科技的普及发展以及出现的“技术决定论”倾向,产品同质性增强造成的对消费者个性需求的忽视,以及对科技的过分执迷造成的对生态环境的无视和破坏,都促使一种新的要素去平衡与科技间的关系,以实现可持续发展。继工业化和信息化融合发展道路之后,文化要素的软实力作用被重新发掘(焦斌龙,2008;杨英法,2010)。尤其是在十七届六中全会通过《中共中央关于深化文化体制改革 推动社会主义文化大发展大繁荣若干重大问题的决定》后,文化和科技的融合发展更成为"十二五"期间乃至今后相当长时间内必须坚持发展的方向。

在对文化与科技关系的认识上,存在较长的厘清过程,从"文化即技术、技术即文化"发展到"文化技术互动"。美国学者约瑟夫·阿加西在《科学与文化》一书中明确提出"科学是文化的内在组成部分"。德国学者海德格尔认为,"文化的本质就是科技展现的过程和结果"以及"文化具有技术的性质";日本学者三木清从技术角度认为"精神文化也是技术"。英国学者斯诺认为,科学是一种文化,属于这种文化的科学家们彼此之间具有共同的价值标准和行为标准,科学作为文化的约束力,甚至比宗教、政治和阶级的模式更强而有力。也有学者对科技与文化两者的结合关系进行了探讨,塔尔科特·帕森所认为"科技只有在特定的文化环境中,才会兴旺发达,反之则相反。同时文化的发展也受到科技的制约,它们只有相互支持,才能更好地发展"。周路明(1989)探讨了科技与文化的互动机制,提出"协调机制指的是科技与文化之间相互促进、互相补充的关系",并提出促进科技与文化协调的几点建议。吕乃基(1995,1996)详尽阐述了科技与文化之间所产生的相互作用、相互影响,为科技与文化的互动关系提供依据,其一方面充分肯定了科技对文化的重要性,认为"科技的进步可以推动文化的进一步发展",同时指出"文化也通过对科技各个侧面的影响,引导其朝着有利于自身稳定与发展的方向前进"。马来平(2001)指出,"科技和文化的其他部分乃至文化整体都存在和发生着多种多样的相互作用、相互影响的关系”。陈凡与张明国(2002)论述了“科技进步与文化发展的互动关系”,并运用系统科学的思想方法,阐述了科技与文化之间的非线性相互作用机制。刘利与杨德才(2004)提出“科技进步有利于发展先进文化”,并论述了科技的进步与广泛传播有助于发展先进文化。黄伟程(2004)“通过对先进文化与科技本质的思考”,认为二者“是一种密不可分的关系”。柴绪亮(2004)提出科技与文化二者的关系是分立与汇合的关系,并探讨了二者汇合的机制与形态。孙潇柳(2010)认为,科技发展与文化进步相互作用的机制首先体现在科技发展的文化因素的作用上,其次体现在文化进步的科技因素的作用上;他还提出,科技系统与文化系统的互动必有一定模式,而且是在一个开放的动态系统下进行。

上述文化与科技关系的研究,虽然有了较大进步,但未对两者融合作深入分析。理论研究多限于对这一现象出现的动因、意义等的描述分析和概念讨论,以及文化对科技创新的作用机制或者创新对文化产业的促进作用,真正对两者融合的机理研究还很欠缺。

文化是个含义非常广泛、复杂的词汇,从不同视角、不同目的对文化的理解和使用也存在差异。广义来讲,文化是“人类在其社会历史发展中不断创造、总结、积累下来的物质财富与精神财富的总和”;而狭义的文化,则主要是指社会的意识形态,即精神财富,如文学、艺术、教育、科学等,同时也包括社会制度和组织机构。从文化涉及的范围来看,文化可以分为宏观、中观及微观文化,国家民族文化就是一种宏观文化,如国家民族文化习俗、文化风尚、文化观念等;中观文化主要指区域文化及产业文化,每一区域都有其独特的人文地理,孕育着别具一格的文化底蕴,而产业性质的差异也催生各具特色的产业文化;微观文化则是指企业文化,根据研究,企业文化可以分为三类:官僚型、创新型、支撑型。从文化的结构分析,文化由物质文化、制度文化、精神文化三个层面所组成,物质文化处在三个层面构成的同心圆结构的最外层,通常由文化器物表现出来;制度文化处在中间层,是人类为了自身生存、社会发展的需要而主动创造出来的有组织的规范体系,主要包括国家的行政管理体制、人才培养选拔制度、法律制度和民间的礼仪俗规等内容;而精神文化是人类在长期的社会生活中所形成的价值观念、思维方式、审美情趣、意识形态等,它处于文化结构的最里层,通过对制度文化产生影响,最终在物质文化层面表现出来。

科技是“科学技术”的简称,一般认为,科学是知识理论体系、规律、原理等,技术是在科学原理的指导下所形成的应用和实践,而知识的应用和实践又推动科学的进一步发展,因此科学技术通常连在一起使用。普遍认为,科技是推动社会进步的重要力量和手段,人类历史上三次划时代的科技革命,不仅促进了生产力的巨大发展,而且改变了人们的生活方式和思维方式。因此,科技不仅是改造自然和征服自然的工具,它在漫长的发展过程中也形成了一整套科技制度以及科技理念和价值观念等。由此可知,科技结构包含三个层面:科技器物层、科技制度层和科技观念层。器物层通常表现为科技工具、机器、手段等物质层面,科技制度是指科技发展过程中所形成的运行规则、组织机构管理体制等,而科技观念则指科技意识形态、价值观念、道德伦理等。

对文化与科技之间的关系认识,总体上经历了从最早的“对立论”到“包含论”、“互动论”再到现在的“融合论”。①对立论。以1956 年斯诺发表的文章《两种文化》为标志,对立论得到广泛关注。

这种观点认为文化和科技是相互对立的，科技属于理性和应用范畴，而文化属于感性范畴，人文学家和科学家之间存在文化割裂，即所谓的“斯诺命题”。两者对立的形成可能源于传统古典文化对于科学进程的抵制和阻碍，以及人文学者和科学家两者在阶级立场上的对立。②包含论。这种观点认为技术是一种文化，或者文化也是一种技术。随着科技进步对人的异化、技术奴役性的形成以及技术副作用的产生，人类逐渐认识到促进文化与科技之间的沟通交流的意义和重要性，从而对文化和科技之间的关系形成新的思考。“技术是一种文化”的论断认为技术是文化中的一个组成部分，技术被包含在文化系统中，由于它被视为文化发展的动力而被格外列及。“文化也是一种技术”则认为文化是技术发挥作用的过程和结果展示，是整个技术系统的组成部分，文化和技术一样能够创造生产力。③互动论。这种论断认为文化与科技两个系统互相作用、互相影响、互相制约，共同发展。与包含论不同，互动论认为文化和科技是两个独立系统，并不存在包含关系，主要关注一方对另一方发生作用的过程、机制及影响效应等。④融合论。主要研究文化与科技如何融入对方的体系，甚至形成新的产业业态。它在互动论的基础上进一步发展，不仅分析一方对另一方的作用，更重要的是两者之间如何形成“你中有我，我中有你”的格局，并催生新兴产品业态的出现（左和平、徐敏燕，2013）。

根据上述论述和分析，文化和科技融合是对文化与科技两者关系认识逐渐深化的结果，是文化软实力与科技硬实力相互作用、相互影响、相互渗透，通过将各类文化元素、内容、形式和服务，与科学技术的原理、理论、方法和手段的有机结合，提升产品（服务）文化、科技含量或者优化产品（服务）传播途径，以降低成本、提升产品(服务)附加值并催生新兴产品业态,以更好地满足人们生活需求的过程或过程状态。在这个含义里,要注意以下几点:①文化与科技融合是随着认识逐步深化提出的发展战略,也是对文化软实力作用重新认识的结果。②文化和科技的融合,通过文化元素、内容、形式和服务与科学技术的原理、理论、方法和手段的有机结合得以体现。③文化和科技融合的作用,表现为产品或者服务的物理和心理附加值提高,同时通过产品或服务传播途径的优化降低成本,提高创新效率和质量。④文化和科技融合的最终目标是为了提高创新效率,更好地满足人们生活需求,并且把文化资源转化为生产力,催生新型文化业态的出现。

文化与科技融合特征主要表现在以下几个方面:①文化系统和科技系统是两个开放系统,相互之间及与外界环境之间可以进行能量交换,是一种耗散结构,这也是文化与科技能够进行融合,并保证系统有序的重要条件。②文化和科技融合过程存在间断均衡性。文化和科技融合进程持续进行量的累积,当积累到一定程度会进行突变,形成间断平衡点,然后又进行下一阶段的累积发展,形成新的间断平衡点。从世界文化与科技融合发展的历史演进来看,大致可以分为三个比较显著的阶段:第一阶段,1450 年到 19 世纪前后,印刷技术的出现和发展催生了图书出版业的形成,文化产业进入萌芽期;第二阶段,1839 年到 20 世纪三四十年代,电子影像技术的突破与文化要素的结合,形成了摄影、广播、电视等文化产业,并进入文化产业探索期;第三阶段,20 世纪四五十年代迄今,计算机网络技术和数字技术出现,文化产业进入发展期,并催生了如数字网络电视、手机新媒体等新兴文化业态。③文化与科技互为因果,共同演进,科技引领文化发展,文化支撑科技进步,两者形成超循环系统。

3.1.2 文化与科技融合下的传统产业结构升级

在厘清了文化与科技内涵及其关系的前提下，两者融合机理及如何促进传统产业转型升级的系统架构的设计就成为理论研究的重点。就融合的逻辑而言，在一定的融合基础条件下，文化与科技表现出物质、制度、精神三个层次的融合形式。在系统动力机制和支撑体系的促动和激励下，传统产业朝三个融合方向实现转型升级。

3.1.2.1 融合基础

文化与科技的融合是在一定的基础条件下展开的，也即是说，只有具备一定的基础条件，才能形成文化与科技的融合。①信息化、网络技术及数字技术的发展。科学技术发展到一定程度，才能够对文化产业化发展起到引领性作用。现代科学技术能够改变文化的表现力、感染力、传播力，并扩大文化消费渠道和路径，促使文化资源形成产业化发展。②文化资源资本化。此前，科学技术是促进传统产业转型升级的不二法门，但随着传统产业无法摆脱低附加值、高能耗、高污染等困境，重新挖掘文化资源的价值，使其形成文化资本，结合科技创新，是破解传统产业升级困境的重要策略。③产业基础。良好的产业发展基础和完善的产业价值链为文化与科技的融合创造了产业平台，使文化与科技融合的深度和渗透性得到强化，增强了对于多样化市场需求的适应性。④政府政策的积极推动。从十七届六中全会中共中央做出关于深化文化体制改革、推动社会主义文化大发展大繁荣若干重大问题的决定后，从文化部到各地方政府都纷纷出台政策措施推动文化与科技的融合发展，为两者的融合创造条件。在此基础上，我国确立了包括北京中关村在内的首批16个国家级文化和科技融合示范基地,以此推动和引导文化和科技的融合。

3.1.2.2 融合层次

由于文化与科技都具有相似的三个层面,因此文化和科技的融合也分为三个层面:物质融合、制度融合及观念融合。物质融合是最显著的表现形式,器物既是技术手段的产物,同时又具有契合的文化内涵,如工艺品。制度融合是指文化制度与科技制度的相互匹配,"李约瑟难题"就是一个很好的佐证。中国没有成为近代科学的发源和中心,普遍认为是中国的传统文化体制束缚了近代实验科学的发展,如儒家文化、科举选拔人才的制度等,因此制度融合是比物质融合更高层次的融合。观念融合是指技术价值观与人类所形成的价值观念、意识形态等的协调和配合,技术荷载价值,技术价值与现代人文价值的契合是文化与科技融合的最高层次,也是最难以达到的层次。

3.1.2.3 融合机制

文化与科技融合系统动力及相应支撑体系的建设和完善,有利于促进传统产业实现转型升级。

(1)系统动力。①创新驱动。科学技术的发展是促进文化科技融合的重点领域,数字化技术、移动通信、4G技术等关键技术的创新,对文化产业的发展起到引领性作用。正是科技发展为融合提供创新驱动力,没有科技创新的发展就无法形成文化产业化发展。②需求驱动。随着个性消费时代的来临和消费转型,人们越来越追求高科技产品所承载的文化内涵,"内容为王"与"科技引领"相结合生产出的产品成为市场需求的主打产品,而且产品附加值也得到提高。市场需求的刺激加速了文化和科技融合的进程。

(2)支撑体系。①人才培养机制。文化科技融合的形成和发展,最关键的是依赖于人才培养机制的建设。文化科技的融合需要文化科技复合型人才,这就要改革教育体制和学科建设制度,避免人为割裂文化与科技之间的联系,为培养复合型人才提供制度保障。此外,还应从制度上保证文化科技复合型人才团队的快速建设。②知识产权保护制度。在当前文化与科技融合的业态中,文化内容还是占据着主导地位,即内容为王;知识产权保护制度的建立和完善,可以为具有轻资产性质的文化内容提供保护,从而促使文化要素在科技引领的作用下产业化发展。③投融资体系。由于文化具有轻资产的特性,使得它较难获取资本市场的融资青睐,文化企业存在资金短缺的困难,阻碍了文化科技的融合进程。因此,建立健全文化科技融合投融资体系是确保文化科技融合的关键,加快建立文化科技融合金融专营机构,并提供金融配套服务体系。

3.1.2.4 融合方向

目前,传统产业仍是我国国民收入的主要来源,因此文化科技融合,除了促成一批新兴业态的形成,其重点还在于促使传统产业升级转型。在文化科技已有融合基础以及系统动力和支撑体系的促动下,传统产业转型升级有如下几个方向:

(1)拓展传统产业价值空间。文化与科技的融合,一方面,通过把现代科学技术融入传统文化产业使传统文化产业的感染力、传播力得到提升,如传统出版转变为数字出版、传统教育转变为数字教育等;另一方面,文化要素融入传统产业,提升了产品附加值,技术质量的改进加上文化元素的渗透,使产品价值大大提升。

(2)传统产业组织结构和生产方式变革。传统产业组织结构呈单向垂直化生产链形式，以有形产品生产和销售为组织目标，而文化与科技的融入使传统产业结构趋于柔性化，除了有形产品的生产和销售，更为重要的是无形产品和衍生产品的形成，如传统农业融入现代旅游创意，改变了传统农业的种植模式，旅游文化资源加上现代科技，打造出集观光旅游、生态功能于一体的现代农业，彻底改变了传统农业的组织结构和生产方式。

(3)传统文化资源与现代科技的平衡发展。我国作为发展中国家，大多先进科学技术是从西方发达国家引进的，这也就意味着现代科技是基于西方文化背景形成的，在那些国家科技与文化的契合非常自然，但是与我国传统文化资源的交融还存在一个磨合过程。对于发展中国家而言，文化与科技要达到融合要求科学技术有一个引进消化吸收并转化的过程，适应民族文化的需求，实现民族传统文化资源与现代科技的平衡发展，才能实现传统产业转型升级。

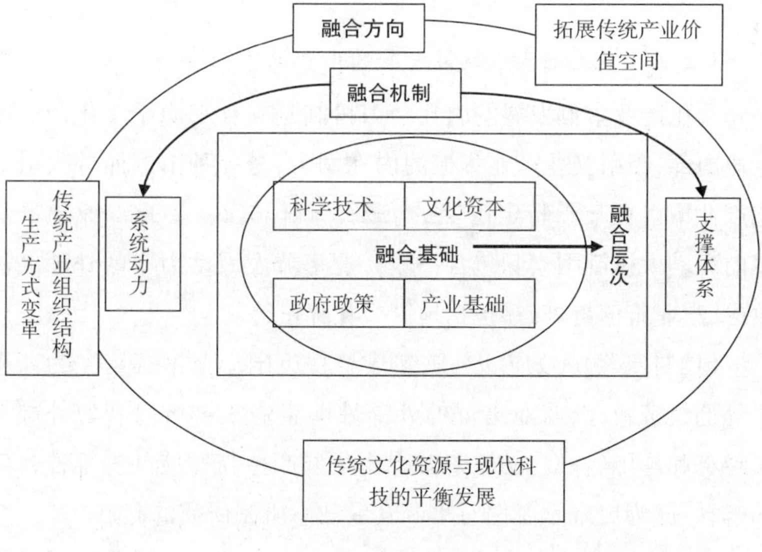

图3-1 文化与科技融合下传统产业升级的逻辑架构

由图3－1可以看出，在一定的融合基础上，科技与文化表现出物质、制度以及精神三个层次的外在融合形式；在已有融合基础上，系统动力和支撑体系的建设和完善，促进传统产业向三个方向进行演化。

3.2 文化产业集群发展的动力机制

文化产业集群发展动力机制是指推动文化产业集群发展的一切有利因素及各因素相互之间的共同作用。因此，对文化产业集群发展动力机制的逻辑分析应从动力结构即文化产业发展动力因素、各动力因素之间的关联和动力原理即各因素之间如何相互作用三个方面进行分析（张钰，2013）。

3.2.1 文化产业集群发展的动力结构

3.2.1.1 文化产业集群发展的内在动力因素

文化产业集群发展的内在动力机制是一种来源于文化产业或企业内部，吸引文化产业集聚的内在动力，是一种由内而外吸引文化产业聚拢在某一特定区域的力量。具体来说，文化产业集群发展内在动力机制因素除包含一般产业集群发展动力中的外部经济效应、产业价值链外，还包括地区文化存量等。

（1）外部经济效应。马歇尔最早将英国产业聚集定义为获得了外部经济效应，产业集群的外部性即企业集群可以获取外部规模经济和范围经济。马歇尔对产业集群产生与发展的外部性效应的解释，成为后来学者们对集群发展动力机制研究的起点。

产业集群是一定区域的某个行业中存在着分工合作关系的企

业之间形成的,通过集群内部之间的相互作用产生的企业集合。企业得到外部经济效应,特别是对于文化产业来说,其本身有自身独特的性质,因此在知识外溢的深度和广度方面,文化产业集群产生的外部经济性体现得更为明显。具体而言:第一,在文化产业集群中文化企业之间的交易成本相对较低,因此,企业可以集中进行专业化的生产,享用集群内公共设施、服务以及劳动力的供给和培训所带来的成本节约;第二,集群内部企业之间的合作关系在一定程度上形成区位优势,即文化产品和文化服务的规模化使得不同企业之间范围经济的存在,形成集群区位竞争力;第三,由于地理上的接近性,建立相互之间的依存关系,使得文化产业企业之间形成信誉和约束机制,可大大减少如知识产权侵犯等机会主义的行为存在。

(2)产业价值链。迈克尔·波特(1985)在《竞争优势》中将产业价值链定义为"每一个企业都是在设计、生产、销售、发送和辅助其产品的过程中进行种种活动的集合体。所有这些活动可以用一个价值链来表明,也是指一个企业的价值链或内部价值链"。"产业价值链"将企业之间的一系列经济活动及其之间的相互关系以价值的角度进行分析研究,所形成的价值链的关系,是从一个更为宏观的角度对企业之间的相关关系进行的研究和阐述。

文化产业集群企业之间也存在着一系列的产业价值链,是包括文化生产企业和文化消费企业在内的众多文化产业整体的有序组合,并具有较强的集群效应,并使其在长期形成的合作关系中拥有独特的竞争优势。这也在一定程度上对文化产业集群发展起到推动作用,主要表现在:

第一,文化产业集群内部企业成本降低。文化产业集群从另一个角度来讲,意味着具有一定关系的相似或者相关企业在地理位置上的集聚,这也是形成产业价值链的一个重要因素。对于集群中的任何一个企业来说,它都不能够脱离其所在的产业价值链而存在,而且都不可能获得在产业价值链以外的低成本,因此,企业倾向于在集群中的产业价值链中寻找低成本的生产,文化产业集群中的企业也不例外。除此之外,产业价值链在不断完善的过程中所形成的企业之间的默认的规则和标准化的生产,使得对集群内部企业的管理费用大大降低。企业之间相互信任合作,可以有效降低企业生产、销售、包装、运输等部门之间的协调成本,从而获得成本优势。

第二,企业创新氛围形成。产业价值链对集群企业之间的影响效用不仅仅表现为对成本的降低,同时,企业之间的密切联系也为信息的交流、汇集和共享等提供了良好的条件和渠道,对于技术、产品和服务的创新有着较强的促进作用。文化产业由于其自身创新性的特点和独创性的要求,对于创新氛围的要求更加明显。集群所形成的产业价值链为企业创新氛围的形成提供了可能。在一个完善的产业价值链中,知识创新能够较容易地溢出到其他企业,集群内相互关联的企业之间区位上的密切度使得产业创新在一定范围内能够进行共享,并对其他企业营造了紧迫的创新压力和更为广阔的创新平台和视野。

第三,产业联动和品牌效应。产业价值链的产业联动效应可以形成以集群内部价值链为轴心,与其相关的主导产业的联动配套发展的分工协作体系。与此同时,集群内企业发展壮大到一定程度会逐步形成“品牌效应”,即有实力的大企业在集群内彼此共享市场信息、基础设施、资源、生产能力和供应链网络而形成相互协作的网络，在此基础上形成区位品牌效应。一般来讲，文化产业集群是一个包括文化产品和服务创造（如研究、人员开发、设计、创造等）、文化产品和服务生产制作（如文艺表演、记录媒介、设备、用品、含文化品牌的产品等）、文化产品和服务的流通（如传播、传输、交流等）、文化产品和服务销售（如发行、分销、文化会展等）、文化设施（如遗产、场所等）、文化中介与文化咨询（如经纪、代理、广告、市场调研等）等在内的系统、完整的产业价值链体系。

（3）文化存量推动。文化存量即地区文化底蕴的深厚程度，文化产业集群并不是在任何地方都可以形成的，一般来说，文化产业的发展和集聚均依存于地区文化积淀和历史渊源，在长期历史过程的文化积淀中自发的不断积累文化资源和对文化产品的开发过程中不断形成。地区历史文化积淀是文化产业集群发展的基础，特别是对文化旅游产业和相关行业来说。一般来说，文化历史资源充裕、历史悠久的地区其文化产业集群的发展较快和较为集中，相比于其他地区而言，其发展建立在深厚的根基之上。

3.2.1.2 文化产业集群发展的外在动力因素

与文化产业集群发展动力的内在机制相对应，外在机制是吸引文化产业集聚的外在动力，来源于文化产业或企业外部，是一种由外及内的推动文化产业聚拢在某一特定区域的力量，这主要来源于政府政策和资金推动及外部环境等。具体来说，文化产业集群发展外在动力因素包括政府支持、人才集聚、外部竞争环境、创新驱动等。

（1）政府驱动。任何一个市场化的经济中，政府的作用不容小觑，即使是在亚当·斯密“看不见的手”的完全放任经济化的状态之下，他仍然强调政府在经济中的作用。在市场化的今天，单纯市场的竞争性存在着诸多不足之处，如信息不对称、道德风险、经济外部性、市场失灵等，这就需要政府的参与进行调节以弥补单纯市场所带来的种种缺陷。同时，政府对产业的支持力度对于该产业的发展也起到了重要的作用。一般来讲，文化产业园区均是由政府出资进行构建的，因此，政府在文化产业集群发展过程中起到了主导作用。同时，文化产业作为未来中国经济发展的支柱性产业，各级政府对其的支持力度均有所增加。

（2）人才集聚。传统的人力资本理论论述了人才对产业发展的重要作用，其中人们公认的经典的人力资本理论——舒尔茨的人力资本理论包括以下观点："第一，人力资本存在于人的身上，表现为知识、技能、体力（健康状况）价值的总和，一个国家的人力资本可以通过劳动者的数量、质量以及劳动时间来度量；第二，人力资本是投资形成的，包括营养及医疗保健费用、学校教育费用、在职人员培训费用以及择业过程中所发生的人事成本和迁徙费用；第三，人力资本投资是经济增长的主要源泉；第四，人力资本投资是效益最佳、回收率最高的投资，人力资本投资的消费是耐用性的，甚至比物质的耐用性消费品更加经久耐用。"文化产业集群的发展离不开创新性人才，文化产业集聚的特质在于先有人才的集聚才有产业的集聚。创新性的人才不仅仅是文化产业集群的核心要素，而且是从事文化产业活动的重要载体，更是文化产业发展的重要推动力量。因此，人才是文化产业集群发展的关键。从广义来讲，人才集聚包含两个方面：其一，体现在劳动力需求方面的人力资本集聚；其二，体现在技术发展和创新方面的人力资本的集聚。从文化产业集群角度来讲，第二个方面即创新性人才的集聚，对文化产业集群的发展作用更为突出。

(3)外部竞争环境。随着当今社会经济全球化的竞争,文化产业作为一个新兴行业也面临着众多来自国内外的竞争压力。对于单个的文化产业企业来说,其发展已经不能够应付日益复杂多变的国内外形势,因此,聚集发展的文化产业企业才能够在当今经济发展的浪潮中不断增强国际竞争力,同时,也只有以集群的形式参与国际竞争,国内文化产业企业才能不断地认识到其存在的缺陷和不足,在竞争中获得竞争优势,通过扩大规模经营,在降低成本、规避风险、吸引外资、增加对外交流合作和贸易方面取得更大的优势。从另一个角度讲,外部竞争环境还来源于对于文化产品消费者的争夺。消费者对于文化产品的选择也导致文化产业集群化的发展。这主要可从两个层次进行解释:其一,消费作为推动经济发展的三驾马车之一,对于国家整体 GDP 的增长起到了重要的推动作用,这在一定程度上增加了人们对文化产品的需求;其二,文化产品在一定程度上也包含了“文化”的含义,因此,在进行文化产品的消费时,“文化内容”则成为消费者进行产品选择时需要重点考虑的内容,品牌化、集聚化的文化产业的发展则表现出更高的消费青睐度。如以国酒茅台为代表,形成了以茅台镇为中心的白酒生产聚集区等,这也与内部动力机制中的文化存量推动机制相吻合。与此同时,文化产业集群同其他产业集群一样,在区域品牌的形成过程中也有着重要的作用。从另一个角度来看,文化产业集群发展不仅仅依靠政府对文化产业的投资和对文化产业园区的构建,民间资本涉足文化产业,也对现有的文化产业集群的发展注入了资金、创新了模式。

(4)创新驱动。文化产业具有创新性的基本特征,这要求参与文化产业发展及文化产品和服务生产的文化产业从业人员具备较高的文化素质和艺术修养，同时，进行文化产业创新也在良好的竞争和创新环境中进行，于是，完善的文化产业基础设施建设对于文化人才的集聚、创新能力的增强、灵感的激发等产生较强的推动作用。创新驱动机制主要包含两个方面：一是创意的学习和扩散对文化产业集群的推动；二是创新环境的营造对文化产业集聚的作用。一般来说，创新环境是指在创新过程中，影响创新主体进行创新活动的各种外在因素的总和，主要表现为国家对社会创新行为的政策支持力度和财政投入力度，是政府财政投入的成果表现和具体体现。文化产业集群以创新为主要特征，创新环境的营造通过科技本身、社会文化理念，以及信息和知识交流传播对文化产业集群的进一步发展有着推动作用。

3.2.2 文化产业集群发展的动力因素关联机制

基于对文化产业集群发展的内外部动力分析可知，集群要获得竞争力，一方面要依靠其内部动力的推动，另一方面也离不开外部因素的支持，而这些要素之间相互联系、相互作用，共同构成了完整的推动文化产业集群发展的动力机制。文化产业集群发展的动力机制如图 3－2 所示。

3.2.2.1 地区文化存量是文化产业集群发展的基础

一般来说，地区文化产业集群产生和发展是基于政府对文化产业集群的投入和支持，而园区建设往往是建立在地区文化资源的基础上的，只有有深厚的文化底蕴和基础，文化产业集群的发展才能够更加具有自身的竞争力。因此，地区文化存量是文化产业集群发展的基础，是其他一切动力因素的根源。

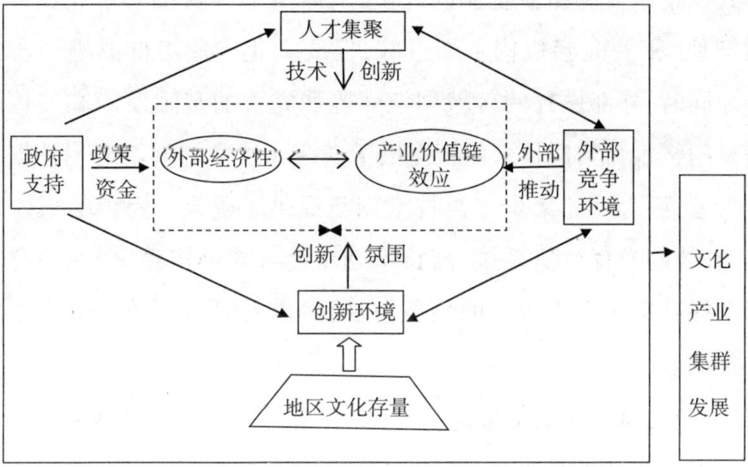

图3－2 文化产业集群发展的动力机制

3.2.2.2 外部经济性是文化产业集群发展的原动力和主要结果

在文化产业集群中，企业通过关联产业之间的互补联系，共同分享技术创新和外部竞争，在地理位置上的邻近性和产业价值链上的相互关联性以及所造成的产业协同发展和技术溢出效应等，以及同配套设施如科研机构、教学机构等所构成的具有显著特点的文化产业集聚，使得集群内部产生了基于产业集群的共享性资源。一般来说，文化产业集群发展的产业价值链效应所产生的结果归根到底也就是外部经济性。

3.2.2.3 技术创新是文化产业集群发展的核心

文化产业集群的民族性、创新性和特征要求其内部企业之间应以技术创新为核心发展。首先集群内部单个企业进行技术创新，再通过产业价值链效应使知识的流动和技术外溢带动集群内部其他企业发展和新企业的诞生,从而使集群内相关企业数量不断增加,相关配套机构不断进驻,促成文化产业集群的进一步完善。同时,外部良好的区域创新环境如完善的基础设施和发达的信息网络也为集群技术创新提供了支持。技术的创新离不开创新性人才,而人才的集聚也为技术创新提供了源泉。完善的人才市场、开放的教育科研系统、高技术创新性人才的集聚,会在一定程度上提升文化产业集群的竞争力,同时也会吸引更多高端人才加入集群。

3.2.2.4　产业价值链是文化产业集群发展的主要内容

在文化产业集群中,关联度较高的企业及相关机构在区位空间产生了在某一产业价值链上集聚的现象,这表现为产业价值量上行业数目的增加和规模的增大,而外部配套设施的发展也对文化产业集群发展起到外部促进作用。因此,各动力因素之间的相互联系和作用均通过产业价值链进行。

3.2.2.5　政府财政、人才支持是文化产业集群发展的外部支撑

由于文化产业作为一项市场价值不确定、无形资产比重大、投资风险大的行业,其本身的融资能力有限,因此,文化产业集群的发展依靠政府在一定程度上予以支持。这主要表现为对文化产业集群的资金支持、制定相应的文化产业集群发展的税收等优惠政策保障集群平稳发展;完善文化产业集群相关支撑体系的建设,构建良好的文化氛围和创新环境;通过政府的介入和干预来控制产业集群的负外部效应,实现资源的有效配置,避免集群内企业的无序竞争;推进人才引进和培养等,这是文化产业集群发展的必要支撑力量。

3.2.2.6 外部竞争环境是文化产业集群发展的外部推动力

无论是从企业还是集群来讲，竞争都是其发展的重要推动力量，特别是在经济全球化的背景下，文化产业集群只有参与了外部竞争，特别是国际市场的竞争，才能够不断适应经济的变化，吸收国际文化产业集群发展成果的经验，从而提高集群竞争优势。

3.2.3 文化产业集群发展的动力原理

文化产业集群发展的动力原理主要是指集群内部各动力要素是如何成为其发展的动力并发挥其功能，推动文化产业集群发展的原理解释。一般来讲，文化产业集群发展的内外部动力因素通过协同作用，共同发挥自身功能，不断推动文化产业集群的演化发展和完善。从上述分析可以将文化产业集群发展的动力原理概括为协调竞争机制、学习创新机制和支撑保障机制三种。

3.2.3.1 协调竞争机制

文化产业集群发展的协调竞争机制可以概括为三个方面：第一，文化产业集群内部企业之间的协调竞争，其中，协调发展包含由于企业之间集聚所产生的对资源的分配、共享的外部经济性；第二，文化产业集群内部网络之间的协调竞争，这主要包含产业价值链上的资源供应企业（数字技术服务、财会法律服务等）、产品生产企业（电视制作公司、演员经纪公司、报刊杂志出版等）、市场销售企业（节目发行公司、电影院、广告公司等）、信息反馈公司（市场调查公司、传媒等）之间的分工合作和竞争，以及与研发、金融财务、教育科研、中介机构等相关企业和组织间协同发展的作用效应;第三,文化产业集群之间和与外界环境之间的相互作用和竞争。文化产业不能不受外界环境的影响和制约,没有合作就没有协同,没有竞争也就不会有进步。

因此,文化产业集群的协同竞争是由外部经济效应、产业价值链效应和竞争与合作效应共同引起的。这些效应的存在就导致了文化产业集群协同竞争机制,引起了集群内部成本的降低、效益的提高、竞争力的增强以及对外部资源、企业和组织的吸引力与凝聚力的强化,实现资源共享、竞争博弈和互补效应,进而推动文化产业集群的可持续发展。

3.2.3.2 学习创新机制

学习创新机制是在协同竞争机制基础上产生的,一般来讲,学习和创新可以使得内部企业不断降低成本,提高产品质量与服务,提升文化产品的层次和水平,推动文化产业集群整体的技术水平提高和产业结构优化升级,增强文化产业集群的竞争力。

文化产业集群的学习创新机制包含三个方面:第一,集群内部企业和产业之间的分工合作的外部性促使信息的交流和不同企业之间的学习和知识的共享,同时,外部创新环境的营造也带动整个产业集群的相互学习和技术创新;第二,在集群产业链中企业之间的学习和创新的溢出及与相关组织机构间的知识、信息的交流和共享使它们不得不不断地学习和创新提升自身优势,提高竞争力,而人才是信息、知识与技术学习和创新的载体;第三,文化产业集群在外部环境作用下,通过知识信息的共享与学习创新动力作用,不断增强学习创新能力,同时,在外部竞争的压力下,也会通过不断创新提高自身的竞争能力。

文化产业集群之间的学习创新机制也是协调竞争机制下的结果,竞争与合作为集群内企业带来了学习创新的机会和压力。因此,文化产业集群的学习创新机制是由产业价值链效应、人才集聚效应和创新环境的营造三种效应共同引起的,文化产业集群内部产业形成了一个基于学习创新的群体,从而推动产业集群的可持续发展。

3.2.3.3 支撑保障机制

文化产业集群发展的支撑保障机制主要涉及政府作为主体的辅助服务机制,包括与文化产业集群发展相关联的基础设施建设、法律法规建设与制度建设等,它们为文化产业集群的发展提供良好的外部支持。

文化产业集群的支撑保障机制可以总结为三个方面:第一,政府通过制定相应的规章制度和政策措施,通过优化市场环境、社会环境和生态环境,将政策倾向于文化产业集群链条中的高端行业,并利用政府自身职能,促进企业之间的分工合作、信息交流和相互学习,为文化产业集群发展提供良好的支持保障;第二,加大对文化产业集群的财政资金支持力度和完善对其融资渠道的支持;第三,通过吸引高素质文化人才、各类急需的专业人才和复合型人才,为文化产业集群发展的创新和技术更新提供人才支撑,另外,也吸引着更多企业进入产业集群,从而推动文化产业集群的不断完善和发展。

3.3 文化产业集群发展的案例

3.3.1 好莱坞影视文化产业集群

3.3.1.1 好莱坞文化产业集群的发展进程

美国作为全球首屈一指的文化产业发达国家,其文化产品在世界各国流通与传播,不但承载着美国的文化与价值,而且影响着美国的经济发展。美国电影业总是书写着世界影视行业与票房的神话。好莱坞不但是美国电影产业的中坚力量,更是全球文化产业集群的典范。

(1)好莱坞文化产业集群的萌芽。美国早期的电影生产位于爱迪生电影专利公司的所在地——纽约新泽西都市区,爱迪生电影专利公司通过托拉斯垄断行为虽然在一定时期成为电影行业的绝对支配者,但也是这个因素促使了好莱坞文化产业萌芽。任何集群的诞生离不开各种条件,更不可忽视其偶然因素的支配。偶然因素与必然因素相结合便能发挥巨大的潜能。1910 年对于好莱坞来说是不平凡的一年,好莱坞的宽容性给予了导演大卫·格里菲斯巨大的创作拍摄支持,格里菲斯在好莱坞拍摄了第一部传记情节剧——*In Old California*,该电影的巨大成功拉开了好莱坞电影文化产业的序幕,牵动了整个美国电影产业在此之后的发展。1911 年 10 月,新泽西的电影工作者来到好莱坞,将一家名叫布朗杜的小旅店改装成电影公司,从此第一家电影制片厂——内斯特影片公司在好莱坞土地上崛起。当时美国社会的电影产业除了那些生产经营垂直一体化(设备制造、影片生产、产品发行、影院上映)的大型企业之外,主要由院线商们(如华纳等)经营运作,当这些电影公司将爱迪生电影专利公司的垄断和高昂的电影制作专利费与格里菲斯的成功结合起来考虑时,众多院线商出身的制片商们纷纷把影视制作基地迁徙到美国西海岸的好莱坞。

1915 年反垄断使得爱迪生电影专利公司这个“电影制作巨人”倒下,但是这不但没有影响美国电影产业的发展,而且使得电影业围绕好莱坞为制片中心呈现出繁荣发展的趋势。1916 年派拉蒙电影发行公司在好莱坞建立了第一家“制片—发行—放映(垂直整合)”的大型电影公司,作为好莱坞电影文化产业集群萌芽阶段的“先驱”,其像种子一样根植于好莱坞的土壤,为后来企业的效仿树立了良好的示范作用。电影产品独特的多类型、多品种性使得电影公司存在一定的差异性,这不但丰富了电影产品的内容,而且为其他电影公司进入好莱坞文化产业体系提供了可能。到 1918 年,70% 的电影公司坐落于好莱坞,世界 80% 以上的电影在这里制作(Scott,2005)。任何一个产业集群的萌生,如果说创始企业的标杆效应是它形成的先决条件,带有偶然性,那么之后相关企业的加入一定是受到区位因素的影响。就这样在南加利福尼亚的洛杉矶,好莱坞以自己独特的地理位置和开发价值,逐渐与美国电影公司的发展相互融合、相互促进。当时一些学者将南加利福尼亚四季温暖宜人的气候与可为电影拍摄提供多种实体景观这两种优势结合起来,得出一个结论——南加利福尼亚是电影产业的区位。但 Scott 对于这个观点持保留态度,在他看来之所以会出现好莱坞电影区位实际上在于:首先,一个新产业在区位上随机偶然性地进入,这是任意布局;其次,当其他单元纷纷效仿进入这个体系时,会受到集聚经济的影响,形成一个群落雏形,不再任意选择区位(黄文达,2003)。

(2)好莱坞文化产业集群的初始形成。在产业集群的萌芽阶段,如果"先行者"表现出稳步走向成功的态势,就会有"跟随者"通过模仿的形式建立生产同类产品的企业,久而久之,产业的良性发展引发一系列连锁反应,进而在某个特定的区域出现大量同类企业群集的现象。"模仿"被许多学者看作产业集群初始形成阶段的主要方式,理论上产业集群中的核心企业一般都是通过模仿的形式建立起来的。"模仿"带来的同类企业聚集现象说明了产业集群形成过程中会扎根于某一地理区域的原因。这一点在好莱坞文化产业集群形成的初始阶段得到了体现。1910 年美国电影放映机与传记公司对好莱坞的初始发掘,1911 年内斯特影片公司在好莱坞的落户,以及 1916 年派拉蒙在好莱坞的起家都诠释了好莱坞在电影制作方面带给大家的优势。后续企业纷沓而来,直到 1930 年著名的八大电影公司("五大":派拉蒙、米高梅、华纳兄弟、福克斯、雷电华;"三小":环球、联美、哥伦比亚)在好莱坞相继成立以及随之而来一些小型独立制作公司的入驻,使得好莱坞成为美国电影制作的传奇,特别是"五大"汇集制作、发行、上映三大影视产业环节于一体,形成传统好莱坞电影产业模式——"大片厂制"。随着大型电影公司的逐步发展,派拉蒙于 1948 年被定性为非法垄断,美国法院裁决其放弃发行和放映,并颁布禁令限制原股东控制分离后的新公司。反托拉斯法在爱迪生电影专利公司瓦解之后又一次发挥了其在美国好莱坞电影行业的重大影响,打破了"旧好莱坞制片模式",冲击了电影生产的垂直体系,加快了纵向分离。这波及了其他同派拉蒙相似的电影公司,所有制作、发行、放映环节被要求至少放弃一环,从而促使了电影公司与放映影院的分离(魏剑锋,2006)。这不仅增加了大型电影公司的制作风险,而且强化了独立制片的地位,"大片厂制"从此分崩离析。但正是这个阶段性的转变,刺激了好莱坞文化产业集群的雏形诞生。虽然"大片厂制"被瓦解分离,但是将各个环节外部化的电影制作形式必然会导致电影生产链上出现大量中小型企业,这些企业在一定程度上构成了相互配合的生产网络。至此,好莱坞文化产业集群的原始形态开始显现。

(3)好莱坞文化产业集群发展成熟。产业集群的形成过程中有一个"临界点",即集群已达到能够支持本地上下游产业或辅助、服务性产业存在的规模。在此之前,集群以生产同类产品的企业聚集为主;此后,集群以垂直关联企业、服务性产业的加入为主。电影产业链的各环节促进了专业化分工的多类型企业在集群中发展。1966 年至 1982 年好莱坞的电影产业内诞生了许多专注于电影生产中某个细微环节的企业组织,并且这些企业的数量呈逐年递增趋势。例如,更为专业化的电影制作、舞台租赁、电影剪辑、照明设备、录音/合成、底片处理、市场调研、艺术家代理人等,如表 3 –1所示。电影公司规模与集群内数量成反比,这不单单是像好莱坞文化产业集群初始阶段时同类产品生产企业在地理位置上的简单拼凑,而是组织类型的转变以及柔性生产网络的逐步形成。

表 3 –1　好莱坞电影业专业化服务公司数量

	1966 年	1974 年	1982 年
电影制作公司	563	709	1473
舞台租赁	13	24	67
电影剪辑	4	31	113
道具公司	66	24	184
照明设备	2	16	23
录音/合成	20	33	187

续表

	1966 年	1974 年	1982 年
底片处理	43	76	55
薄膜效应	10	27	42
市场调研	3	5	24
艺术家代理人	242	359	344

20 世纪 90 年代后好莱坞电影公司随势而横向扩张产业链，好莱坞大制片公司经过集团化、收购与重组等变革之后形成新的“六大”：派拉蒙、21 世纪福克斯、迪士尼、华纳兄弟、索尼影业和环球。横向产业链扩张意味着好莱坞电影产业公司不再是传统意义上的电影公司，而是蔓延渗透到内涵更广的娱乐产业并且积极向多元化产业迈进。经过多年的发展，好莱坞的土壤上开出了盘根错节、相互交织的巨大文化产业集群网络之花，囊括了电影制作、发行和放映等一系列核心产业，还衍生出各种娱乐产品制造业（如电影改编的游戏、玩具、图书、唱片等）、旅游业等关联产业。好莱坞电影产业激发了各种相关产业的诞生。好莱坞不只是电影制作业的一块“瑰宝”，也是洛杉矶著名的旅游胜地，电影产业衍生出的旅游业迅速壮大成熟，游客们在感叹好莱坞影视传奇的同时，充分享受好莱坞文化的熏陶。“游览好莱坞博览会”就是近年来洛杉矶政府与好莱坞旅游业者大力推向世界的旅游项目。此外，奥斯卡金像奖是好莱坞电影产业的标志性荣誉，吸引了全球众多优秀制片、导演、演员等影视业人员为之努力进取。每年一度的奥斯卡盛宴，不仅给好莱坞各大电影公司提供了联合举办影视博览会、电影展览等机会来交易传播自己的文化产品，而且促进了各国电影产业人员的交流合作。并且，好莱坞电影文化产业的繁荣不断激励着电

影相关支持产业的发展，如报刊、杂志、出版社、电视台、数字技术研发机构、发行公司、电影院、律师事务所、经纪公司、咨询公司、市场调查机构等。大量电影产业关联企业与政府部门等相关支撑机构在好莱坞的崛起，标志着好莱坞文化产业集群迈入稳步发展的成熟阶段。

3.3.1.2 好莱坞文化产业集群的形成因素分析

(1)自然环境因素。洛杉矶是位于南加利福尼亚的美国第二大城市，具有闻名世界的大众娱乐产业(如电影、电视、音乐等)。洛杉矶属于地中海型气候，全年气候温和、阳光明媚。加利福尼亚也因其多种多样的自然景观而成为众人选择迁徙的地区。位于洛杉矶郊外的好莱坞，依山傍水，景色宜人，从 20 世纪初开始成为许多摄影者竞相追捧的地方，越来越多的摄影者为这里的自然景观所吸引，拍摄了大量叹为观止的艺术作品。之后我们所知的好莱坞，最初也是因为它适宜取景的户外环境(壮丽的峡谷、高山和干燥的沙漠)和气候优势才使得一个影视帝国诞生。

(2)文化因素。好莱坞文化产业集群的形成离不开好莱坞电影文化中的美国文化价值。正因为好莱坞的文化价值传播在世界范围内得到了认可，所以好莱坞文化产业集群才得以全球化运作推广，被视为世界电影的典范。好莱坞丰富多彩的文化盛宴反映了社会价值观既统一又异彩纷呈的美国文化。在好莱坞制作的大量电影中，都充分展示了这种美国文化价值观，其核心就是追求自由平等的个人主义、坚强乐观的进取精神、注重创新关注未来的科技意识。好莱坞各电影企业正是凭借蕴含在美国文化中的多样性文明、思想和智慧相互交融，碰撞出天马行空般创意的火花，才奠定了它在全球电影文化产业的绝对优势。好莱坞文化产业集群仿佛是美国社会的缩影，在这里多类型、多题材的创意作品百无禁忌，不但被多元文化所接受，而且更是朝着不拘一格的产业文化氛围发展。

(3)人力资源因素。好莱坞电影产业的欣欣向荣不断吸引着众多经纪公司和影星的加盟，这为当地的电影公司提供了强有力的人才储备。好莱坞文化产业集群中的人力资源不止局限于这些“星光闪耀”，大量富有创造力的人才是好莱坞电影产业的财富。好莱坞的成功很大程度上依赖于丰富的想象力、强大的创造力，优秀的导演(如卡梅隆)和优秀的制片、编剧等一系列人才让世人看到了好莱坞的经典之作。此外，大量电影电视专门学科在各大学院的开设也是为好莱坞输送电影产业人才的关键。目前在美国3000多所大专院校中，开设电影电视课程的有1/3以上。

(4)政治与制度因素。从好莱坞电影产业的发展历程可以看出美国政府在其中发挥着重大作用，除去前文在介绍好莱坞演变进程中提到的针对垄断企业实施的《反托拉斯法》，美国政府在对好莱坞电影业进行保护、扶持和调整等方面均予以了良好的政策制度支持。首先，美国在1976年颁布了《版权法》并于1982年对其进行修订。1998年，为适应计算机技术、互联网络和多媒体技术的迅速发展，美国又通过了《千禧年数字版权法》。2005年由于家庭视听产品的大幅度普及，美国又制定了《家庭娱乐与版权法案》。在国际上美国保护电影版权主要依靠两个国际法律框架，即“世界知识产权组织”和“世界贸易组织”。美国对于电影版权的保护在全球范围内是最合理、完善的，对于电影作品的侵权行为更是严惩不贷。其次，美国政府对好莱坞电影产业的扶持主要是帮助其占领更多的海外市场以及保障其在国际市场的利益。此外，美国政府对好莱坞的扶持政策还包括利润收税制度、国际合拍片的规定以及电影广告的版权等。由于前些年好莱坞大量制片商“外流”，将拍摄地点移至制作成本较为低廉的国家（如加拿大），造成了本土电影资源流失。美国政府为吸引本土优秀的电影制片商在境内拍摄制作影片，制定一系列税收优惠政策，这种举措不但维护了好莱坞电影业的繁荣，还对好莱坞的区域经济发展功不可没。最后，由于好莱坞电影市场受到计算机网络技术、通信技术和多媒体技术的强烈冲击，美国政府颁布了《1996 年电信法》，打破媒体间的壁垒，允许各不同媒体在市场上相互渗透。正是如此，好莱坞许多大制片公司都选择不同程度地调整结构，或成为更具规模的产业集团，或成为集团的重要构成部分。

（5）经济因素。加利福尼亚发达的经济水平是催生电影产品消费市场的因素。电影是典型的文化产品，具有文化产品非生活必需品的特性，所以一个区域的经济水平在一定程度上决定了这个范围的文化产品需求市场。电影市场的差异化需求和市场细分引发了好莱坞区域中鳞次栉比的电影公司之间的良性竞争，并且促使电影产业集群内产生了规模经济效应。另外，电影产业的相关支持产业（如数字信息产业、光电产业、旅游文化产业）的协调发展也表现了好莱坞文化产业集群强大的竞争优势。好莱坞电影产业集群作为全球文化产业集群的典范，其努力发展的后续产品制造业（如电影广告、音像发行、玩具、书籍等）所创造的收益占电影发行总收益的 80% 左右。这些相关产业的发展也大力推动了美国经济的发展。

（6）柔性化的实体生产网络。当好莱坞大型电影公司经过垂直分离的浪潮之后，独立制片公司和中小型专业公司在数量上不断增加。它们以大型制片公司为核心，通过彼此协同作用，相互交织成一个柔性化的电影生产网络。现今的电影生产通常会由主导制片公司发起，选择多个专业服务公司合作完成。特别是好莱坞明星、导演等长期雇用制度的消除，使许多表演艺术家、剧本创作家等能同时为几个制片公司的电影项目工作。独立制片人制度的兴起也是加速好莱坞柔性网络形成的驱动因素。影视产品的生产过程既专业化又多样化，必须同时兼顾核心创意人才（表演者、创作者）和处理复杂技术的设备工程师。因此，好莱坞电影产业的柔性生产网络可以分为四个部分，即演员、具有专业技术的自由职业者（如编剧、导演）、设备租赁企业和签约服务部门。当影视制作投入生产环节之后，这些各有所长的中小型专业公司便会与起主导作用的制片公司有机结合，各自发挥其特长，围绕一个专门的影片项目进行创作和再创作。在好莱坞，编剧、演员、导演、化妆师、摄影师等为同一个影片项目而工作的人员都属于一个紧密相连的影视从业系统，他们不再有长期合同的限制，任何制片公司都可以邀请这些从业人员在任意时间来完成一部影片的拍摄制作，类似于一个工作项目团队。同样，摄影棚也可以在任意时间提供给那些真正生产影片但又没有必要拥有自己制片厂的制作者。

(7)社会网络。站在文化产业集群形成的角度来看，创意人才的人际交往关系和社会网络对其所起的作用是至关重要的。集群内核心创意人员想要寻求思想灵感的碰撞，必然会进行相互之间的交流沟通，这个虚体的社会网络不会受到创意人员所处企业的影响。在好莱坞文化产业集群内，早期的大量创意人员可能原本归于同一企业麾下，但是许多大型制片公司经过纵向分离、横向拓展之后，这些人便分化到各个独立又相互联系的企业。好莱坞的这些创意人员通过非正式人际交往方式,努力维系着彼此之间的联系,并且实现信息共享。社会网络意味着模糊了工作时间和休息时间的界线,休息与工作相互融合,寓工作于休闲。在文化产业集群中的"咖啡馆文化"便是一种建立社会网络的具体写照。

此外,好莱坞电影产业从业人员频繁的跳槽行为也是促进社会网络形成的催化剂。许多文化创意人才和表演艺术家经常会因为聚集在非正式场合的交流,形成一种人脉网络,这在很大程度上有利于工作信息的分享,良好的人脉关系能够将人才引入某个文化企业或让其参与某个项目创作。好莱坞电影之所以成为影视业的"日不落帝国",最根本的原因在于其源源不断的影视创新和创意。创意是影视产业链的源头,好莱坞电影产业集群内形成了这样一种集群文化——同属于集群内的公司并不把其他公司看作竞争者,而是把它们之间的交流联系当作灵感智慧的来源。这样的社会网络理念有益于好莱坞文化产业集群的延伸和扩展(万晶,2013)。

3.3.2 景德镇陶瓷文化产业集群

3.3.2.1 景德镇陶瓷产业演化历程

景德镇制瓷历史悠久,"新平冶陶,始于汉世",自此便开始景德镇陶瓷产业的进化历程,兴盛衰退交替演进,并出现新的突破点,促使景德镇陶瓷产业向前发展。而这一周期性现象,正是文化与科技融合间断均衡的演化结果。在景德镇陶瓷产业发展过程中,文化与科技间断均衡表现如下:

第一阶段,东汉—五代十国,景德镇陶瓷产业文化与科技融合形成期。这一时期陶瓷生产技术得到重视和发展,原始青瓷形成和成熟,在文化上除汉文化的熏陶,还受各民族大融合的影响,在陶艺造型上丰富多彩,并与当时人民生活需求紧密相关。但是,这一时期陶瓷生产中心在北方,景德镇陶瓷产业还处于边缘地位,史料对景德镇陶瓷产业状况的记载并不多,但景德镇陶瓷产业文化与技艺处于积蓄期,为宋以后成为瓷业中心奠定了基础。

第二阶段,宋元明清,景德镇陶瓷产业文化与科技融合繁荣期。宋朝是景德镇陶瓷发展史上的一个重要转折点,从宋开始,景德镇逐渐成为中国瓷业中心。宋朝战乱,北方战事导致北方制瓷工匠逃到南方,他们都选择在具有瓷业基础的景德镇安定下来,从而带来景德镇陶瓷发展的高峰期。宋朝是一个崇尚人文、艺术的朝代,素雅的青白瓷备受喜爱,青白瓷生产技艺日臻成熟,文化和科技融合得到完美体现。元代是一个开放大气的朝代,它不仅体现了蒙古民族热爱自然、豪爽奔放的文化倾向,还积极吸纳中亚、西域的文明和技术,如元青花瓷的创制,就是在宋白瓷的基础上,引入波斯的氧化钴生产技术生产而成,其画面富丽雄浑、画风豪放。青花瓷是元代文化与技术完美结合的例证,并开创了由素瓷向彩瓷的转变。明清时期,政治稳定,经济发达,社会文化风气奢靡,对陶瓷器型和色彩都提出了更高要求,器型更大更薄,色彩更为鲜艳,这也促使陶瓷生产技艺达到巅峰。但在这几个朝代,宫廷尤其是皇帝的文化偏好主要决定了景德镇陶瓷生产技艺以及产业的发展方向。

第三阶段,民国至"文化大革命"。清末民初,欧洲科学思想、工业制度传入中国,对中国传统制瓷产生了较大震撼,受"民主、科学、新道德、新文学"新文化运动思想的影响,景德镇陶瓷产业破除封建藩篱,建立新式瓷厂,并打破传统的陶瓷技艺家族相传、子承父业、师徒传授的人才培养方式，建立新式陶瓷职业学校，讲授陶瓷工业课程，采取正规教育培养瓷业人才。虽然这一时期战乱繁多，但是景德镇陶瓷产业在艰难中露出曙光。新中国的成立稳定了中国的政治局面，为景德镇瓷业发展带来新的希望。“文化大革命”使中国陷入了一场前所未有的政治浩劫，使景德镇也发展出具有“文革”典型风格的“文革瓷”，表现出鲜明的时代文化特征。

第四阶段，改革开放至今。改革开放以来，人们思想得到极大解放，追求个性化和潮流的文化导向导致对陶瓷产品的消费也表现出与以往不同的特征，陶瓷产品器型、装饰都突破传统技艺和手法，呈现出多样化、个性化的趋势，“陶瓷时装化”是这一时期文化和科技融合的典型写照。

3.3.2.2 景德镇陶瓷产业技术演进与文化传承

(1)陶瓷产业技术演进。在景德镇陶瓷科技发展史上，有三个技术突破：原料的选择与精制；釉料的发明与使用；窑型的改进和烧成温度的提高。首先，景德镇陶瓷产业的发展，得益于境内存在的优质高岭土，而瓷石掺合高岭土的二元配方的发明，大大改进了景德镇陶瓷的品质。五代、宋代以前，瓷胎基本上由瓷石一元配方制得，到了元代、清代，瓷石掺合高岭土的二元配方研制成功，大大提高了景德镇瓷器的烧成温度，并减少了烧制过程中的变形。其次，釉料配方中釉灰的比例逐渐减少，而釉果的用量比例不断提高，釉料由早期的石灰釉变为石灰—碱釉，制釉技艺达到很高水平。最后，景德镇瓷窑经历了数代变迁，在烧成工艺和烧成温度上有了极大的提高，是促进景德镇陶瓷产业发展的重要环节。从五代、宋代时期的龙窑，到元朝的马蹄窑，明代的葫芦窑，再到清代、民国时期的镇窑，新中国成立后的煤窑直到现代梭式窑的发明，窑型不断改进，不但提高了烧成技艺，而且也在不断地适应生态环境演化的要求。

(2)陶瓷文化资源的传承。经过千年的发展，景德镇已经积累了丰富的陶瓷文化资源，不仅包括物质文化形态，也包括制度文化和精神文化形态。物质形态主要是指建筑遗址、历史以及陶瓷文献；制度形态主要指陶瓷制作工艺、行业规则以及语言习俗；精神形态主要指陶瓷民俗文化、城市品牌、装饰文化、民间传统以及陶瓷名人等。在景德镇陶瓷产业早期发展过程中，这些文化资源都呈散落状，没有充分地资本化。随着对文化认识的逐渐深化，景德镇通过打造陶瓷文化创意产业使文化资源资本化发展。

在景德镇陶瓷产业科技演进和文化传承过程中，政府也发挥了重要作用。景德镇历代陶瓷产业的发展显著地印证了这一点。21 世纪，在国家及江西省大力推进文化产业发展政策的引导下，景德镇在《景德镇市策应鄱阳湖经济区陶瓷产业发展专项规划》中提出要建立陶瓷创意产业，以景德镇陶瓷历史文化博览区、景德镇中国陶瓷博览馆、中国陶瓷城、中国瓷园、景德镇陶瓷学院、省部陶瓷研究所、景德镇雕塑瓷厂、江西盛都置业有限公司、景德镇法蓝瓷陶瓷实业有限公司、景德镇御窑瓷业有限公司、景德镇群艺瓷厂和乐天陶社等一大批陶瓷创意企业为主体，发展陶瓷创意产业，力推文化与科技融合实现产业转型升级。

3.3.2.3 景德镇陶瓷产业文化科技融合新动力

(1)创新驱动。2004 年，景德镇建立了国家陶瓷科技城产业化基地，园区建设始终瞄准国内外高新技术陶瓷企业，着力引进知名陶瓷品牌项目，积极打造高附加值陶瓷产品，形成以高新技术陶瓷为核心竞争力，以传统日用瓷、陈设艺术瓷为主体，以陶瓷文化创意为特色，以建卫陶瓷及相关的陶瓷配套产业为补充的生产基地，着力于把园区建设成为全国陶瓷科技创新核心区、陶瓷文化创意产业先导区、传统陶瓷产业改造提升集聚区，陶瓷科技园区的打造，为文化和科技融合发展提供了创新平台，为促进陶瓷新型业态的出现提供创新驱动。

（2）需求驱动。2011 年，景德镇陶瓷文化创意产业总产值达到 62 亿元，其中以创意产业闻名的雕塑瓷厂入驻陶瓷创意工作室 190 余家，已形成创意产业作坊群、创意作品展示厅及创意艺术交流厅、创意作品游客自助服务坊、高校学生实习基地等，实现年产值 7000 余万元；依托陶瓷创意产业的发展，景德镇旅游和会展经济也得到迅速发展，把保护开发陶瓷文化资源作为壮大旅游业的突破口，突出文化观光、休闲度假、陶瓷创意等特色，打造“世界瓷都、艺术之城、千年名镇、生态家园”的旅游城市新形象。并通过抓好旅游项目招商，推进旅游产业发展壮大；加强旅游线路对接，推出面向国际国内精品线路，促进旅游区域合作，着力打造以景德镇为内核的精品旅游圈。2011 年，该市共接待国内外游客 1604.47 万人次，同比增长 19.43%；旅游总收入 83 亿元，同比增长 25%。其中国内游客 1581 万人次，境外游客 23.47 万人次，创汇 8054 万美元。到 2012 年中国景德镇国际陶瓷博览会已成功举办 8 届，成为我国陶瓷行业国际化、专业化的品牌展会。自举办以来，瓷博会共吸引了来自世界 49 个国家和地区的 3600 多家企业前来参展，参会的专业采购商达到 4 万多名，前来旅游、观光人员达到 100 多万人次。

在新的时代背景下，景德镇陶瓷产业各项配套制度也得到了推进。首先，人才培养制度。景德镇市具有丰富的陶瓷科教资源和人才优势。2011 年，景德镇拥有中国工艺美术大师 23 人、中国陶瓷艺术大师27人、省级工艺美术大师49人、景德镇市工业美术大师26人、上千名具有高级职称的陶瓷艺术专业人才以及近万名陶瓷艺术专业工作者。正是因为有了这批从事陶瓷艺术创作的骨干队伍,景德镇能够在21世纪依然作为当今世界的陶瓷艺术创作圣地,不仅对国内的画家、艺术家,而且对世界各地的陶瓷艺术家都具有极大的吸引力。国内唯一的陶瓷行业最高学府——景德镇陶瓷学院,景德镇陶瓷艺术研究院、景德镇中国陶瓷博物馆、国家日用及建筑陶瓷工程研究中心、中国轻工业陶瓷研究所、江西省陶瓷研究所、景德镇市陶瓷研究所、景德镇市御窑陶瓷研究所等国内著名的院、所、馆、机构等都集中在景德镇,为景德镇陶瓷产业的发展提供了丰富的智力支持,并在产业实践发展中培养了层出不穷的陶瓷产业人才。其次,知识产权保护制度。为保护景德镇陶瓷知识产权,进一步推进陶瓷产业全面、健康、有序发展,景德镇制定了《陶瓷知识产权保护法》,通过建立景德镇陶瓷知识产权联席会议制度,对陶瓷制作技艺、陶瓷历史文化、商标权、著作权、原产地、名人作品进行保护,鼓励发明创新,对国内外展销进行严格管理,并对不正当竞争进行反对和制裁。最后,投资环境。景德镇市提出了“跳出陶瓷抓陶瓷,以大开放为主战略、以园区为主战场、以招商引资为主抓手,高标准建设陶瓷科技园和陶瓷工业园,引进增量,做大总量,实现陶瓷业由政府投入向民资、外资投入的转变”的发展思路。从基础设施配套、土地政策、税收政策、进出口服务和银行金融服务等多方面创造了较好的投资环境,已建成的两个陶瓷园区树立了良好的投资示范和带头作用。

3.3.2.4 文化科技融合下景德镇陶瓷产业发展方向

(1)陶瓷文化创意产业。文化创意产业是指“一种在经济全球化背景下产生的以创造力为核心的新兴产业，强调一种主体文化或文化因素依靠个人(团队)通过技术、创意和产业化的方式开发、营销知识产权的行业”，是文化与科技融合的典型产业形态。鉴于传统陶瓷产业发展进入模仿重复生产、恶性竞争、产品附加值低的困境以及创意勃发、消费需求个性化时代的激励，景德镇发展陶瓷文化创意产业势在必行。而且，就目前来看，景德镇已经形成规模初具的陶瓷文化创意产业，省陶研所、市陶研所、雕塑瓷厂、东风瓷厂、三宝陶艺村吸引了大量海内外热爱陶瓷文化的人士参与投资，取得了较好的经济效益，已形成了独特的产业优势。发育较完善的陶瓷文化市场为景德镇市的陶瓷文化产业发展奠定了较好基础。景德镇通过充分的挖掘和整合，将蕴藏在各种载体和民间的创意文化基因、元素和优势资源整合建立共同的发展平台，将景德镇打造成以陶瓷创意文化产业基地为主体的“创意之都”，是时代与历史造就的新的机遇。目前景德镇“一个基地、三个园区”发展陶瓷文化创意产业的构想日趋成型：以高校和科研院所为中心的陶瓷文化产业创意基地，以御窑为核心的老城旅游区和商贸区，以古窑为中心的陶瓷历史文化展示区，以法蓝瓷为重点的创意工业园区，充分发挥国有瓷厂工业遗存的旧厂房、老坯房、老窑房和遗存的瓷行等作用，成为景德镇陶瓷文化创意产业发展的新园区。

(2)现代陶瓷服务业。未来景德镇陶瓷产业的发展，应以陶瓷文化创意产业为主线，拉动世界性的会展广告、旅游餐饮、影视动漫、文化传媒、工业设计、咨询与中介服务、包装物流、艺术收藏等服务业的发展，为陶瓷创意产业的发展提供配套支撑。这些现代服务业的发展，依赖于文化和科技的紧密结合，如把旅游、会展与信息化结合的智慧旅游、智慧会展等都将会是陶瓷服务业的未来发展趋势。

(3)陶瓷遗产保护。景德镇市具有丰富的陶瓷文化遗存,据调查统计,目前景德镇拥有国家级历史文物保护区5片,文物遗迹达1500余处,文物保护单位98个(其中有30个为国家级保护单位),市区每平方公里就有5处文物古迹。仅南河流域就有136处古代窑业堆积,仅市区就有200多处陶瓷文物遗迹,馆藏和单位收藏陶瓷文物达20余万件,是世界任何产瓷地和窑口都无法比拟的,是世界上唯一保存完整的官窑遗址和“地下瓷都”。这些丰富的物质及非物质文化遗产,是景德镇陶瓷产业的重要文化资源,对这些文化遗产的保护工作是今后文化遗产可持续发展所必需的。运用现代化的技术手段对文化遗产进行合理保护,体现了传统文化资源与现代科技之间的平衡发展,不仅有利于文化遗产的存续,而且会产生重大的经济价值,成为陶瓷文化产业发展不可缺少的重要组成部分。

第4章　文化产业集群化：基于知识整合视角

当前，文化产业集群仍处于发展过程中，还存在一些问题，如主导产业不突出、管理体制没理顺、产城互动不够好、发展方式转变不充分、招商引资缺乏针对性等。在知识经济环境下，知识整合可以提高企业与产业竞争力。对于文化产业集群来说，是将知识承载单位由企业的个人扩展到文化产业集群。个人知识是存在于组织成员个人头脑中的或表现为并属于个人技能方面的企业知识。企业是知识的实体，是创造和运用知识的经济组织。而企业知识又是集聚区企业知识的重要载体。所有的企业都是不同类型知识的混合体。每个企业都是某一个产品价值链流程中的一个链条，价值链知识指处在价值链不同"战略环节"上的企业用来整合或如何用来整合不同的活动、能力于一体以达到某种或某些目标的知识。不同价值链之间又发生着业务往来联系，出现交叉的业务关系，这种多重的、相互交织的企业间复杂的协作关系可以被描述成协作网络，而这些企业为运行这一网络而使用和整合的知识就是协作网络知识。文化产业集群可以理解为集聚区内所有成员的知识的系统整合。

4.1 文化产业集群与知识整合

4.1.1 产业集群中的知识管理活动

集群现象从20世纪80年代开始受到各国经济学家及管理学家的重视，对集群相关理论的研究在国内外得到深入而广泛的展开。产业集聚化发展是产业发展的最终选择（迈克尔·波特，2001）。文化产业集群的表现形式是空间聚集，关联性是科学特征，集约化发展以及生产生活服务社会化是本质要求，提高综合竞争力、实现科学发展和跨越式发展是根本目的。文化产业集群是指产业中相互关联、在地理位置上相对集中的若干企业和机构的集合，具有很强的群体竞争优势和集聚发展的规模效益。作为一种创造丰富价值的中间性组织，文化产业集群一直是学术界关注的焦点。早期关于文化产业集群的研究多集中于其形成机制与条件、集群创新优势以及集群竞争优势。近年来开始关注产业集群与集群企业竞争优势的关系、集群企业竞争优势来源及其形成机制（Tallman 等，2004）、集群企业知识网络与知识扩散等问题。与单个企业追求利润或产量等最大化不同，相关主体之所以在空间上集聚，原因是各经济单位因空间集聚、结网互动、分工协作、优势互补所营造的整体竞争优势能够带来孤立经济单元所得之外的额外利益构成为产业与企业空间聚集的内在驱动力，也是现代集群的实质及其经济绩效的决定性因素和基本评价标准（李宁等，2005）。以要素配套、技术匹配、企业协同、结构优化、社会互动为内容的集群整合是集群发展的关键（岳军，2006）。集群整合的中心内容是培育、增强由集群核心竞争力所决定的自组织能力。

知识作为一种有价值的资源在当前的学术界和实践界已经成为共识。野中郁次郎认为企业的外部竞争环境和顾客的偏好经常发生改变，并认为这种改变要求企业持续地创新知识并且将知识成功地市场化（形成新的产品、服务等），使知识日益成为经济活动与企业竞争优势的重要要素之一。在知识整合对企业竞争力的影响方面，目前的研究主要集中在知识整合特征（Grant，1996）、知识整合要素（Volberda，等，1999；Huang，等，2003）、知识整合机制（Grant，1996）和知识整合过程（Nonaka，1994；Inkpen，1998；Volberda，等，1999）等方面。Quinn（1992）认为，知识尤其是隐性知识是企业最具战略意义的资源，将竞争优势的来源指向企业的技能、诀窍、经验等知识要素。Leonard – Barton（1992）认为，核心竞争力是使企业独具特色并为企业带来竞争优势的相互作用、相互依赖的知识体系。Grant（1996）指出，是整合的知识而非知识本身形成企业的核心竞争力。Petroni（1996）认为，企业的核心竞争力是基于企业知识的累积而成。Volberda 等（1999）认为，知识整合运作的效率、范围和弹性的大小对于企业建立持续竞争力有相当重要的影响。陈力等（2003）提出，知识整合不仅可以很好地利用专业分工的模式而缩短产品上市的时间，还可以利用共同学习的方式来增强研发能力，并通过持续的整合和创新，塑造企业的竞争力。

集群的知识活动对于集群及集群内部的成员具有十分重要的意义，集群与集群的知识活动的问题日益成为学术界重视的问题之一。

关于产业集群的知识管理的研究集中在以下几个方面：

4.1.1.1 产业集群的知识和知识活动的总体情况

金镭(2004)认为产业集群为企业的知识管理营造了一个超越企业本身的大知识环境,产业集群本身的聚集就是由于各个企业的生产具有相似性或关联性才得以实现的,这种特性也为企业进行知识管理带来了巨大的优势。陈剑锋(2003)认为产业集群中的知识具有隐形、分散和空间黏滞性的特征,产业集群的知识管理过程经历知识创造或获取、整合、利用、扩散的过程,产业集群中知识流动的途径是网络,包括基于信任关系的网络、地方生产网络、全球生产网络。孙科、汪应洛等(2005)将产业集群的知识活动分为知识获取、知识扩散、知识选择、知识生产、知识内化与知识外化6个主要活动。张红等(2008)认为产业集群的知识活动应该分为知识的获取、知识的转移、知识的吸收,并且对不同类型的产业集群内的知识活动进行了比较分析。

4.1.1.2 产业集群的知识网络

Saxenian(1994)在研究美国硅谷高速发展时,认为知识演化与整个集群的特征,特别是集群参与者对于知识分享的态度,以及由此形成的文化背景高度相关。姜照华等(2004)建立了产业集群知识网络演化的动力学模型。Cowan 等(2004)研究了网络型产业中知识演化的动态过程,比较了参与者随机交互转移知识和在正式体系下的交互转移知识两种方式对知识网络演化的影响,并对相应的模型进行了仿真研究。Akgvn 等(2005)通过实证检验了在新产品开发过程中,参与者群体稳定性、信任等因素与知识网络的相关假设。而且,Akgvn(2001)又建立了基于多智能体的知识网络模型,将企业记忆的知识作为在网络中知识存储和提供知识服务的重要手段。李勇(2006)认为网络的知识转移效率受到企业自身吸收能力、所转移的知识特性等多方面因素的影响。

4.1.1.3 产业集群的某项知识活动

(1)产业集群的知识共享。葛昌跃等(2003)研究了企业集群的发展与知识共享的深度关系,并对企业集群中知识共享的机制、途径、方法和进一步的需求等进行了分析。谈正达等(2006)以演化博弈理论方法分析了产业集群的知识共享机制的动态演变过程,得出了产业集群的文化环境、企业对知识的吸收转化能力、企业间知识水平的差异是影响产业集群的知识共享机制演化的关键因素。付荣等(2006)对产业集群参与者不同的交互偏好对知识网络的网络演化的影响建立了模型,进行了仿真。

(2)产业集群的知识溢出。知识溢出是指在知识学习的过程中,知识在不同知识学习主体之间扩散和传播的一种方式,其概念最早出现在经济学分支中以解释集聚、创新和区域增长。如 Arrow(1962)最早阐明了知识的累积过程及其经济含义。在此基础上,Romer(1990)认为技术知识的非竞争性和部分排他性特征是知识溢出发生的根本原因,并将知识作为独立要素引入生产函数,建立了知识溢出的内生增长模型。逐渐地,知识溢出概念被产业集群研究学者所采用,认为产业集群中的知识就像空气一样无处不在,企业只要处于集群之中,就会自然而然地接受本地所溢出的知识。由于集群企业处在同一区域,基于面对面交往的社会网络是产业集群内部知识溢出的渠道,因为社会网络中面对面的交往促进了集群中不同主体之间的沟通,有利于主体之间信任的建立,可以有效抑制机会主义行为,实现知识溢出(魏江,2003;吴波,2008)。早期的研究主要从宏观方面研究区域知识溢出的影响机制及其效应,从城市与区域空间范围内探讨知识在空间溢出的机制,以及知识溢出促进集聚、创新和增长过程中的空间特征。如 Maskell (2001) 把产业集群内部的知识溢出划分成两种情况:水平方向的知识溢出和垂直方向的知识溢出。水平方向的知识溢出发生在集群内生产相似产品并且具有竞争关系的企业之间,而垂直式知识溢出则发生在生产不同产品的企业之间。Propris 和 Driffield (2006)讨论了 FDI 对于集群企业成长的影响,认为本土产业集群在长期发展过程中积累了一定的知识基础,有利于本土企业利用各种联系,吸收消化 FDI 所溢出的隐性知识,进而促进本土集群企业的升级,从而强化龙头企业的知识溢出效应。此外,跨国公司分支机构会以供应商、顾客、合作伙伴等身份与当地企业建立业务联系网络,从而通过前向联系与后向联系带来技术知识溢出(Wang & Blomström,1992)。

(3)产业集群的知识转移和扩散。相对来说,关于产业集群的知识转移和扩散的研究最多。刘清华等(2002)认为应当从转移主体、转移意境、转移内容、转移媒介等方面研究对中小型企业集群进行知识转移的分析。郑健壮等(2004)认为影响知识在集群内外引进和扩散的主要因素有集群内外部的沟通结构、吸收能力、信任等社会资本,知识的特点,学习的动力和压力。李琳(2006)研究了高新技术产业集群中的知识流动类型、知识流动的层次与形式、知识流动的主要特征与竞争优势。万幼清等(2007)应用知识网络理论研究了产业集群知识网络的组成、知识流动机制、联结机制和实现机制。冯锋等(2007)用小世界网络模型分析了产业集群中的知识转移。

(4)产业集群的知识创新。王旺兴等(2003)、李琳等(2005)、郑亚莉(2005)均从不同角度分析了集群知识创新机制。赵涛等

(2004)、吴洁等(2007)均研究了产业集群的知识创新体系。叶金福等(2006)利用“基础—企业—市场”模型的知识创新系统进行了实证研究。李志刚等(2007)研究了产业集群知识创新的绩效。

4.1.1.4 产业集群的知识整合

Piero Morosni(2004)建立了一个模型,从知识整合和竞争范围这两个维度研究了产业集群的知识整合对创新绩效的正向促进作用。Tallman 等(2004)运用基于知识的竞争优势观点,深入研究了不同层次、不同类型的知识的存量和流量对集聚区及其成员企业竞争优势的影响,认为由独特而先进的知识的存量与流量及相关要素所构成的知识系统是产业集群核心竞争力的主要来源。买忆媛等(2005)讨论了区域产业集群中的知识流动、知识整合的含义,研究了知识流动、整合与绩效的关系。姜晓丽(2011)将产业集群知识整合分为获取与创造、转移与扩散、共享与管理、整合与评估四个阶段,并分析了其构成要素和运行方式。

这些研究对文化产业集群知识整合的研究有一定的启示,包括文化产业集群知识整合的活动有哪些、可以采用哪些方法来研究产业集群知识整合、知识整合与创新绩效的关系等方面。

4.1.2 文化产业集群知识整合的类型

4.1.2.1 文化产业集群纵向知识整合

文化产业集群中最重要的知识整合是产业链纵向知识整合。产业链的纵向知识整合是文化产业集群创新最基本的实现路径。文化产业集群主导产品一般都具有较强的系统集成性,围绕这个产品出现一大批配套企业,这样就形成了一种产业链上的紧密联结，同时，地理上的邻近使交流也变得更加容易，联结也更加稳定。这些企业之间的知识整合就是文化产业集群中的纵向知识整合。

在实践中，供应商从一个仅提供部件的供应商转变为提供信息和知识的供应商。与供应商合作能够增加新的信息与技术、降低内部项目复杂性、协调信息沟通和交换等。客户也由仅仅是产品和服务的被动接受者渐渐成为企业知识的主要来源。知识总是沿着最小阻力路径转移，核心企业即高知识势能的企业的知识首先向供应链中纵向的低位势企业流动。

不同活动的知识基础是不同的。知识的异质性越高、互补性越强，企业间越有可能采取劳动分工来安排组织生产。核心企业通过技术援助、人员互派、合作开发项目等方式，产生重要的知识溢出效应，使合作企业或配套企业在创新合作过程中不断地提高自身的技术能力，从而达到一种创新协同。核心企业还通过外包关系创造了一种本地化的信任和协作的文化，形成以合作研发为主的技术网络。

在文化产业集群知识整合过程中，劳动力网络也发挥了重要作用。自马歇尔的产业区位理论开始，劳动力要素的流动一直被文化产业集群研究认为是知识溢出的最重要机制，人员流动实际上就是知识的流动和扩散。

4.1.2.2 文化产业集群横向知识整合

文化产业集群创新还表现为供应链横向知识整合，表现在核心企业与同行企业、互补企业之间的竞争与合作。虽然横向知识整合的难度要远远大于纵向知识整合的难度，但横向知识整合是文化产业集群创新更高一级的实现路径。21 世纪以来，企业与企业之间单打独斗的竞争方式逐渐被供应链间的群体竞争模式所取代。随着这种格局的出现，文化产业集群中横向关系的企业之间知识整合的意愿会逐渐提升。

文化产业集群有着位于同一产业链环的多个核心企业，存在着形成多条平行供应的可能。由于企业经营统一品类的产品，以及各个单链式供应链的上、下游企业的功能相似和等同性，使得供应链的横向合作有了内部条件。由于市场不确定因素增多，客户需要呈现出多样性和个性化发展趋向，为了进行敏捷生产，需要供应链间的合作。重叠能够激发频繁的对话和沟通，有助于在组织中形成共同的认知基础，促进隐性知识的传播。由于组织成员共享重叠的信息，因此，他们能够理解别人努力想要表明的隐性知识。

另外，横向关系的企业之间组织的重叠性高。组织的重叠也是组织对于劳动力的知识与技能要求具有相似性，客观上有利于本地劳动力市场的形成和劳动力的频繁流动，形成文化产业集群中的劳动力网络和特定的技术合作网络。在供应链间知识整合过程中，核心企业将双方供应链的知识元素有机融合起来，使之具有较强的系统性、条理性和一致性，以实现协同效应，形成新的供应链知识体系。

4.2 文化产业集群知识整合的特征与过程

4.2.1 文化产业集群知识整合的特征

文化产业集群具有地理集中性、中间组织性、相互关联性、地区根植性和相互平等性，因此文化产业集群知识整合具有专业化、分散性、协同(合作)竞争性、互惠共生性、深度合作性等特征。

4.2.1.1 专业化

文化产业集群是基于产业链形成的,每一个产业都有属于本产业的、区别于其他产业的知识,文化产业集群的知识首先具有专业性。专业性的知识具有一定范围,有一定范围的知识才有可能被收集起来。如果知识过于宽泛,收集的可能性就很小。专业性使文化产业集群的知识整合有可能。另外,专业性的知识之间有相关性,而相关性的知识更容易产生新知识。总之,文化产业集群知识的专业性有利于收集和创新。

4.2.1.2 分散性

一个文化产业集群中存在几个甚至几十个企业结构,每个企业或结构都有自己特有的技术技巧和经验。文化产业集群知识的分散性给文化产业集群知识整合带来了挑战。因此,文化产业集群知识整合首先需要较先进的工具将分散的知识有效地集中在一起。

4.2.1.3 合作竞争性

文化产业集群中的各种企业机构之间的关系可能是同一条产业链上纵向的供应商与生产商的关系或生产商与销售商的关系,也可能是产业链某一环节上的横向竞争关系。纵向关系的企业结构之间是合作关系,而横向关系的企业机构是竞争关系。但从整个文化产业集群的角度来说,无论是横向还是纵向的企业机构之间都应该是合作关系。只有文化产业集群的整体竞争力加强,每一个企业或机构才有更大的发展空间。文化产业集群知识整合中也应该体现出合作竞争性。文化产业集群知识整合系统的设计应该既要考虑到每一个企业或结构内部知识的保密性,也要考虑到企业结构之间的知识共享性。

4.2.1.4 互惠共生性

文化产业集群内的企业机构本质上还是合作关系。文化产业集群中的知识流动有利于文化产业集群创新绩效的提高。文化产业集群内各种企业机构将自己所拥有的知识与其他企业机构分享,同时又可以得到自己所不拥有的知识,减少了文化产业集群中的企业机构独立、重复地研发新技术的时间和成本。文化产业集群内实现资源共享、优势互补,大大提高了新知识产生的效率,最终实现互惠共生。

4.2.1.5 深度合作性

文化产业集群内的企业机构在地理上集中根植于地区,彼此有长期合作的关系,这些企业机构之间对知识整合的意愿要远远高于其他经济形式下企业之间的知识整合意愿。文化产业集群知识整合具有深度合作性,使得文化产业集群知识整合具有与生俱来的优势(牛慧卿,2013)。

4.2.2 文化产业集群知识整合的过程

文化产业集群知识整合的过程即对文化产业集群企业知识的存量、增量、存在方式、存在范围等知识属性发生影响的过程,知识被看作从一个环节流向另一个环节的某种事物,可将其分为六个核心环节,分别是知识获取、知识扩散、知识固化、知识评估、知识应用和知识创新。知识获取是指组织的知识收集活动,是组织知识的来源,它包括内部知识获取和外部知识获取;知识扩散是将知识传送或是呈递给潜在的接受者,并且由该接受者的个人或团体加以吸收的过程;知识固化是对集聚区企业获取和占有的设计知识进行分析，通过多种知识整合机制来保障集聚区原有设计知识的正确性、设计知识之间的协调性以及设计知识与企业面临环境的兼容性，包括知识内化和知识外化；知识评估是根据对客户需求、最新技术的跟踪，以及对文化产业集群产品设计运作情况的分析，评估文化产业集群现在的设计知识状况，包括文化产业集群目前缺乏哪些设计知识、原有的设计知识整合效果如何、设计知识整合措施是否到位等，从而为采取相应的知识整合措施来应对现状打下基础，确保设计知识整合目标的准确性；知识应用是将知识应用于文化产业集群企业，只有企业高效地运用知识才能产生竞争优势，企业要激发员工应用知识的紧迫感；知识创新是指在文化产业集群内参与者原有知识的基础上，由某种创意引导，通过集聚区成员大量的个人思维活动，伴随着成员之间的知识交流，相互反复激发、评价、修正，逐渐形成新的知识，达到新的知识状态。知识的持续流动能够保障文化产业集群内外部知识活动的价值（姜明君，2012）。

4.3 文化产业集群知识整合的影响因素及模式

4.3.1 文化产业集群知识整合的影响因素

4.3.1.1 知识特性

知识的特性是影响文化产业集群企业知识整合的重要因素，包括知识的内隐性、可传授性、复杂性、系统性、经验性等特性。传统企业的知识是高度个人化的，具有内隐性，并且根植于知识拥有者的行动与特殊环境之中，难以轻易沟通和转移。传统企业的知识复杂性高，知识在人员、技术以及资源间联结的相关程度高，对知识传授者和接收者来说，知识复杂，不容易高效率的传授与学习，这会使知识整合的障碍加大。文化产业集群企业知识的关联性强，需要通过其他相关领域知识的辅助才能理解，文化产业集群企业知识的系统性高，这导致知识在文化产业集群中的管理效率降低。

4.3.1.2　信任度

文化产业集群企业若要有效地进行知识整合，各企业成员必须降低知识保护心态。文化产业集群企业间的相互信任可以促进知识、技术与信息的自由交换，能够提高企业参与知识分享的意愿，追求共同的目标，一旦企业产生无条件信任时，会自愿地共享知识、技术和信息。相互信任在组织知识整合中发挥着巨大的作用。一个企业从文化产业集群其他企业获取知识，为企业本身带来了收益，这也会激励该企业向其他企业共享知识。文化产业集群企业的信任机制可以抑制机会主义行为，使集聚区内企业间的知识交流和管理着眼于长期行为，减少知识整合的不确定性。信任文化使集聚区企业拥有共同的文化规范认同，在共同的文化氛围下知识整合就更容易。因此信任关系、信任机制和信任文化都对文化产业集群企业的知识整合有影响。

4.3.1.3　吸收能力

文化产业集群企业的知识是可以管理的，但是管理程度依赖于知识接收企业的吸收能力。吸收能力是企业对外部知识进行识别、理解并最终进行应用的能力。集聚区企业的吸收能力事实上包括知识的识别、理解、学习和应用能力。吸收能力可以使知识接收企业易于识别集群内有价值的新知识，达到成功地理解、学习、消化与应用新知识的目的。如果文化产业集群内的知识接收企业缺乏吸收能力,或吸收能力不足,就无法利用集聚区内的知识。如果知识接收企业只单纯地识别知识,而无法做到进一步的理解、吸收、储存与应用,这也将不利于文化产业集群的发展,因此文化产业集群企业要有效实现知识整合,必须具备较强的知识识别、理解、学习和应用与创新能力。

4.3.1.4 激励机制

知识源是否愿意转移其特有的知识是知识转移成功与否的关键,为了促进知识转移的顺利进行,必须正视对知识源的激励措施。激励机制在鼓励成员积极参与知识整合活动方面会发挥十分重要的作用。激励机制是企业管理中一个非常重要的管理功能,同样也是文化产业集群企业知识整合的一个重要影响因素。由于知识具有外部性,文化产业集群内企业与企业之间又存在一定的竞争关系,出于对自身利益的考虑,而不愿共享自己的知识或有所保留。知识整合并非理所当然,因此文化产业集群内如果没有完善的激励机制,知识共享是不会自动发生的。而要促进文化产业集群企业进行知识整合,不仅要有内在激励,还必须进行鼓励表扬等外在激励。

4.3.1.5 支撑系统

信息技术、组织文化和制度、文化产业集群的网络结构都是推行知识整合的必要保障。知识整合涉及知识与信息的识别、获取、存储、学习、整合、规划、共享、评估和保护等环节。在这些环节中,仅仅依靠人工的方式难以完成知识整合中知识和信息处理的要求,必须借助于现代的信息技术手段,信息技术可以加速知识获取和应用,可以辅助知识的固化与分享,同时有利于知识的保护;要想实施有效的知识整合，建设有利于实现知识共享的知识型集聚区文化，鼓励企业间的知识共享，促使文化产业集群内企业将集聚区知识转化为有利于企业发展的生产力，分享式组织文化与激励制度能够促进组织成员分享知识，进一步提高组织的知识整合效率；建立有效的激励机制和促进集聚区企业间的合作有利于文化产业集群企业知识整合的有效实施；文化产业集群企业知识网络中节点联系越强越不利于网络规模的扩大，进而影响知识流动的范围，影响知识的共享与扩散，影响集聚区企业知识整合的绩效。

4.3.1.6 知识产权保护

知识产权保护能够保障知识产权所有权人的合法权益，促进技术交流和技术进步。随着知识产权保护法律的实施，知识产权得到有效保护，对于鼓励文化产业集群内企业发明创造起到了积极的作用，同时也促进了公平竞争。但中国知识产权保护的力度仍是不够的，随着知识产权保护意识的增强，这将对文化产业集群企业间的知识共享有一定的抑制作用。

4.3.2 文化产业集群知识整合的模式

4.3.2.1 文化产业集群知识整合模式的构成要素

(1)知识资源。知识资源是企业最重要的战略资源。文化产业集群企业所拥有的知识存量与知识结构，尤其是核心企业所拥有的难以模仿的隐性知识，已经成为文化产业集群竞争力的决定性因素。知识资源是知识整合的内容，是文化产业集群提升竞争实力的根本。在知识经济时代，文化产业集群只有不断进行知识创新，才能保持竞争力。在文化产业集群内的企业已形成获取、应用、共享、溢出、转移和知识创新的学习性系统。它决定了文化产业集群有序、协调、有质量、可持续发展的能力。

(2)知识主体。知识主体是知识整合的参与者,包括知识的拥有者与知识学习者,也是文化产业集群知识整合模式框架的节点。文化产业集群知识主体包括文化产业集群企业、为文化产业集群企业服务的教育培训机构、政府部门、科研院所和高等院校、人才市场、交易市场以及行业协会等。教育培训机构担负着培养人才和传递知识的重任,教育培训能够起到促进知识流动的作用;政府部门在集聚区知识网络中提供政策支持、信息服务、基础设施和环境氛围创建等,另外,政府部门可以通过产业政策、税收杠杆等对集聚区内主体要素的行为产生导向性影响;科研院所和高等院校是新知识、新技术的源头,是知识最重要的创造机构,通过开发新技术并将研发成果转化为生产力,实现集聚区内部知识、技术的传播和扩散。文化产业集群需要在加强自主研发的同时,和科研院所、高等学校合作,其产学研合作方式直接影响整个集聚区知识网络的效率;文化产业集群内的行业协会与各类服务机构往往兼具市场灵活性与公共服务性的特点,一方面协调规范集聚区内企业的市场行为,另一方面促进资源合理配置,增强文化产业集群内的创新活力。

(3)知识流动。知识流动可以描述为知识获取、知识应用、知识溢出、知识共享、知识扩散和知识创新,它们对整个文化产业集群的知识交流至关重要,正是它们持续不停地运转,才保证了集聚区知识正常的新陈代谢,推动知识价值的实现与增值。

4.3.2.2 文化产业集群知识整合模式的设计

在知识经济时代,知识联盟是企业外部知识网络的一种形式,知识联盟的中心目标是学习与创造知识。形成文化产业集群企业的竞争优势的资源与能力应具稀缺性与相关性，知识联盟能够使文化产业集群企业的知识资本、资源与创新能力有机融合，从而产生强大的集聚区竞争力。而文化产业集群的知识与资源具有持久性、不易转移性和不易模仿性，其知识资本的专用性、持久性特征是十分明显的，由于文化产业集群企业拥有专有知识资源，这可以在行业内筑起一道知识壁垒，限制竞争者进入。构建知识联盟有利于提高文化产业集群的市场竞争力、拓展力、保障力与文化竞争力等，在日趋激烈的竞争环境下，这些力量的关键在于拥有持续的创新能力。知识联盟能够使文化产业集群企业间知识资源进行交流、融合，并能够创造出新知识、新技术，在这个过程中有的企业将会积累起独具特色的创新知识，并将这些创新知识与自身相融合，形成企业核心能力。

文化产业集群通过知识联盟，能够提高文化产业集群企业的核心竞争力，因此提高整个文化产业集群的竞争力。知识联盟有助于提高文化产业集群企业间相互学习知识与技术的能力。知识联盟有助于提高文化产业集群企业创造新的交叉知识的能力。知识联盟特别强调集聚区企业隐性知识的交互学习，隐性知识必须通过人与人的直接交流，知识拥有者通过师徒式的学习方式传授给学习者。知识拥有者要传授自己的经验、心得、领悟给需要其知识的人，学习知识的人要耐心地通过不断的学习、练习、体会新知识，在这个过程中人是最关键的。因为知识联盟允许联盟企业之间的各层次人员进行沟通，有利于实现隐性知识的获取与传播，将会很好地实现隐性知识的转移。文化产业集群通过知识联盟模式能够有效地提升集聚区的核心能力，并且能够带动文化产业集群企业的竞争力提升。通过提高文化产业集群知识创新能力来提高文化产业集群的知识竞争力。

文化产业集群知识联盟成员之间通过知识流动与互动学习来增加联盟成员的知识存量和提高知识质量,从而适应文化产业集群集聚区知识联盟的创新与发展需要,知识联盟的中心目标是学习与创造知识。知识联盟是战略联盟的高级形式,是指企业以获取其他组织的技术、可供创新的知识与能力为目的而自愿达成的一种联盟形式。文化产业集群企业的科研机构、高等学校、科研院所是知识联盟的核心主体,主体之间通过知识流动结成了一个以知识创新为目的的利益联盟体,这些主体承担着知识的获取、共享、转移。文化产业集群知识联盟模式如图 4 –1 所示。

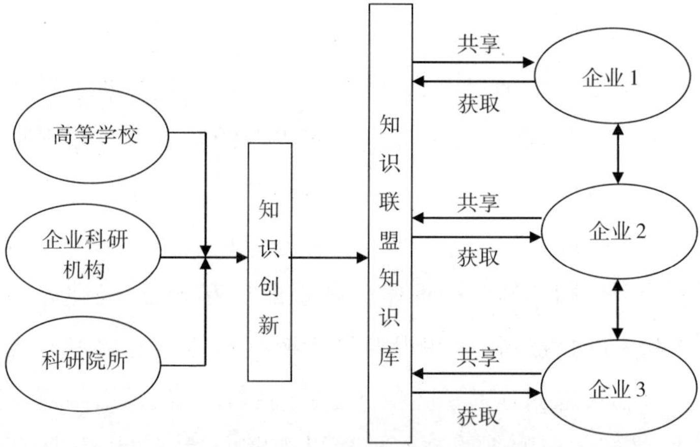

图 4 –1　文化产业集群知识联盟模式

在文化产业集群内企业间的分工不同,有的企业负责核心产业生产,有的企业从事销售,有的企业负责产业配套产品的生产。

这种分工协作是基于文化产业集群企业自身的核心竞争优势以及这些企业间通过长期合作与交流形成的相互信任的环境。技术知识会在这种环境中迅速流动,从而促进知识创新。地理环境靠近,使知识交流和共享十分方便。在文化产业集群知识联盟中要合理调整知识共享收益分配,促使知识联盟内企业间达成共识,促进知识共享与知识创新。

4.4 文化产业集群知识整合的运行及保障机制

4.4.1 文化产业集群知识整合的运行机制

4.4.1.1 信任机制

信任机制是文化产业集群知识整合模式运行的基础。信任关系到合作关系的建立和维持,以及集聚区企业的沟通协调、利益分配等其他机制构建和实施的全过程。信任能够避免欺诈和不道德行为,促进沟通协调,降低知识在流动中的不确定性,降低交易成本,还能够促进知识溢出和学习效应,从而促进文化产业集群内成员企业共同发展。

信任需要信任机制来维护和加强,包括企业家机制、过程机制、规范性机制、信任投资机制、信誉机制等。建立相互信任的关系,是为了防止集聚区内企业的机会主义行为。但是在动态的博弈中,每个企业都是独立的主体,各自有不同的利益取向。信任不是固有的,是需要通过合作者的投入与培养的。为使合作关系能真正建立起来,合作的双方都应通过交流让对方了解自己公平、守信的原则。

4.4.1.2 激励机制

文化产业集群企业间的地理环境靠近,使知识交流和共享十分方便。但由于文化产业集群企业的利己心理,知识共享与交流并不水到渠成。促进知识整合模式的开展需要采取一定的激励措施,如合理调整共享收益的分配比例、降低共享知识的成本,在文化产业集群中达成共识,才能促进知识共享的活动在文化产业集群中有效开展,并通过各种渠道来进行知识获取。

4.4.1.3 利益分配机制

对剩余价值的追求是企业的使命,利益最大化是每个企业的目标,获取更大的利益也是文化产业集群构建知识整合模式的目的,集聚区网络构建和知识共享过程的投入成本是巨大的。因此,利益分配机制是文化产业集群知识整合模式运行机制的根本机制。利益分配应遵循利益平衡的原则,包括剩余利润、付出与收益对称、风险与收益对称等原则,并在此基础上综合权衡;具体利益分配方法包括平均分配、按投入资源比例分配、按承担风险和投资额分配、协商谈判分配等方法,各种利益分配方法的利弊和实用性不同。

利益分配机制应与沟通协调机制等机制紧密衔接、相互配合,利益分配机制也需要贯穿知识整合模式运行的全过程,构建信息报告、监督检查、综合评价等制度。除了信任机制、沟通协调机制、利益分配机制外,为了保障文化产业集群知识整合模式的运行,更要促进知识共享。

4.4.2 文化产业集群知识整合的保障机制

4.4.2.1 文化保障

文化产业集群知识整合模式的运行是促进知识共享，要求集群企业具备协调的、共性的、可促进知识共享的集群文化，文化产业集群企业员工的专业领域与知识结构往往存在很大差异，员工对知识的领悟力也参差不齐。在集群知识共享过程中，通常需要知识拥有者花费许多时间与精力将知识传授给知识需求者，这就需要在文化产业集群中建立以合作为指导思想的一致的集聚文化，集群企业应该有着强烈的责任感，能够灵活地协调文化差异，使集聚企业各种文化在集群中相互渗透与交融，并通过相互学习形成以合作为基础的集群文化氛围。

文化保障要确立各文化产业集群企业的共同愿景，共同愿景的形成有利于统一集群内企业不同的思维和行为模式，有利于形成各方可接受的集群文化。要促进文化交融，要鼓励集群企业成员之间进行交流和沟通，使文化产业集群内各企业逐步成为良性的互动关系。要强调非正式组织在文化融合中的作用，非正式组织在提高知识的传播效率方面有着积极的作用。要不断优化集群知识联盟文化，文化产业集群文化源于地域文化，又高于地域文化。将集群文化融入区域社会，才能不断地汲取区域文化的精华。

4.4.2.2 政策保障

适度的政府支持为发展提供必要的环境条件。政府的介入可以控制文化产业集群的负外部效应，实现资源的有效配置。政府需为文化产业集群知识整合提供优越的外部环境，这需要政府建立完善的法律、环境政策。政府应当构建市场运行规范体系,建立社会信用机制,消除市场进出壁垒。政府应引导与鼓励创新活动、创立研究开发体系。政府应促进与完善产学研合作机制,高校、科研院所应鼓励它们的员工及学生到相关的企业去考察以顶岗实习。同时要重视人力资源开发,政府必须重视文化产业集群产业专业人才的培养。应加强引进人才力度,尤其是高级管理与技术人才。政府应努力培育以信任为基础的地域文化,促进文化产业集群内各企业之间的公平竞争。培育各种融资渠道,为文化产业集群知识整合创造良好融资环境。

4.4.2.3 系统保障

文化产业集群知识整合模式的实施需要政府、企业、科研院所等相关主体的合作,要建立集群知识整合系统,要建立知识整合的职能部门,要配有专职人员,要使知识主管负责知识整合系统的工作人员相对稳定,尤其是关键人员,更不应该频繁轮换。企业领导要对集群知识整合系统从战略上加以优先考虑。同时,要建立信息支持部门以保证信息网络的正常运行。在文化产业集群内部企业都能充分利用共有信息,既能及时利用新知识,又能将企业所掌握的知识、信息高效率地传递到集群知识整合系统。

4.5 提高文化产业集群知识整合绩效的对策建议

4.5.1 对企业的建议

4.5.1.1 建立学习型组织

学习型组织的企业文化能让知识整合真正地发挥作用。学习型组织的建立不仅有利于组织内的学习，而且这些学习经验同样会促进组织对本组织外部知识的吸收和接纳。学习型组织的构建需要文化产业集群企业配套相应的激励机制，让员工们感觉到集体学习是知识获取与创新的最佳方式。员工应为自己的知识在组织中应用而努力，为共同事业的进步所鼓舞。建立学习型组织有利于企业内部之间及内部与外部之间的知识交流与合作。

第一，高层领导坚决支持和倡导学习，树立企业的学习能力是企业竞争优势的理念。任何一个企业要提高组织的团体智商，克服组织学习的智障，使组织更具有竞争力，就必须有企业高层领导的积极参与，只有这样才能挑战组织固有的信念、假设或心智模式，也才能使组织有能力去面对环境变化的需求。与之相对应，企业高层领导的领导方式应从监督型向指导型转变，即管理者的职责是界定与指导下属应达成的工作目标，而下属具有实现目标的手段以及走向目标的路径选择的自主权。

第二，要提倡学习与创新的文化氛围，全员参与组织学习。知识的学习和运用最终由企业员工去实践，因而必须动员全体员工参与组织学习。成员对组织的认同和承诺将影响组织的凝聚力，全员参与组织学习将会大大增强成员对组织目标和战略的共识和理解程度，增强组织的竞争优势。企业应将学习视为改进的主要方法，是企业的一个基本价值，把员工的学习视为一项投资而不是成本。

第三，要构建扁平化的组织结构，形成知识联盟。知识转移的困难不在于知识的难以表达性，而在于其转移的组织依赖性，知识只有在适应的情境下才会转化为能力。从整体上看，与知识创新相匹配的组织结构必须是具备环境适应性、具有较强的学习和创新动力、能够有效激励知识员工的开放式组织结构，其突出特征就是能够有效地将组织内外分散化的知识加以有效整合，并持续地实现组织知识的积累、创造和更新（宋琐纹、王益民，2004）。在战略联盟的实践中，以知识学习为目的的战略联盟已成为主流。这是以向战略合作伙伴学习为首要目标的、获得隐性知识的良好途径。因为隐性知识深植于企业的过程、背景之中，难以表达，不易模仿。学习这种复杂的知识需要联盟伙伴之间面对面的互动交流与切磋，进行“干中学”和“干中教”（余光胜，2005）。从经济学的成本收益角度出发，知识联盟是企业获取新能力和新知识的一种最佳形式（张梅青、王稼琼，2008）。知识联盟是企业为达到增强或创新企业核心能力的战略目标，与其他企业或组织结成的以知识共享和转移，并共同创建新知识为主要特征和手段的高级战略联盟形式，以结盟伙伴间学习和创造知识为基本特征，强调联盟伙伴间的信任和密切联系，更重视在学习伙伴能力基础上的共同创新，重视自身的学习能力，期望通过建立学习型组织，使在联盟中获得的新知识能够顺利地在组织内传播，并转化为企业的核心能力。总之，建立学习型组织要求企业形成一种扁平式的组织结构，以利于信息的交流。

4.5.1.2 建立文化产业集群企业相互信任关系

建立相互信任关系，是为了防止文化产业集群内个别企业的机会主义行为。防止机会主义行为对于集群来说是要通过市场来减少可争夺利益加以限制。企业间需通过加强交流来增加信任，在集群内部企业的各个层面展开积极有效的沟通，创造合作的良好文化氛围。同时，通过保持企业的高层领导的持续接触、互相参加培训计划、在技术术语和产品开发的标准上达成一致等措施建立企业间的信任机制。

4.5.1.3 建立集群知识整合系统

目前我国的文化产业集群还没有一个完备的知识整合系统，要通过文化产业集群行业协会根据自身情况建立集群知识整合系统，使知识能够在集群中高效率传播与应用，避免知识整合的盲目性和重复性，提高了集群知识整合运行效率，促进文化产业集群内的企业知识创新，从而提高企业竞争力及集群竞争力。

4.5.1.4 提升技术创新能力

文化产业集群与创新之间呈现自增强关系，文化产业集群必将激发创新，技术创新是文化产业集群持续生命力的重要保障。技术创新本身不能带动文化产业集群的发展，而是通过不断吸纳文化产业集群中的其他知识和创新信息，提高自身技术创新的知识储备；而后通过业务外包或合作产生技术扩散，这种文化产业集群企业间的技术扩散使上游供应商能为下游企业提供更为有效的服务，从而更好地服务于目标市场与客户。

第一，重视技术创新。文化产业集群企业要以各种形式引进国外成熟的装备设计、制造先进技术，特别要注重在消化、吸收中实现创新，形成文化产业集群的技术进步长效机制。不断加大研发投入，推动建立企业主导技术研发的创新体制，加强基础研究、前沿技术研究，增强原始创新能力，加快推动文化产业集群工业由技术模仿、技术跟踪向技术创新、技术集成转变。对一些处于前沿或者不能引进，而且对文化产业集群有重大影响的高新技术领域，一定要坚持自主开发，最终掌握自主知识产权，并且完成产业化，形成自主的高新技术产业和文化产业集群。

第二，强化知识产权意识。知识产权与技术创新是紧密联系的,知识产权是技术创新能力的重要体现。文化产业集群企业要把创新战略、知识产权战略和标准战略结合起来,努力把技术优势转化为市场竞争优势,将知识产权工作纳入企业技术改造和科研创新中,引导企业的自主创新成果走产权化、产业化之路,形成企业的核心竞争力。加大知识产权工作投入,提高研发经费比重,增加研发资金的投入,增强知识产权产出、运用、管理和保护能力。文化产业集群企业要重视自主知识产权项目,鼓励具有自主知识产权的自主创新,培育发展有自主知识产权的优势项目。

第三,培育集群创新网络。文化产业集群创新网络培育的途径有:①促进企业网络的形成。集群企业的分工协作和专业技术人员的沟通交流等构成了错综复杂的企业网络。②推进"产(生产企业)、学(教育机构)、研(研究机构)、官(政府机构)"互动,立足各自优势构筑技术创新联盟。③R&D 是文化产业集群的灵魂,加强对技术创新源头——科研机构与文化产业集群企业之间的研发合作是集群网络发展的基础。另外,还要促使本地各类相关机构积极地参与区域技术创新,为文化产业集群的技术扩散营造通畅的渠道。

4.5.1.5 加快专业人才队伍建设

在所有的生产资源中,技术与人才是发展知识经济的关键所在,且在全球化时代成为全球相对稀少的珍贵资源。因此,在全球化时代,区域竞争力的根源就在于获取上述技术、人才等关键生产资源的能力或条件。政府引导与市场作用相结合,提高科技人才配置效率。市场是人力资源配置的主渠道,无论何种人才,都应遵从市场规律,科技人才的使用和评价应由用人单位根据实际需要自主决定。文化产业集群具有巨大的人才集聚效应,人才是文化产业集群保持持续竞争优势的关键。高端人才比重低、流失严重、人才储备不足等问题一直困扰着大多数的文化产业集群。因此，要进一步健全人才培养、引进、流动、评价、选拔和激励等机制，创造一切有利条件使各类人才“进得来、留得住、用得好”，为集群经济发展提供坚强的人才保证和广泛的智力支持。

第一，加强人才培养。文化产业集群技术密集和资金密集的产业特征要求企业员工具备较强的学习能力、创新能力和协作精神，因此，文化产业集群企业一方面要加强对一线技术人员进行各种新技术的培训，使他们及时了解产业发展方向和最新技术，构建一批能解决实际问题的技术人才梯队；另一方面要与高校加强合作，鼓励和引导各级、各类大专院校整合教育资源，改革教学计划和培养内容，培养一批具有创新意识的高技术人才，开发重点领域急需紧缺专业人才，筹建战略性新兴产业国际化管理人才培训基地。另外，集群中有条件的企业可以邀请国内外专家到企业进行分层次、分行业的专门培训，或选派员工赴国内外高校或企业交流学习，通过多种方式来培养具有高素质、高水平的人才队伍。

第二，广纳国内外优秀人才。文化产业集群产业未来的竞争是人才的竞争、智力的竞争，所以要广泛地吸收接纳各类人才。一是由省市相关部门牵头组织集群企业到其他省市举办各种形式的说明会、推介会等，吸引省外人才；二是集群内有实力的企业可以通过在国外建立研发中心和分支机构，聘用海外人才；三是通过持股、技术入股、提高薪酬等措施，吸引国内外高水平的企业经营者、技术专家和优秀技工，并在薪酬分配上向他们倾斜；四是建立吸引国际化高端技术人才和经营管理人才的政策体系，简化人才流动程序，解决高端人才配偶及子女工作学习等问题；五是建立吸引国际化高端技术人才和经营管理人才的政策体系以及有利于培养人才、留住人才、吸引人才和人尽其才的保障机制。

4.5.2 对政府的建议

4.5.2.1 创造合作的集群文化氛围

政府应出台政策，主要是鼓励企业之间进行定期广泛的交流和信息沟通，可以通过跨文化的管理培训、提高企业行为和策略的透明度等措施，促进文化融合。应消除原有的企业文化对集群知识整合的不利影响，各企业应努力学习集群其他企业的优点，相互依存、共同发展。在信任的基础上，重新确定一致的联盟目标，求同存异。不断优化集群文化与地域文化，文化产业集群企业与企业员工要广泛参与社会活动，融入区域社会经济生活。不断地积累社会资本，在企业与社会环境的有效互动中得到持续发展。

4.5.2.2 大力发展政府知识服务机构

要大力发展文化产业集群技术创业服务中心、科技知识咨询中心等，这些知识、科技服务机构对行业发展有着重要作用。加强行业协会建设。大力发展政府科技服务机构，是发展知识服务业非常有效的途径，在知识服务业的发展中要弱化政府的直接管制，政府的工作重点集中到经济调节、市场监管、社会管理和公共服务上，为知识服务业的发展提供良好环境。

4.5.2.3 加强政府的引导和支持

政府支持是文化产业集群发展的必要环境条件。政府可以控制文化产业集群的负外部效应，实现资源的有效配置。建立与完善相应的法律法规，鼓励知识创新活动，鼓励高校、科研院所与企业间的合作创新,促进与完善官产学研合作机制。重视人力资源开发,加大引进人才力度,并提供优惠政策。政府应积极培育各种融资渠道,为集群发展创造良好融资环境。要努力建立一个高效率、低风险、多层次的现代金融服务体系,为文化产业集群企业知识整合创造良好的投融资环境。

第 5 章　文化创意产业的集群发展

5.1 创意与文化创意产业集群

5.1.1　创意经济时代

5.1.1.1　“创意经济时代”概念的提出

创意理论、创意经济的先驱是著名德国经济史及经济思想家熊彼特(Joseph Alois Schumpeter,1883—1950),早在 1912 年他就明确指出,现代经济发展的根本动力不是资本和劳动力,而是创新,而创新的关键就是知识和信息的生产、传播和使用。在他逝世 50 年后,他当年率先创用的“创造性破坏”、“创新”以及“企业家精神”三个关键词,已成为美国甚至全球主流经济论述中的重要核心概念,并被麦肯锡顾问公司的两位经济学家发扬光大,写成著作《创造性破坏——市场攻击者与长青企业的竞争》,这本书对观察当代企业流变具有十分重要的作用。

创意经济这一明确概念发轫于英国。20 世纪 90 年代,英国最早将“创造性”概念引入文化政策文件,并在1998年出台的《英国创意产业路径文件》中明确提出“创意产业”这一概念:所谓“创意产业”,是指那些从个人的创造力、技能和天分中获取发展动力的企业,以及那些通过对知识产权的开发,创造潜在财富和就业机会,并促进整体生活环境提升的活动。它通常包括广告、建筑艺术、艺术品和古董市场、时尚设计、电影与录像、交互式互动软件、音乐、表演艺术、出版业、软件及计算机服务、电视和广播等。此外,还包括旅游、博物馆和美术馆、遗产和体育等。

约翰·霍金斯在《创意经济》一书中指出,创意经济每天创造220亿美元的产值,并以5%的速度递增。在一些国家增长得更快,如美国为14%,英国为12%。这预示着:创意正在改变世界,一个新经济时代正在到来。

在国家统计局颁布的新修订的《文化及相关产业分类(2012)》标准中,“文化创意”是新增加的内容,包括建筑设计服务(指工程勘察设计中的房屋建筑工程设计、室内装饰设计和风景园林工程专项设计)和专业设计服务(指工业设计、时装设计、包装装潢设计、多媒体设计、动漫及衍生产品设计、饰物装饰设计、美术图案设计、展台设计、模型设计和其他专业设计等服务)。由此可见,我国对“创意”这个概念越来越重视。

5.1.1.2 创意经济的内涵

创意经济,又称创意产业,在我国也称文化创意产业。创意产业不再简单地局限于过去的传统文化产业,它是适应新的产业形态而出现的创新概念,是对新形态的概括、总结和发展。英国提出的13类创意产业部类,主要包括新生的产业类别,如动漫、游戏、数字艺术,甚至软件设计、手机增值文化产品,还包括数字电影及数字电视设计，它们虽然仍沿用过去的电影、电视、服装设计概念，但内涵已大大改变。

创意产业在我国还没有正式的官方定义。2006 年中国创意产业大会确立了创意产业的范畴，包括与下述十大产业类型相关的研究、设计、创作、制作、表演、演示、服务、设施、交流、人才培育、咨询顾问以及相关经营与辅助活动等：数字软件产业、设计产业、广告公关与咨询策划产业、创意地产与建筑产业、品牌时尚产业、广播影视产业、新闻出版产业、文化艺术产业、工艺品产业、创意生活产业。这一范畴的划分充分反映了中国学界、业界及民间对于创意产业的最普遍理解。概括地说，创意产业就是全球化条件下，通过知识产权的生产与运用，以创意的生产和消费为核心，以人们的精神文化娱乐需求为基础，以高科技技术手段为支撑，以文化艺术与经济的全面结合为自身特征的跨国、跨行业、跨部门、跨领域重组或创建的新型产业集群。

创意产业是一个概念群，并不是某一种特定产业，而是对具有相同特征的多种产业的总称。创意产业的根本观念是通过“越界”促成不同行业、不同领域的重组与合作。在总体服务业的业态中，通过越界，寻找提升和融合制造业的新的增长点，开拓艺术型、精神型、知识型、心理型、休闲型、体验型、娱乐型的新的产业增长模式，培育新的文化消费市场，培养新一代创意消费群体，以推动文化发展与经济发展，并且通过在全社会推动创造性发展，来促进社会机制的改革创新。

创意经济强调文化创造性对经济的推动作用，主要标志有：创意资源成为经济增长的关键要素；创意产业成为先导产业或支柱产业。创意经济的内涵可从以下两方面理解：首先，创造力、创意是创意经济发展的核心资源。通过创意活动,文化、艺术元素被植入制造业,在延伸产业链的过程中,实现创意、创新价值与产业链的耦合,同时大大提升产品的附加值。因此,创意经济的本质是以智力资源为依托的知识经济,是用创意产业占据价值链高端环节的经济。创意经济不仅降低了经济活动的物质资本门槛,使更多的人参与经济活动,使人的积极性、主动性、创造性得到充分发挥,还丰富了社会产品的种类和内涵,满足人们更广泛、更高层次的需求。其次,创意经济借助于知识产权的占有和交易。知识产权是创意资源有形化的载体,是创意作品到创意产品、创意产品到创意商品的转换器。

5.1.1.3 创意经济的特征

第一,创意是产业的灵魂。传统产业的成功秘诀在于规模与先进的技术。而创意产业的灵魂是人的想法、点子,也就是创意。不能否认,几乎所有的产业都需要有创造性,但是在传统的行业或领域,创造性只是一种附属品而不具有产品的核心地位。同时,这种创造性或创意还是指相当大众化的一般概念,如过去我们熟悉的特指艺术创作中的艺术家的独创性。而按照创意经济时代的创意理念,创意或创造性成了特指的市场趋向的产业方式的核心。也就是说,生产制造业卖产品、卖机器,创意产业卖设计、卖理念、卖精神、卖心理享受、卖增值服务。创意为产业带来利润,而且是主要的利润创造者。当代消费市场中,大众流行文化遵循时尚化、浪潮化的运行方式,使得文化产品的新颖性、短时性和强烈的空间(视觉)特征空前凸显。创意产业所包含的广告、建筑、艺术和文物、工艺品、设计、时装设计、电影、互动休闲软件、音乐、表演艺术、出版、软件、电视广播、游戏与网络游戏,以及动漫、DV、Flash、短信、手机视频等无不强烈地依凭新的创意和新的设计来占领和争夺市场。

第二,创意经济是右脑主导型经济。工业经济时代,机器被证明可以代替人的劳动;信息技术时代,许多新技术被证明可以代替人的劳动。但事实上,机器与技术都只能替代人的左脑。20 世纪 80 年代末期,美国心理生物学家、诺贝尔奖获得者罗杰·斯佩瑞发现,人有两种不同的思维方式:一种是右脑思维,它比较形象,运用一种较为直接和自发的方式处理信息,先综观全局再看细节;另一种是左脑思维,它用分析性的、有条理的方式处理信息,先看细节再将细节拼成整体。创意时代的经济和社会建立在创造性思维、概念感知、共情能力和全局能力的基础上,换言之,创意经济是建立在右脑能力的基础上的。创意产业是知识经济大背景下的经济运行新模式,由知识经济发展而来,但又不同于知识经济。知识经济是以高新技术产业为第一产业支柱、以智力资源为首要依托的智能型经济,比较重视科学技术方面的创新。21 世纪并不以储备多少知识来论英雄。因为全球化和互联网的广泛应用,使得知识可以轻易地从网上找到,因此重要的是创造新知识与应用知识。创意源自右脑,是灵感与智慧的结晶。如果说知识经济是把人的知识、智力视为资本,那么创意经济就是把人的创造力视为资本,而拥有这些资本的就是人才,拥有特别有想象力、有创意的人,企业才能成功。创意不仅使这些人才个人的生活丰富多彩,同时也可以把他们的梦想、想象力、理想变成艺术品从而让企业达到盈利,让企业获得很大的成功。世界是一个社区,这个社区是丰富多彩的,能够非常理解一个区域,也就是对自己的世界做出反应,又特别善于表达自己的人,就容易成功。创意是一种竞争力,在任何时代,创意都是应用人的大脑做有意义的工作。创意经济是更加有竞争力的一种经济,是一个人的大脑和另一个人的大脑竞争,是一个人的个性和另一个人的个性竞争。

第三,创意经济是文化消费导向型经济。与传统产业注重改变产品功能价值(或使用价值)不同的是,创意产业主要通过改善产品的观念价值来获得市场和利润。以消费者的文化需求为导向,关注顾客价值,特别是对文化的认同,是创意产业的重要特征。创意灵感及其火花的迸发、创意产品的形成和销售推广、创意时尚潮流的引发,每个环节都需要根据顾客价值精心设计、呵护和挖掘。因此,从产品导向到消费导向的变化体现了创意产业“消费者为王”的发展思维模式,而进一步发展到文化消费导向则充分反映了追求创意生活的消费特征及营销新思维。通过产品的创意激发消费者的购买潜力,引导消费时尚,形成新的消费市场,同时提升社会品质,促进经济的持续增长。

第四,创意产业的运作模式更加动态化。创意产业是市场经济运行的高端方式,更加不同于过去的计划经济方式,更多地依靠市场和消费自身的推动,同时又不断地设计市场、策划市场、涵养市场、激发市场。也就是说,在当下的全球化消费时代,市场的全球性,传播的全球性,需求的精神化、心理化、个性化、独特化,消费的时尚化、浪潮化,使得创意作为产业,从根本上改变了过去固化的稳态工业发展模式:常规结构、常规模式、常规营销、常规消费,而代之以不断变动的创意策划、创意设计、创意营销、创意消费。创意产业不断关注市场,创造消费惯例、涵养消费人群、引导消费时尚潮流。它不断地在创意中寻找热点、利润和机会,以一种动态的平衡模式替代或提升过去的稳态工业发展模式。因此,它高度依赖策划、依赖人才、依赖变化，眼睛每时每刻盯着市场哪怕微小的变动，捕捉机会，放大机会，展开新一轮竞争。它的活力在于每个企业都有机会也有风险，每个企业都要面对竞争也要面对失败，每个企业都要殚精竭虑地面对生存挑战。这就是创意社会的主旋律和大逻辑。

第五，创意产业以知识产权为核心资产。创意是知识资本、智力资本，所以其产品必然受到知识产权法的保护。从创意产业的文化理念来看，它是推崇创新、尊重个人创造力的文化。它最根本的就是能够把个人的思想转化为产品，其中知识产权是创意产业中的核心资产。创意产业中有形资产很少，主要是无形资产，无形资产中最主要的是知识产权。因此，创意产业和知识产权关系非常密切，拥有知识产权是创意产业发展的根本，加强知识产权保护是创意产业的根基。

创意产业的核心内容是创新活动，其本质特征体现在对创新产权的收益方面，而保护知识产权实际上就是对创新成果的保护。因此，加强知识产权保护，是营造创意产业发展环境的关键，应通过不断增强人们的知识产权保护意识，加强知识产权制度建设，来促进我国创意产业的发展。

5.1.2 文化创意产业的基本概念

5.1.2.1 创意与创意产业

随着知识经济日新月异的发展，伴随而至的文化产业的发展态势前景一片光明，在其领域所处的地位和作用越来越重要。一个国家或地区要想在激烈的竞争中胜人一筹，就需要考量包括科技、军事等方面的硬实力和以文化、意识形态等展现出来的软实力的综合体——综合实力。在以知识作为主导的经济时代,作为知识的新型表现形式的文化、创意及其相关产品和产业的地位日益凸显。

创意古已有之,并非新鲜事物:艺术家的灵感、工匠的新点子、建筑师的奇思妙想、科学家的发明创造,甚至是商人独特的经营理念,都是一种创意。从广义角度来看,创意活动存在于一切人类的创造活动中。从现代社会经济发展角度来看,创意是一种"头脑风暴",是对知识产品、智能产品的全新创造,产生的产品能够创造出新的财富和就业机会而成为产业。因而,创意也是生产力,而且是一种具有更高价值和更高效率的生产力。好的创意是好的价值之源,创意产业的蓬勃兴起,各地创意产业的风起云涌,成为现代经济发展新的亮点和新的源泉,发展创意产业已成为现代产业发展的重要内容。

文化是民族之魂,创意是发展之力,"文化"与"创意"的有机融合产生了一种新兴产业形态——文化创意产业。在全球范围内,一国文化创意产业的蓬勃发展,可以为其带来巨大的经济价值。文化资源、创意阶层的智慧和高科技的创新推动融合在一起所形成的新型产业形态,能够带来高附加值的设计创意和拉动巨大的就业潜力。约翰·霍金斯(2001)提出:"全世界创意经济每天制造220亿美元的价值,并以5%的速度递增……"因此,在《中华人民共和国国民经济和社会发展第十二个五年规划纲要》中就提出了推动文化创意产业致力于成为国民经济的支柱性产业的宏伟目标。这是符合我国实际国情的战略目标,需要多方共同努力。尤其是在我国重点城市和区域要进行深度挖掘和分析相关有益因子,加强全方位的扶持和支撑力度,力促中国文化创意产业的良性发展。

Atkinson 和 Court(1998)指出,美国的新经济,实质上是以知识和创意为主的经济,创意经济是新经济的动力,而新经济本质上就是知识经济。开放的美国人大胆地提出"资本的时代已经过去,创意的时代已经来临"的口号。除此之外,日本提出的文化立国战略,韩国在 2001 年为了振兴文化产业的发展设立了文化产业振兴院,澳大利亚、新加坡等都是文化创意产业高速发展的典型代表。中国著名学者厉无畏在《创意产业导论》中对创意产业的界定是:强化创新和创意,把以创意和创新作为核心要素驱动的产业称为创意产业,注重创意的产业化。金元浦指出,在全球化背景下的文化创意产业在文化需求、科技支撑、新媒体主导下,把文化、艺术和经济全面结合组建的新型产业集群,更加突出文化精神的力量和创意产业的文化基因。

创意产业又称为创意工业、创意经济或创造性产业,是以创新为主的新知识经济时代的产物,它的诞生时间不长,却得到了空前的发展。从目前已有的资料看,创意产业的提出最早产生于英国。1997 年,英国工党赢得政权后,新政府为了振兴英国经济,决定设立以知识经济为依托的文化媒体体育部,于当年 7 月成立挂牌。经过一年多的工作运转,文化媒体体育部成立创意产业特别工作组,并首次提出创意产业概念,将创意产业定义为"那些从个人的创造力、技能和天分中获取发展动力的企业,以及那些通过对知识产权的开发和创造潜在财富和就业机会的活动"。创意产业特别工作组的主要任务就是分析英国创意产业的现状并提出发展战略,将创意产业当作经济中心来建设和发展。

创意产业的概念一经提出,便迅速被一些发达国家及地区采用，得到许多国家和地区的专家学者的研究和关注，吸引了全世界的注意力，形成了一股巨大的创意经济浪潮。各国对创意产业的研究也风起云涌，对创意产业的定义内涵表述也各有千秋，有的侧重于人文，有的偏重于技术。联合国教科文组织认为受著作权保护、具有文化附加值或文化内涵的物质生产或非物质生产（如服务），均可视为创意产业或在经济领域内称为朝阳产业或未来性产业。加拿大学者认为文化与艺术相结合的活动就是创意产业，包括文化产品的设计、文化服务的提供和著作权的应用。新西兰将创意产业定义为增长与创新，并且将创意产业作为新西兰经济转型的关键因素之一。认为以个人的创造力、技艺与才能为基础，通过智能型财产权（即知识产权）的建立与开发，创造财富与就业机会的产业就是创意产业。芬兰学者认为将传统与现代文化艺术结合、具有成功商业机制与文化意义、富有文化创业精神的文化与经济相结合的产品生产就是创意产业生产，这样的产业就是创意产业。韩国学者认为文化产业的基础是知识、信息以及与文化有关的活动，包括文化产品的创作、生产、制造和流通等，都属于创意产业。我国香港学者认为源自个人创意、技巧及才华，通过知识产权的开发与运用，形成具有创造财富与就业潜力的行业就是创意产业；我国台湾学者认为源自文化或创意的积累，通过智能财产的形成与运用，提升整个社会财富与就业的行业就是创意产业。英国创意经济之父、创意集团和创意商学院的主席约翰·霍金斯在《创意经济》一书中将创意产业定义为其产品在知识产权法保护范围内的经济部门，即专利、版权、商标和设计4个部门共同构成了创意产业和创意经济。上述定义扩充了创意产业的概念内涵，把科学活动中的发明创新和专利与文化艺术有效地结合起来，进一步扩充了创意产业概念内涵的深度与广度。

综上所述，无论哪种表述，创意产业的本质是相同的。创意产业的本质是一种创造性的劳动，是以智力资源为基础，以文化底蕴为背景，以个人或团体队伍的创意、技巧和才华，通过知识产权的开发和运用，创造财富和就业潜力的产业，是社会生产、社会生活发展到一定阶段及创新思想、创新技术和创新文化相结合的一种创新经济活动。创新把人类无形的思想理念转化成现实的商品财富，将丰富多彩的人类文化与科学技术有机结合演变发展成具有现实生产力和高度经济价值的创意产业和创意产品。因而，创意产业的核心是创新，创新体现了一个国家或地区的竞争软实力，具有极高的附加值；创新使创意产业富有持久而强大的生命力。

5.1.2.2　文化创意产业

文化创意产业(Cultural & Creative Industries)是一种在经济全球化背景下产生的以创造力为核心的新兴产业，强调一种主体文化或文化因素依靠个人(团队)通过技术、创意和产业化的方式开发、营销知识产权的行业，如广播影视、动漫、音像、传媒、视觉艺术、表演艺术、工艺与设计、雕塑、环境艺术、广告装潢、服装设计、软件和计算机服务等。本书认为文化创意产业是通过把文化、创意的理念，个人的智慧和科技与艺术手段的结合，创造出蕴含文化和艺术气息的高附加值的产品和服务的产业。

(1)文化创意产业的生态链及价值分布。文化创意产业生态链是由文化创意企业及其相关企业所形成的紧密合作的价值网链结构(见图5-1)。新经济条件下文化创意产业生态链是以创意产品为核心，以报纸、电视、广播、展会、杂志、图书等为发布渠道，以策划、制作、推广发行、广告以及相关、非相关产业开发为链条的商业价值运作体系。

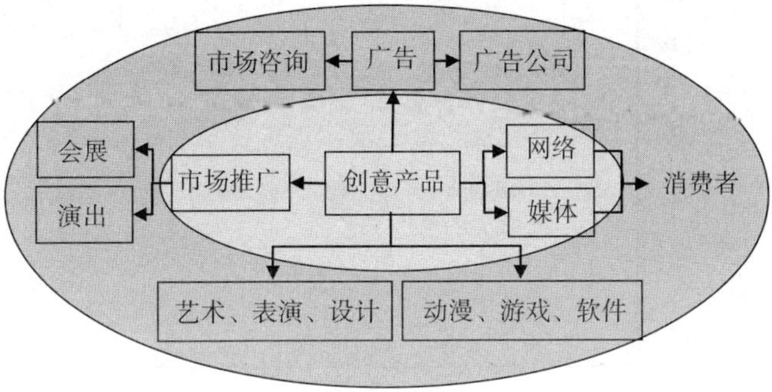

图5-1 文化创意产业生态构成

文化创意产业生态链中,一种特定的文化创意产品可能只涉及生态链的一部分,也可能涉及整个生态链。产业生态链中文化创意产品居核心地位,并通过各个环节向需求方移动,这种价值经不同的推广发行手段,流到消费者手中,而艺术表演、画作、设计等纯创意产品可以通过演出、会展等形式被消费者消费。在价值流动过程中,广告类的价值也注入其中,并提升文化创意产品的价值空间;作为像电影一类的文化创意产品则会涉及整个生态链结构中的每个部分。

文化创意产业的价值分布基本符合“微笑曲线”理论,即文化创意产业的价值增值过程中,价值增值主要产生于设计研发和产品分销两端环节。这两个环节约占整个产业价值增值的80%左右,而生产、制造、组装等中间环节仅占了价值增值的20%。如图5-2所示。

(2)文化创意产业经济效应。与其他产业相比,文化创意产业

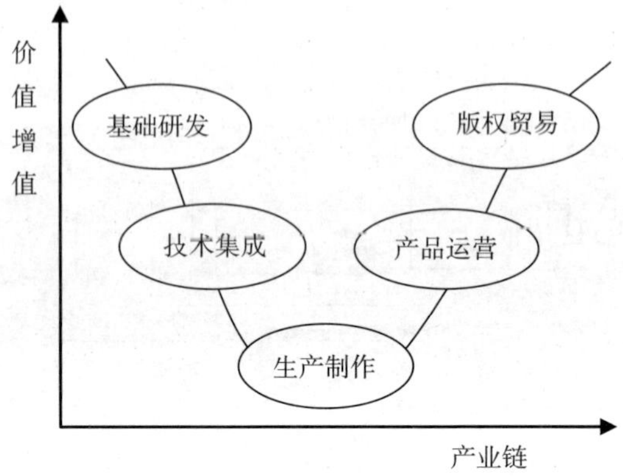

图 5-2　文化创意产业价值链价值分布

经济效应是多维度、多方面的。一个国家文化创意产业的快速发展给所在国的经济结构、产业布局的演变带来显著变化，对当地经济发展产生明显推动作用。如图 5-3 所示。

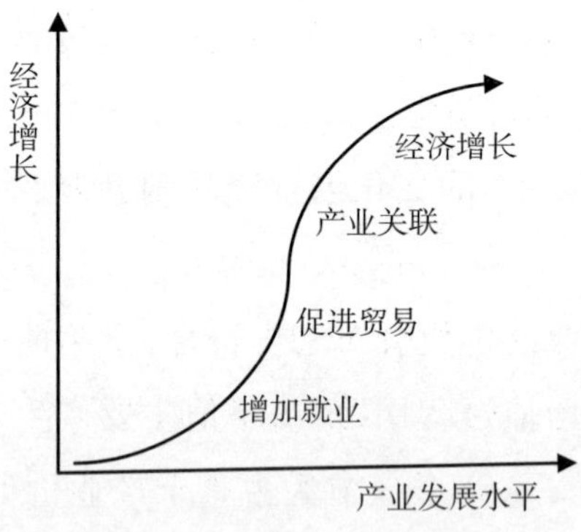

图 5-3　文化创意产业的经济效应

(3)文化创意产业的演进趋势。

首先,衍生品开发正成为推动文化创意产业发展的主动力。当经济发展到一定程度,社会生产和消费将在时尚和文化价值引导下进行,呈现明显的经济文化化和文化经济化趋势。文化创意能够赋予商品特定的文化属性和象征意义,满足其对品位、时尚和特定身份的追求。发达国家的统计数据表明,创意产业的衍生品产值远超过原创产品的产值,成为创意产业利润的主要来源。

其次,数字创意产业正成为当代社会的主流产业。发展迅速的数字技术与传统创意产业深度融合,对创意产品的生产、传播和消费产生着深刻影响。数字技术在创意产业中的广泛应用,使创意产品的形式不断翻新,创作过程大大缩短,创作成本迅速降低,创作质量显著提高;使创意产品销售渠道和销售模式发生根本性变革。

再次,版权、研发与归核化将成为创造竞争优势的重要措施。保护版权及其邻近权是发达国家巩固创意产业优势地位的利器。一些发达国家为促进其文化创意产业发展及提升其在全球竞争力,实施了全面的版权保护战略。高研发投入是发达国家谋求文化创意产业竞争优势的有力法宝,而实施归核化战略使发达国家创意企业能够雄踞世界创意产业价值链高端。

最后,承接文化创意外包业务成为后发国累积优势的重要捷径。在文化创意产业的全球外包业务中,接包方承接外包业务不仅可以拓展企业业务的市场范围,实现规模经济,而且可以利用全球科技竞争加剧、产品技术更新速度加快所提供的有利时机,通过与发包方结成战略协作关系,直接参与全球产业价值链重组,走向产业价值链纵深。

5.1.3 文化创意产业的基本特征

产业集群是区域和产业经济发展的重要动力。实践表明,文化创意产业集群已成为推动我国文化建设和经济发展的重要力量,但我国文化创意产业集群处于产业链低端、局限于价值链制造环节的局面没有发生根本性的变化。与此同时,全球一体化趋势的加强以及技术革新的加快使得企业外部的竞争环境呈现出急剧变化的动态性,其所处的市场和行业环境趋向于复杂、动态与不确定性变化,企业处在日趋激烈的"超竞争"环境下(D'Aveni,1995)。作为市场竞争主体的企业间竞争更加异常激烈,在以往所处市场环境中形成的静态均衡被不断打破,必须通过知识创新构建持续更新和重构组织内外部资源的动态能力,从而适应复杂变化的环境获得持续成长(Eisenhardt & Martin,2000)。文化创意产业的特征主要表现在以下几个方面:

第一,具有高附加值。文化创意产业是以创意为核心,具有创意设计理念的产品不仅包含其本身所具有的使用价值,而且更加注重产品所衍生出来的观念价值——高附加值。在知识经济时代,技术的迅速传播致使产品趋于同质化,于是消费者更加注重产品所带来的如品位、情趣、感觉、风格等容易产生心灵共鸣与认同的高附加价值。

第二,鲜明的知识产权性。创意产业比传统产业对知识产权具有更高的依赖程度。从创意的构思、生成、生产到消费的整个过程,伴随着知识产权从产权萌芽、产权生成、产权分解到产权分配,可见文化创意产业的发展与知识产权是同步实现的。

第三,产业关联度高。文化创意产业几乎囊括了传统行业中的价值链高端部分，创意活动可以和许多产业联系起来，像广告创意、手工产品的制作与设计、艺术品设计与制作、建筑设计等。“哈利·波特”的成功模式正是小说出版、电影制作、玩具、卡通读物、游戏、纪念品等一系列产业链条的无缝结合。

第四，市场需求的不确定性。创意产品的观念价值往往高于其使用价值，在不同的产业环境背景下，消费者对创意产品的艺术、文化价值追求的风格迥异。因此，即便是已经呈现在消费者面前的创意之作，如果不符合消费者自我的欣赏风格，则同样无法满足市场需求，不确定性因素还是存在。

5.1.4 文化创意产业集群的基本内涵

5.1.4.1 文化创意产业集群的概念

蒋三庚(2006)界定的文化创意产业集群为由众多独立又相互关联的文化创意企业以及相关支撑机构，在一定区域依据专业化分工和协作关系建立起来。相关学者对文化创意产业集群进行了研究。如蒋三庚(2006)在对企业集聚模式进行分析的基础上，认为要建立文化创意产业的内生机制，实现文化创意企业的空间聚集化发展。陈秋玲和吴艳(2006)以上海市创意产业集群为分析对象，利用共生模型对创意产业集群之间的形成机制进行实证研究，发现互利共生关系是文化创意产业集群形成的逻辑点，集群主体尽可能选择错位竞争策略或梯度竞争策略，以达到共生关系体的持久性、和谐性和稳定性。褚劲风(2009)通过分析上海创意产业园区的空间演变、形成机理、网络关系，研究上海创意产业园区的时空变化规律，发现上海创意产业园区是都市工业园区的伴生与再升级，经济发展方式转变、旧城空间秩序优化、创意阶层兴起并集聚是创意产业园区发展的驱动力，园区内部组织的网络关系是维持其运转的支持力。王彤玲等(2011)认为，文化创意产业集群可划分为三个层次：一是核心产业。主要包括广播电视电影业，广告会展业，软件、网络及计算机服务，艺术品交易，设计服务，休闲娱乐六大产业，创意主体在核心产业中占据重要地位。二是外围产业。主要包括文化旅游业、新闻出版业。但产业的“创意”性较弱，创意制造属性较强，市场化程度有待提高。三是边缘产业。主要由传播、服务及延伸主体构成，包括各种相关支撑机构及各类基础设施和配套机构，如图书馆业、文物业、群众文化业、博物馆业、咨询业、文化科技与科研、文化经纪与代理，还包括教育产业、资本市场、物流体系等。

总结起来，以上文献在研究内容上主要考察了文化创意产业集群的发展定位和模式及其对城市发展的影响，在研究视角上主要是从产业经济、区域经济、城市规划等宏观层次研究，在研究方法上缺乏有价值的定量分析与定性分析的有机结合，缺乏系统分析和梳理文化创意产业集群持续发展过程中企业角色的系统性研究和规律性总结。同时，由于文化创意企业主要涉及设计广播、电视、电影、文化艺术、旅游休闲娱乐、文化用品、广告会展和艺术品交易等相关文化产品的生产和销售，这些产品淘汰速度快，竞争非常激烈，新旧企业的更替也比较频繁。

本书认为文化创意产业集群是在文化创意产业及其相关的领域，由许多互相独立又相互关联的文化创意企业及支撑机构，依靠专业化分工和相互协作在一定区域集聚而成的产业组织。文化创意产业集群包括文化创意产业链上的所有上、下游企业。

5.1.4.2 文化创意产业集群的分类

各国的地理区位、发展条件和文化背景等方面都不尽相同，而且政府作用和引导方式也存在一定差异，使得文化创意产业集群的发展类型有所差异。经过对大量文献的研读以及相关实例的分析，将文化创意产业集群按形成原因划分为文化式集群和区位式集群，按照集群结构划分为轮轴式集群和大饼式集群（鲍枫，2013）。

（1）文化式集群和区位式集群。文化式集群是指文化创意产业的集群动力主要来源于共同的文化背景、发展思路、价值观念或制度环境。这种集群方式的优点在于，不但使集群内的各个参与企业具有较强的归属感，而且比较容易使这些参与主体之间形成良好的信任关系，从而有利于信息的流通，参与企业之间大大加强了沟通与交流，同时也十分有利于产品的创作和交易。文化趋同是产业集群形成的基础条件之一，是集群稳定发展的黏合剂，对于文化创意产业更是如此。从全球主要的文化创意产业集群来看，纽约 SOHO 艺术创意集群就属于文化式集群。20 世纪 60 年代，纽约 SOHO 艺术聚集区的原址还是大量残破不堪的闲置厂房，多年无人问津。在 60 年代末期这种情况发生了改变，由于房租十分廉价，一些艺术家和雕塑家将这里闲置的厂房变成了他们艺术创作的工作室。在当代艺术趣味和美学审视方向上具有相同或相近理念的艺术家逐渐在这里集聚，并逐渐呈群落发展态势，艺术聚集区便由此逐渐发展起来。经过数年的发展，这些原本破旧不堪的闲置厂房内诞生了许多美国当代艺术大师。在这一文化式集群发展的鼎盛时期，在这块面积和人口不及纽约 1% 的地方，却居住着纽约当代 30% 左右艺术家群体，集群态势及优势不言而喻。

区位式集群是指文化创意产业的集聚发源于特定的地理区位,或是靠近特殊的创意群体,也可能是靠近目标消费群体或是靠近交易市场。从发展趋势来看,正是偶然的集中于特定的地理区位,促进了文化创意产业集群的形成和发展。从全球范围来看,百老汇戏剧创意集群便属于区位式集群。百老汇戏剧创意集群位于纽约市曼哈顿岛的中心地带,其中有38个营利性的剧场,主要集中在纽约第五大道至第七大道以及第四十二街至第四十七街的繁华商业区。在这些剧场的周边,还分布着上百家的非营利性剧院。集聚于此地的创意集群,受地处纽约最繁华的闹市区域熏陶,创意戏剧也随之拥有十分广阔的市场发展空间。伴随着戏剧创意集群的不断发展,这一地区聚集着越来越多的剧作家和各类的艺术家,同时还集聚了千余家专业公司提供各种配套服务。从各参与主体来看,这一聚集区分工明确、结构严密、竞合并存。据不完全统计,每年因为专程到百老汇看演出而前往纽约的人数就高达500万,由此带来的衣食住行等各种消费金额超过18亿美元。

(2)轮轴式集群和大饼式集群。轮轴式集群是指在多层次产业集群中,上游和下游企业之间存在着原材料供应、成品或半成品生产、成品销售的投入产出联系的复合型产业群体。由于它们之间相互依存,因此就像车轮与车轴一样需要相互咬合、共同前行。这种类型的文化创意产业集群在创意产业中的影视行业尤为常见。从我国的实际情况来看,中央电视台和北京电视台的进驻,带动了上千家与电影电视制作相关的上游和下游企业大量涌入,如电视制作、广告代理、印刷、出版、动漫等相关文化产业公司纷纷迁往北京CBD功能区或其周边地带。这种上下游企业大规模的移入形成了以影视、传媒服务为主要特色,规模庞大,参与主体众多的文化创意产业链条,形成轮轴式集群转动前行。

大饼式集群实质上是指同一产业群体,即大量的生产相同或类似产品的企业聚集在一起,这与轮轴式集群的不同之处在于,大饼式集群中各个企业之间是一种替代关系,轮轴式集群内部各个企业之间是一种互补关系。可见,大饼式集群的最大特点就是集群企业生产或经营的产品类型大致相同,面对的市场和用户很多也是相互重叠,企业仅仅是以提供差异化的产品和服务来避免出现同质化竞争。从集群的内部结构来看,百老汇戏剧创意集群也属于大饼式集群,因为158家剧院集中分布在该地区,很多剧作家和艺术家常年聚集在此地,在相互探讨艺术的同时也存在一定程度的竞争。又如东京动漫产业集群,2011年,公司总部设在东京的日本动画制作公司有105家,占日本动画制作公司总数的92.1%。

5.2 中外文化创意产业集群的发展状况

5.2.1 国外文化创意产业的发展

创意产业是社会经济发展到一定阶段的产物,世界上主要经济发达国家和地区都十分重视创意产业的发展。以创意产业为核心推动力的新经济已占据美国GDP的70%、加拿大GDP的60%(张红曼等,2007)。从国外的经验来看,当一个国家人均GDP超过1000美元时,人们的衣食住行均发生一定程度的改变,人们不再停留在只满足温饱生活,社会经济开始进入一个新的发展阶段,社会消费结构也由低层次的温饱型向发展型和享受型转变。满足人们更高层次需求的创意经济便应运而生,进一步催化了创意产业的发展。创意产业的发展已经成为衡量许多国家或城市竞争力高低的重要标志,许多国家或城市都把创意产业发展作为国家或城市的发展战略来进行,创意产业正以前所未有的速度在发展。创意产业已不再是一个概念理念,已经成为一个具有强大生命力和巨大经济效益的新兴产业并得到世界各国的关注和追捧,各国纷纷出台相应政策办法刺激创意产业的发展。

英国从提出创意产业概念到现在的十多年来,其整体经济增长了70%,而创意产业增长却达到了93%(任天峰,2006);英国创意产业提供的出口额占货物和服务出口额的4.2%,高出建筑和保险等经济部门,是化工部门的两倍,成为英国增长最快的部门之一,为社会创造了190万人的就业岗位(杨海霞、郑晓红,2006)。2006年2月7日,英国又任命了7名专家去引导创意产业发展,更好地为创意产业营造一流的创意竞争环境、一流的创意产业创新人才、一流的创意产业发展技术和一流的创意产业知识产权保障服务体系,使英国率先成为世界创意俱乐部引领创意经济的发展。

美国是全球文化创意产业最为发达的国家,作为知识经济大国,其文化创意产业的核心内容是知识版权业。仅1977—1997年二十年间,美国和新版权产业的国内生产总值年均增长率为6.3%,而同期美国国民生产总值年均增长仅为2.7%。1997年,美国版权产业从国外销售和出口中创造的利润为668.5亿美元,超过包括农业、汽车配件和飞机制造业在内的所有主要产业。美国知识版权业的发展带来了巨大的商机和财富。以迪士尼为例,迪士尼的最初发展是源于沃尔特创造的米老鼠和唐老鸭两个卡通形象在影视中一炮走红之后进入娱乐、服装等行业,从而造就了一个庞大的跨国集团,其产业规模、品牌价值和盈利稳居世界500强的前列,迪士尼主题公园成为集团的摇钱树。

韩国从一个落后的农业国发展成为人均 GDP 超过 1 万美元的中等发达国家,一条重要的经验就是重视创意产业的发展,重视创新基地的建立和科学技术的发展,并为此下大力气,出台相应政策进行扶持引导,推动其良性发展。从有关资料来看,经历了 1997 年的亚洲金融危机后,韩国政府决定加大自主研发与创新的力度,依靠自身的不断创新,大力发展电子游戏、音乐和电子网络等新兴产业,2005 年仅游戏产业市场规模就达到 43 亿美元,使自己的经济得到了长足发展。韩国每万人口中就有研发人员 40 人,研发队伍的建立保证了创新研发的源源不断。从已有政策来看,韩国政府制定了包括税收、资金投入、人才培养等系列政策措施,推动创意产业发展,特别注重向电子游戏、音乐和电子网络等产业倾斜,推出文化产业发展的中长期发展战略与策略推动创意产业发展,使韩国经济得到了迅速恢复与发展,韩国一举成为亚洲创意产业发展最快的国家之一。

基于政府对文化创新战略的共识,韩国文化产业在经济发展中的核心作用日益显现,“韩流”浪潮风起云涌,增强了市场竞争力,丰富了文化创意产业的投资类型,强化了“内容产业”的创新支持系统。韩国文化产业就像一股活水,激活了整体经济,随着韩国网络游戏产业的崛起,注重创意设计的创新文化理念渗透各个行业。韩国文化产业发展中的几个突出特点表现在:①政府在产业振兴过程中的作用巨大。韩国政府制定强有力的长期产业扶持政策,给产业提供定制性的服务。韩国政府坚持“文化立国”战略,在产业的扶持上并不流于形式,无论是法律还是政府机构的调整,都是切实为产业服务的。相对而言我国的文化产业发展时间较短,在 2003 年才第一次以“文化产业”的概念被提出。此外,韩国政府注重优化企业投融资环境。文化创意产业本身具有不确定性,风险高,收益评估难。政府应该主动承担部分风险,为企业创造宽松的创业环境。韩国政府主动设立产业投资基金的模式值得我国学习。同时,融资要向中小企业倾斜,而不能仅照顾国有大型文化企业。必须注意的是政府正确的引导能帮助企业,而不适当的管理也会给行业造成障碍。因此我国政府还应适当放权。长期以来,中国政府对文化产业的管理处在“政企不分”、“管办不分”的阶段。中国政府过度插手产业经营的细节,而忽视了对于整个行业的基础性服务。相比之下,韩国政府则将重点放在产业的基础服务层面,留给企业发展的空间。对于部分政治属性不强的行业,我国政府应该给企业留出足够的发展空间。②尊重产业规律,培养人才,准确定位目标人群。任何一个产业都有自己的特定消费人群。既然以产业定位要求自己,找准目标人群就格外重要。韩剧的制作便是根据观众人群结构,以及未来可能的海外市场用户需求进行的拍摄。同时注重国内市场,并考虑国际市场。文化产业是一个边际成本极低的行业,市场越大,消费人群越多,收益越高。韩国也正是考虑到国内市场的狭小则大力拓展国外市场。随着互联网的发展,中国的产品也能逐渐走向世界,尤其是游戏行业,已经在文化出口方面崭露头角,应朝着这个方向继续前进。人才是文化产业的灵魂。韩国政府为文化产业人才的培养累计投入了数十亿美元,同时还专门成立了“教育机构认证委员会”,要求文化产业教育机构从业人员必须持证上岗。相比之下我国对文化产业专门人才的培养非常落后,专业型人才、复合型人才都欠缺,人才的培养与市场的需求脱节。③生产市场需要精品不断创新。市场对中庸的文化产品不会有任何的怜悯,韩国也正是在电视剧、游戏领域走在世界的前列,才有了如此辉煌的成就。因此中国需要精心打磨自己文化产品的内容,同时在模式以及技术上勇于创新,实现自己的文化产业大繁荣。

日本、法国、新加坡、澳大利亚等国家文化创意产业的发展势头强劲,各国拥有的产业优势和竞争实力综合体现了国家软实力,文化创意产业在国民经济中的作用越来越大。

5.2.2 中国文化创意产业的发展

中国的文化创意产业发展步伐晚于西方很多国家和地区。中国的文化创意产业最早是诞生在像北京、上海、深圳等经济发达的城市,并且大多出现在城郊废旧的工业厂房,这里低廉的房租、宽敞的空间吸引着充满个性的艺术家和设计师到来,打造出富有创意、激情的创作基地。从20世纪90年代开始,我国文化产业开始进入平稳发展阶段,在国内的一些中心城市相继出现创意产业园区,如杭州的LOFT49创意产业区、北京798艺术区、国家新媒体产业基地、中关村创业产业先导基地、朝阳大山子艺术中心等。

从2005年起,北京的文化创意产业发展势头强劲。北京市已经把发展文化创意产业作为一项重要的战略决策,是增强自主创新能力、建设创新型城市的有力举措。北京市作为中国的政治、经济、文化中心,具有科研、人才、市场、信息、文化的独特优势,创意产业每年都创造出可观的产值增加额。可是,文化创意产业的发展还存在着一些制约因素,比如:产业资金短缺,融资难,市场准入限制多,结构型、复合型人才短缺,产业的知识产权保护模式虚化等,需要制定相应的产业政策为文化创意产业的发展营造更和谐的市场环境，充分利用潜在资源优势促进创意产业的健康发展。

上海有75家创意产业园区，这些园区的发展得益于上海人力资源丰富、文化积淀深厚、空间充足等优势。大量外来的人才保障了人力资源的充裕，多年来积淀的海派文化保障了文化资源的厚重，优化的旧城区保障了空间的需求。上海文化创意产业的发展正是建立在这些有利的因素之上。另外，上海市的文化创意产业的辐射和渗透力度还比较有限，还未能形成规模化的产业。

深圳市一直在打造“创意之都”。深圳市文化创意产业的新发展模式是“文化+创意”、“文化+科技”。2008年，深圳文化产业增加值达550亿元，约占全市生产总值的7%，到了2011年，全市文化创意产业增加额已突破900亿元，同比增长20.5%，文化创意产业已成为该市第四大支柱产业。

由上述可以得知，在近一二十年来，中国的文化创意产业只是在经济比较发达的城市和地区初见成效，相比于英国、美国来讲，国内的文化产业整体发展程度低，地区不均衡，东中部地区发展相对较好，西部地区基本没有大幅发展。像西藏、青海、云南这些偏远地区的文化底蕴丰富，带有当地民族色彩的文化基调多种多样，但是拘于地理环境、交通状况，以及缺乏大量资本的支持而没有得到真正的开发和推广。

5.3 文化创意产业集群发展的核心要素

文化创意产业的发展很大程度上决定了国家的经济实力和竞争地位，创意产业同样是近年来炙手可热的朝阳产业，对创意产业发展程度的科学界定和分析，可以帮助我国在加快文化创意产业的发展进程中少走弯路,增加产业发展信心。支撑文化创意产业发展有三大核心要素:文化理念、科技支撑、商业模式。

5.3.1 文化理念

站在国家战略层面的高度上,我国已经确立了大力推进文化大发展和大繁荣的文化理念。一个国家和民族凭借独有的文化底蕴、内涵和价值观所形成的生存方式和交往方式是其他国家难以复制的、持久的、本质的核心力量。世界上许多国家已经实行文化立国的策略,依靠强大的文化影响力和渗透力,向外输出高文化含量的产品,抢占全球文化市场,博得长久的竞争优势。

树立文化作为无形资产,可以创作永续性财富的理念。五千年来的文明延续为中国留下了丰厚的文化资源和财富,怎样把古老的文化资源、独特的文化风情转变为永续性的财富,就迫切地需要创意人才的智慧、创意资源的开发、科技的支撑、创新的商业模式的协同作用,激发整体的文化创造热情和活力,这样我们整个国家才真正具备持续进步和创造财富的能力。

另外,我们也要清晰地认识到,不同城市和地区的创意产业的形成和发展不能"一刀切",千篇一律,这需要根据所在城市的产业基础、发展环境、资源状况、地理位置、能级等综合考量,创意产业园区或者基地的形成需要具备独特的优势和定位,考虑过当地的实际情况后再开展项目。

5.3.2 科技支撑

在现代科学技术的推动下,我们正迎来一场以数字技术、互联网技术、多媒体技术为中心的文化产业革命，文化产品借助高新技术手段实现大量的复制和传播，文化创意获得新的强有力的表达形式，技术革新的发展尤其是数字技术的不断升级为文化创意产业发展提供强大的科技支撑，促使文化创意产业向新业态、高层次方向发展，成为提高文化创意产业内部与外部竞争的重要保障。

数字化、智能化、信息化推动下的新型创意产业，文字、图像、声音等都可以通过计算机技术互相转化，以全新的方式进入各领域市场。数字技术革新为文化创意产业的发展带来了新的媒介形式，目前，我国基本上形成了基于互联网、移动网、广电网的新媒体形式。

文化创意产业的发展态势出现了新的变化，传统产业与行业的固定界线越来越模糊，互联网、数字、通信技术在影视、广告、新闻、出版、网络游戏等产业间实现了跨界融合。这些深刻改变人类生活方式、工作方式和消费方式的力量来源于数字化的新媒体技术。

文化理念和文化创意被认为是文化创意产业的关键要素，但在它产生和发展过程中所需的各种资源里面，科技的力量无处不在。可以说，通过科技手段的作用，才能够使隐性的文化理念、创意设计直观地展现在人们的视野里，清晰明了地被人们所感知和欣赏。比如3D的立体电影视觉效果让人称赞，正是在制作过程中综合运用了光、声、电、机、仿真、化学等技术，使观看者逼真地体验由高科技和影视文化所带来的新鲜、刺激的感受。

5.3.3 商业模式

商业模式反映了企业如何创造价值、传递价值和获取价值。近年来,中国的文化创意企业无论是从数量上还是质量上都取得了快速发展,但是,文化创意开发不足,行业、产业性的良性发展尚未显现,其根本原因就在于文化创意企业商业模式存在问题。我国文化创意产业的商业模式应以价值链为核心,从价值链的定位、延伸、分解和整合四个层面有效进行。首先,文化创意价值链的定位来源于外部获取(兼并收购、合作联盟、创意引进)和内部创造两个层面。更好地满足目标消费者的需要是文化创意产业内部创造和外部获取的目的。因此,文化创意产业商业模式的起点应该是企业的市场定位,也就是消费者需求与创意源创造与获取的结合。其次,创意源获取成功后,紧接着就需要使创意源资产化,使创意成为受保护的知识产权,并通过有效管理使其资产化价值得以体现。因此,应建立由激励机制、保障机制与创意机制等组成的运营维护系统。再次,作为支撑体系的运营维护系统建立成功后,就要围绕盈利模式,通过产品生产、产权运营及体系优化等方式来形成利润中心。最后,商业模式创新的关键在于知识产权保护与应用的资本运营模式的创建。中国文化产业的商业模式如图 5 - 4 所示。

总之,文化创意产业商业模式的市场定位、经营系统和盈利模式三个要素相互关联、彼此影响。应将三要素由内部封闭系统转化为外部开放系统,这样,商业模式三要素不仅可以把外部创意与内部价值创造连通,还可以通过知识产权管理与运用为价值获取创造新动力。更重要的是,可以将内部未能充分利用的创意实现

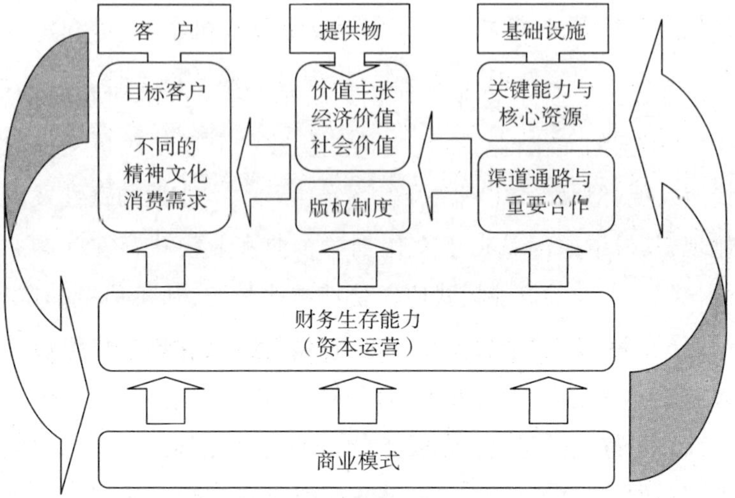

图 5－4　中国文化创意产业的商业模式

有价值输出，并通过知识产权管理实现新的价值增值。

文化创意产业是全球经济发展的重要引擎，成为大国在 21 世纪产业竞争的焦点之一。我国各级政府大力支持文化创意产业的发展，积极创造良好的发展环境。文化创意产业在这样有利的条件下需要制订长远的发展规划，在改造机制方面注重自身价值创造和价值获取，加大获取利润的商业模式在产业活动整体性中的实践力度。文化创意企业商业模式从整体来讲正处于一个探索过程，由于文化创意企业门类繁杂、行业不同，所以其构成要素、主要内容、整体逻辑都不尽相同，无论何种文化创意企业，其市场定位、经营系统、盈利模式也不尽相同。但是，从文化创意企业的性质来讲，其商业模式创新都应该立足知识产权的运用和管理，协调合作伙伴和客户的参与，提高知识产权相关的价值创造。企业应该把利润中心选定为产权与产品，把知识产权的管理贯彻于经营中，把内外创意源和需求的扩大在市场定位阶段有机结合，构建配套的运营维护体系促进知识产权管理，实现盈利模式的多样化。此外，文化创意企业需要充分利用文化金融杠杆的作用，发挥资本市场的作用，通过商业模式创新为文化创意企业的发展重构源源不断的动力源平台。

5.4 推动我国文化创意产业集群发展的政策建议

客观上讲，中国的文化创意产业发展水平与国外相比的确有不小的差距，有学者称，中国文化产业发展程度落后于国外一二十年。在动漫、电影等贴近民生且附加值较高的领域，我国文化创意产业还有很大的提升空间。因此，我们不能忽视这样的现实，应该把差距作为上升的潜质力量，学习国外的优秀发展模式，洋为中用，活学活用，并且依据中国文化创意产业发展的实际情况，实行区域发展战略，根据地方区位优势，发掘文化创新因子，综合利用全方位的优越条件，争取早日实现我们的文化强国梦。为了实现我国文化创意产业的良好发展，本书梳理和整合国内外众多学者从不同研究角度提出的相关政策建议，希望这些对策可以帮助和指导我国各地区文化创意产业有序发展。

第一，通过立法，加强对知识产权的保护力度，为文化创意产业的健康发展提供优良的社会环境。知识产权问题几乎涉及文化产业的各个领域，广泛渗透社会经济的各行各业。数字化、电子出版、网络传输等高新技术的发展和在文化领域的应用，大大推动了以版权产业为核心的文化创意产业的发展，成为各国经济新的增长点。知识产权保护力度的加强，有助于激发创作者创新的热情和鼓励文化创意产业有效竞争。首先，加快知识产权法律体系的建设力度，完善其管理力度，提高自主知识产权的数量和质量，加快知识产权信息查询和服务建设，创造对我国经济发展有利的国际知识产权环境。其次，提高企事业单位与公众的知识产权意识，定期或不定期地开展知识讲座与培训。最后，加大文化创意产业知识产权执法力度，有效维护文化创意产业的经营秩序，保护创意产业知识产权的合法权益。国务院于 2014 年 3 月印发《国务院关于推进文化创意和设计服务与相关产业融合发展的若干意见》，这是我国第一次就文化创意和设计服务与相关产业融合发展出台的系统性文件（见附录 2）。文化创意和设计服务处于产业链的高端，不仅具有高知识性、高增值性和低能耗、低污染等特征，而且对于提升各行各业的产品和服务品质，增加附加值、塑造品牌、提升市场竞争力具有重要意义。近年来，我国文化创意和设计服务发展较快，但总体水平仍亟待提高，创新能力、专业人才、专业化程度和成果转化等还不适应经济社会发展的需要，有利于文化创意和设计服务发展的政策环境还需进一步改善。为着力提高我国文化创意和设计服务整体质量水平和核心竞争力，大力推进与相关产业深度融合，将散见于有关文件中的政策措施和现行做法整合集成并创新举措，出台更具针对性和操作性的政策文件，具有重要的现实意义。

第二，借鉴国外发达国家文化创意产业成长的经验并与本国文化优势结合起来。众所周知，文化创意产业最早是在英国提出来的，英国政府最先投入强大力度支持本国文化产业的发展，这也为我国文化创意产业的推进带来了很多的经验和有效的方法。同样,在美国、日本、澳大利亚等国家,文化创意产业的发展都取得了非常好的效果,欧美发达国家文化创意产业实力雄厚,在文化创意产业的成长和发展过程中积累的宝贵经验,可以让我们在加快发展的过程中少走弯路。通过借鉴它们的优秀经验,洋为中用,并在此基础上,结合我们本土的文化优势,活学活用,扬长避短,促进中国文化创意产业的发展。

第三,培育和建立文化创意产业的市场化运行机制,使文化创意产业成为营利性产业。全世界创意经济每天创造220亿美元,并以5%的速度递增,看来文化创意产业是可以盈利的。要实现盈利,就需要在做好文化行政管理体制方面措施的同时,建设文化创意产业的市场化运行机制,在市场经济条件下运营。因此,在发展文化创意产业过程中,应走产业化和市场化道路。结合我国的实际情况,实施政府引导、市场主导的发展模式。一方面,创意经过生产、运作、流通到呈现在消费者面前满足人们的需求的过程中创造了经济价值;另一方面,为了降低交易成本,文化资源、创意群体、资本、企业等要素可以形成文化产业园区或产业集聚模式,实现产业链条对接,提升产业竞争力。文化创意产业园区是整合区域文化资源、优化产业结构、推动区域经济增长的重要途径,创意产业集群的崛起是创意产业发展适应日益激烈的市场竞争和经济全球化的新趋势,是创意企业为增强核心竞争力而形成的一种产业空间组织形式。以硅谷为代表的高新技术产业发展壮大的一个重要因素是产业的集聚效应,可以充分利用现代创新科技园区的各项资源优势。北京中关村是依托海淀区高等院校和科研院所的智力资源优势发展起来的。通过建设创意产业园区,让艺术与社区发展更紧密结合,成为高新技术增长区,成为拉动地区发展的新型经济增长点。值得一提的是，一个创意产业集群或创意产业园区要在借鉴已有模式的基础上积极探索适合本地区的发展模式，要特别重视对文化创意产业品牌的培育。可以将文化创意产业集群品牌发展分为孕育期、成长期和成熟期。在孕育期，要以政府为主导制订品牌战略规划，政府的工作重点是建设品牌支撑体系，为集群品牌的发展提供条件和保障，包括：制订品牌发展战略规划、设置品牌管理机构、建设科研平台和吸引人才、建设公共服务平台、拓宽品牌融资渠道、营造特色文化环境和扶持优势龙头企业发展等。在成长期，政府参与监督进行品牌推广与维护工作，政府要积极引导行业协会和商会的建立，提高行业协会参与集群品牌建设的积极性，应明确行业协会与政府的职责关系，以行业的管理为主，政府引导为辅。在成熟期，政府要发挥其主导作用，进一步提升产业集群品牌形象，增加品牌价值，具体的内容包括：科学规划产业布局、构建集群创新网络体系、制定品牌国际化战略和推进企业自主品牌建设。

第四，重视创意人才的培育和引进。创意人才是文化创意产业发展的重要基础和根本保障，是推进产业成长壮大的动力源泉，是决定产业持久健康发展的核心要素。针对我国创意产业人才总量不足、结构不合理、分布不均衡的现状，用人方应在纳才、育才、用才、留才方面实施更加人性化的举措。作为智力密集型产业，人才资源是发展文化创意产业的重要支柱之一，中国在创意人才的培育和引进方面的投入也在逐年增加。文化创意企业要积极猎取各类专业人才，同时应加大对人才的培育和发展的投资，做到“人尽其才，才为所用”。另外，由于国外的一些发达国家的文化创意产业发展水平程度高，创意人才层次多种多样，国内的文化创意企业可以通过搭建国内国际文化创意人才、文化成果的大型创意设计展览，打造人才交流、碰撞的平台，培育更多兼具文化内涵、创意思维与产业运作模式的复合型人才。

第五，在发展文化创意产业国内市场的同时，尽力拓展国际市场。政府要在法律、产业体制框架、投融资、税收、出口政策等重要领域和关键环节给文化创意产业大力支持，使中国文化创意企业在全球激烈的竞争中不仅能占领国内市场，还要积极拓展国际市场。中国文化创意产业要想发展壮大，必须“走出去”。在国际市场成功生存可以彰显企业的实力，为了自身的发展壮大，中国的文化创意产业需要国际化。我国文化创意产业通过“走出去”，能够从其他角度发现问题，弥补薄弱环节，提高文化企业的整体竞争力和综合实力。在海外与国际同等行业的竞争与合作，还能够扩大我国文化创意企业品牌的影响力。动漫产业在文化创意产业中具有突出作用，为了在国内电视发行途径大体稳定的情况下为我国庞大的动画产量找到突破口，“走出去”的迫切性不言而喻。国外与动漫相关的文化企业在我国发展较快，国内动漫产品以及相关企业需要加紧扩大开拓国际市场的步伐。中国文化创意产业应把“走出去”确立为企业发展的重大战略，在国际市场稳步提高中国文化创意产业的市场占有率，促进文化企业发展的同时，增强中国文化在世界上的认同感，形成良性互动。

在信息技术和知识经济高速发展的时代，文化创意产业必将成为引领世界风向的一面旗帜，文化的强大力量已经超越了以往任何竞争力量成为国与国、地区与地区之间开展竞争的重磅武器，文化层面的竞争是最高级的一种方式。在当今全球一体化步伐不断加快的时期，重视并正确对待文化及相关产业尤其是文化创意产业的发展节奏,是未来我们走向国际化并成为世界领军者的关键。诚然,中国的文化创意产业发展起步已较晚于国外的一些发达国家和地区,正是在这种差距的压力下,我们更应站在国家政策和战略的高度,充分发挥我国历史文化底蕴深厚的优势力量,激发起创意者的激情和活力,集中整合多方资源,借鉴优秀的发展模式,实现我国文化创意产业的良性健康发展。

第 6 章　文化产业集群竞争力分析

6.1 文化产业竞争力的内涵与构成

6.1.1　文化产业竞争力的内涵

能力理论认为,能力与资源不同,能力是以人为载体的,是配置、开发、保护、使用和整合资源的主体技能,是主观因素。具有相似资源的部门通常在使用资源的效率方面有差异,这种差异就是部门能力的差异,是产生竞争优势的深层次因素。在核心能力理论看来,能力是决定部门异质性的根本,部门是一个能力系统或能力的特殊集合。竞争力的产生源于市场竞争行为。金碚(2003)认为,竞争力研究始于经济领域,最终所要解释的问题也是经济活动和绩效,因此竞争力是一个经济问题。综合来看,竞争力是竞争主体在竞争过程中所表现出来的力量对比,按照参与主体的不同可以将竞争力划分为国家竞争力、产业竞争力、企业竞争力以及产品竞争力四个层级。从产业竞争力的内涵来看,波特认为,产业竞争力就是指在一定的贸易条件下，产业所具有的开拓市场、占据市场并以此能够比同业竞争对手获得更多利润的能力；而金碚认为，产业竞争力是指一国或地区的某一产业，能够比其他国家或地区的同类产业更有效地向市场提供产品或者服务的一种综合素质。

文化产业部门的核心能力，是隐藏在文化产业部门内部资源背后的部门配置、开发、整合的能力，是组织中积累人力资本学识，特别是关于协调不同员工的技能、思维方式及学识的能力。更进一步分析，文化产业部门所有能力中核心和根本的部分，可以通过向外辐射作用于其他各种能力，来影响其他能力的发挥和效果，这部分被界定为核心能力。

一般来说，文化产业部门核心能力具有如下特征：第一，稀缺性，部门中所特有的；第二，延展性，为文化市场源源不断地提供精神产品；第三，价值无限性，能够为社会创造无法估量的价值；第四，难以模仿性，不会轻易地被竞争对手所模仿。文化产业部门要获得和保持持久的竞争发展优势，就必须在核心能力、文化产品两个层面参与竞争。核心能力是文化产竞争优势的源泉，文化产品是核心能力的市场表现，是核心能力的物质载体。

综合考虑竞争力的分类、产业竞争力的概念以及文化产业的内涵，本书认为，文化产业竞争力就是文化产业在市场竞争中所表现出来的优于其他竞争主体获取竞争优势的一种能力，这种能力是文化底蕴、创意设计、信息传输等要素之间相互作用的一种综合实力。

6.1.2 文化产业竞争力的构成

借鉴国际学者的研究成果，立足于中国参与全球化竞争包括国际文化市场竞争在内的实际，本书将竞争力划分为微观竞争力、中观竞争力和宏观竞争力三大层次(赵晶媛,2013)。

从微观层次上说,企业是直接进行具体生产经营活动的主体,企业竞争力主要表现为将一定的资源(如资本、信息、原材料、人力、物力、财力等),按照预定的目标进行处理后的产出能力。它具体表现为:对产品或劳务的研发能力、对成本和价格的控制能力、对市场的占有能力、对企业内部的管理能力、对政府和其他公共组织的协调能力等。

从宏观层次上说,一个国家或者地区的综合竞争力,包括经济实力、军事实力、科技实力和文化实力。它不但包括"硬权力",即资源总量、经济实力、军事实力、科技实力,而且包括"软权力",即政府和民间组织的动员能力、文化的生产和传播能力、在国际组织中的作用及对国际社会的影响能力等。这种能力在一个地区或一个国家遇到危机的时候,尤其会显示出其巨大的抗风险能力和再生能力。韩国在遇到20世纪90年代后期的亚洲金融风暴时,迅速动员了各种社会资源,比较快速地克服了经济困难,而且反过来调整了产业结构,形成了IT产业和文化创意产业的研发和出口优势,这就是一个明显的例证。

从中观层次上说,产业竞争力是指某一产业,如金融产业、造船产业、汽车产业、文化产业等,通过对生产要素和资源的高效配置和转换,稳定、持续地生产出比竞争对手更多、更好的财富的能力。它不仅表现为市场竞争中现实的产业实力,而且还表现为可预见的、未来的发展潜力。

从整体上看,文化产业竞争力既有与一般产业如养殖业、种植业、家电制造业等相同的共性,也有它作用于社会伦理、国家凝聚力、文化普及程度、国际影响等具有的特殊性。它包括四大核心能力，即整体创新能力、市场拓展能力、成本控制能力和可持续发展能力。

6.1.2.1　文化产业竞争力的表现

（1）整体创新能力。它指文化产业在产品内容、产品形式、科技手段、组织结构等方面的整体创新能力。由于文化产业的核心价值是原创性的文化内容，而文化内容是影响千百万人的心理、唤起社会的广泛认同、扩大国际和国内影响的根本要素，因而决定了该产业最重要的价值内涵。没有文化内容的创新，产品数量再多也只是一堆没有价值的空壳。所以，它比知识含量比较低的传统种植业、传统养殖业、低端服务业等更依赖内在的创新活力。可以说，创新能力已经成为企业最宝贵、最核心的产业能力。

（2）市场拓展能力。它指文化产业不断拓展市场空间的能力。这不但包括在已有的市场占据更多的份额，而且包括率先去开拓新的市场，打开新的文化消费空间。产业竞争力的强与弱，归根结底是由市场来决定的。没有市场的需求，也就无所谓竞争力。市场对文化产业的产品和劳务需求比较大，则该产业竞争力就相对较强。需求既是竞争力提高的结果，也是竞争力进一步提高的前提。

（3）成本控制能力。它指文化产业内部通过组织的合理化，促进有效竞争和有效配置资源，从而不断降低成本，充分利用和获得规模经济效益的能力。成本越低，则产品和劳务的竞争力越强。而降低成本的要素，是合理竞争。美国政府之所以要分拆微软公司，恰恰在于担心微软公司愈演愈烈的兼并和垄断，最终导致美国IT产业组织僵化、成本越来越高，而丧失了在国际市场上的活力。

（4）可持续发展能力。它指文化产业与社会、人文、生态环境、资源等相协调，从而获得可持续发展的能力。文化产业并不是一个自我维持、独立运转的封闭系统，它要不断获得信息、智能、技术、资金、自然资源等的支持，避免过多地消耗不可再生的自然资源和人文资源（如某些地区为了获取短期效益，对宝贵的历史文化遗产进行掠夺性开发，造成自然资源和人文资源的巨大破坏），同时通过智能资源等的不断投入与优化整合，推动文化产业实现扩大再生产。

6.1.2.2 文化产业竞争力的具体内容

从上述文化产业四大核心能力出发，可以将文化产业竞争力展开为七个竞争力指标的板块，这实际上就是文化产业竞争力的七大内容。

(1)产业实力。它是市场拓展能力的基础，市场竞争首先是实力的较量。它可以采用主要的经济总量指标来反映，最核心的是文化产业增加值的增长率和文化产业占当地GDP总量的比重。其次可以采用文化产业万元资产的利税额、文化产品和服务的进出口总量等来反映。

(2)产业效益。它是成本控制能力的直接体现，可以选择投入产出比和动态指标来反映。文化产业的投入产出比越高，证明它的产业效益越高，它的文化产品和文化劳务在文化市场上的竞争力就越强。所以，美国《财富》杂志在评选世界500强时，不仅列出了年度产值的指标，而且列出了利润、资本和股东权益的指标，评选最有增长潜力的企业，说明产业效益与产业规模在体现产业竞争力方面具有同样重要的意义。而在产业效益的指标中，最核心的是文化产业的全员劳动生产率、资产利税率以及本地文化产品在国际市场上的占有率。

(3)产业关联。它是成本控制能力的间接体现,也是文化产业竞争力的重要标记。文化产业的最大特点之一就是通过一个上下游联动的产业链条,利用文化资源的投入,对文化产业的内容进行深入开发而达到反复产出,包括为相关产业提供丰富的市场附加值。例如,当代动漫产业所创造的文化价值,扩散和延伸到了相关的礼品业、服装业、文教体育用品制造业、广告业、娱乐业、电子游戏业等,产生了非常明显的带动效应。在国际许多著名文化节庆会展期间,如洛杉矶的奥斯卡颁奖庆典、法国戛纳电影节、里约热内卢狂欢节、法兰克福图书展、汉诺威工业展览等,都给当地相关产业带来了明显的效益,成为名副其实的“黄金周”、“黄金月”。所以,在研究文化产业关联度时,可以选择本地人均教育文化娱乐服务支出占家庭总支出的比重,文化产业对相关产业如旅游业、交通业、文教体育用品制造业、广告业等的带动率,海外游客与本地人口的比率等来体现。

(4)产业资源。它是整体创新能力的基础,包括发展文化产业所需要的人力、装备、资本、技术、信息等方面的条件。它一般可以选择资源的存量和强度指标来反映。由于文化产业不但需要资本、自然资源等硬资源,而且需要人类自然遗产、人类文化遗产、受过良好教育并具有较高支付能力的人口等,所以,在考虑文化产业的资源方面,要考虑人文发展指数HDI,本地拥有世界遗产数量,本地区人口中艺术家、科学家和工程师数量,文化产业投入的R&D(科学研究与试验开发经费)比重等。

(5)产业能力。它是文化产业的成长性因素,包括科技创新能力、产品研发能力、资源汇聚能力等。最核心的是本地文化产业的技术进步贡献率、获得专利的数量、获得省市以上文化艺术奖项的数量、举办国际展览的数量等。凡是强势的文化产业,无不在新产品和新服务的开发方面体现出源源不断的巨大活力,处在全球文化市场的中心位置。而弱势的文化产业,首先在于创新活力的缺失,而停留在模仿和跟随的境地,逐渐处在全球文化市场的边缘。

(6)产业结构。它是可持续发展能力的前提。产业结构是产业发展到一定程度的结果,但是产业结构的主动性调整和升级更是提升产业竞争力的重要前提。产业结构的高度化可以从产业、人员、资本、技术、贸易等方面的结构要素来选择指标,如本地上市公司总市值占文化产业 GDP 的比重、本地文化产业的外贸依存度、高新技术类文化企业占本地文化产业企业总数的比重、外国直接投资占本地文化产业年投资总额的比重等。

(7)产业环境。它是产业可持续发展能力的重要基础。产业发展必然在一定的体制和机制的背景下进行,文化体制和机制是文化产业得以运行的法律性、制度性整体框架,是培育和发展文化生产力的规则性平台。文化体制包括文化产业的总体制和运作的分类体制,如文化投资体制、文化市场体制、文化管理体制等,具有刚性的特点;而文化机制是指由政策、措施等构成的运作性模式,具有弹性的特点,是在人为实施过程中形成的一套规则和办法。两者相互依托,对产业竞争力产生更持久和根本的影响。

为了描述和分析文化产业的环境要素,可以采用一个地区颁布(或实施)的有关文化产业的法律法规数量、本地当年人均创业投资额、本地人均每天使用互联网时间、本地人均公共文化服务设施面积等来衡量。

6.1.3 文化产业集群竞争力的指标体系

6.1.3.1 文化产业集群的构成

文化产业的发展离不开文化服务行业之间的相互合作，为了更好地实施文化产业的协同发展和提升文化产业集群的创新能力和核心竞争能力，必须构建文化产业集群，通过文化产业集群内部行业之间的协同合作来提升整个区域的文化服务业的创新力和竞争力，在带动本区域内文化产业积极发展的同时带动区域经济的突飞猛进(麻敏、李勇，2014)。文化产业集群的形成包括文化及其相关产业的共同集聚，在文化产业集群中包含以下几个服务行业：

新闻出版发行服务业：其主要负责新闻业务和图书、报纸、期刊、音像制品、电子出版物等其他刊物的出版发行以及相关产品的销售和批发。

广播电视电影服务业：该服务行业主要负责当地的广播和电视的转播以及电影电视节目的制作、录制和发行、播放工作。

文化艺术服务业：该行业主要包含文艺的创作、培训和艺术表演以及对当地文物和非物质文化遗产的保护及传承、宣传和管理。

文化信息传输服务业：文化产业内部所产生的文化成果必须通过一定的方式进行宣传才能让更多人接受，并吸引更多的人到来，所以必须通过互联网或电信增值服务以及广播电视传输的方式进行宣传，在丰富人民精神生活的同时也起到对文化产业内的产品进行宣传的作用。

文化创意和设计服务业：主要借助文化气息来对整个区域的建筑和风景园林进行设计，从而使得当地的人文环境和人居环境符合本区域的人文气息，反衬出本区域的文化底蕴。

文化休闲娱乐服务业：主要涉及旅游景区的管理和保护以及歌舞厅和电子游艺厅等给予大众以休闲娱乐为主的活动。

文化产业用品生产企业：文化产业的发展离不开文化用品的生产，将文化用品的生产企业与文化服务产业进行集聚，更有利于文化产业的发展。

要使得文化产业集群共同发展，必须将这些行业进行集聚，形成具有一定规模的文化产业集群。

6.1.3.2 文化产业集群竞争力指标体系的构建

综合现有学者关于文化产业集群竞争力评价的研究成果，并结合区域文化产业集群的实际需求，通过问卷调查分析，并利用相应的统计检验方法，最后在对文化产业集群竞争力评价过程中，采用如下评价指标作为文化产业集群竞争力评价指标体系：

文化产业集群内生产要素（C1）：文化产业集群的竞争力离不开文化产业集群内部生产要素的贡献，文化产业集群内部生产要素主要是指文化产业集群内企业就业人数、文化产业企业或是机构的数量、文化产业集群内年收入增长比率和文化产业收入占区域GDP的比重，这些都是制约文化产业集群竞争力的影响因素。只有具有较好的文化产业集群内部生产要素，才能有效地协同合作，共同来提高文化产业集群的竞争力。

文化产品的社会需求状况（C2）：文化产业的产品最终是要为群众服务的，只有能满足群众的社会需求的文化产品才能获得收益，带动区域的发展，所以关于文化产业集群内文化产品的定位和特色至关重要，只有能有效地被人民群众接受，并能欣赏的文化产品才有一定的社会价值，从而促进文化产业集群的健康稳步发展。所以必须考虑文化产业的社会需求状况，一般从第三产业占区域生产总值的比重以及人均在文化娱乐上的支出比重等方面来衡量文化产品被社会接受的程度即社会需求状况。

文化产业集群内部协同创新度(C3):文化产业集群竞争力是需要文化产业集群内部各企业、单位共同努力、协同合作才能有所进步和提升的,只有文化产业内部组成部分之间相互支持,多交流多合作,才能提出更多的创新产品,在服务大众、有效提升文化企业自身创新能力的同时,也能有效地增强文化产业集群的核心竞争力,为文化产业集群的发展提供动力。因此文化产业集群内部协调创新也是影响文化产业集群竞争力提升动力的重要因素。

文化产业集群与其他产业集群协同度(C4):文化产业集群的发展离不开其他产业集群的发展和带动,文化产业是服务业,是以第一产业、第二产业为基础的服务业,因此必须在其他产业健康稳步发展的情况下,带动文化产业的发展。区域经济的发展是整个区域经济内所有产业的相互合作、相互促进,共同努力的结果。文化产业集群与其他产业集群的协同度高,不仅能提升扩大文化产业集群的影响力,还能有效提升文化产业集群的竞争力。

政府政策制定及扶持状况(C5):文化产业集群的发展离不开政府的支持和扶持,在文化产业集群的建设方面,首先需要政府对整个区域经济进行规划,让文化产业集群相关企业在同一个片区内组建,只有政府的正确引导,才能让更多的文化相关企业进行聚集。相关企业在同一个片区聚集,不仅能降低物流成本、加强相关企业交流,还能形成一定的文化氛围和规模,如此才能让人们愿意到文化产业集群聚集区去,从而推动人们对文化产品的消费。这就需要政府制定一定的引导政策,并对一些较小企业和濒危文化遗产进行扶持和保护,保留文化产业集群的特色,从而有效提高文化产业集群的竞争力。

文化产业集群支持产业发展状况(C6):文化产业集群的发展离不开文化产业支持产业的发展,只有相关文化产业支持产业发展好了,拥有较好的技术支持,群众才有能力和愿意接受并消费文化产品。文化产品的宣传和使用很大程度上受到互联网的普及率、网民的数量和网民对网络的接受程度、有线电视的入户率和人民教育程度的影响。只有文化产业集群支持产业发展成熟了,为文化产业集群的发展铺平了道路,才能有效提升文化产业的竞争力。

文化产业集群自身创新能力(C7):竞争力的基础是创新,要保持文化企业的竞争力,必须要具有一定的创新能力,所以在对文化产业集群进行竞争力评价的过程中,也必须了解文化产业集群内部的自身创新能力,一个区域的文化产业集群的创新能力主要通过产业集群内文化相关领域从业人员中中高级人才的比例以及所产生的科技或技术专利的数量和文化产品的科技含量来衡量。

通过以上分析可以发现,影响文化产业集群竞争力的影响因素主要有七个,分别是文化产业集群内生产要素(C1)、文化产品的社会需求状况(C2)、文化产业集群内部协同创新度(C3)、文化产业集群与其他产业集群协同度(C4)、政府政策制定及扶持状况(C5)、文化产业集群支持产业发展状况(C6)、文化产业集群自身创新能力(C7)。这七个评价指标分别从文化产业集群内部以及文化产业集群相关集群和文化产业集群发展的支持产业方面进行综合分析,因此这些指标应该是能够比较全面地反映文化产业集群竞争力现状的影响因素。所以这七个评价指标是科学的、可行的。如图 6 – 1 所示。

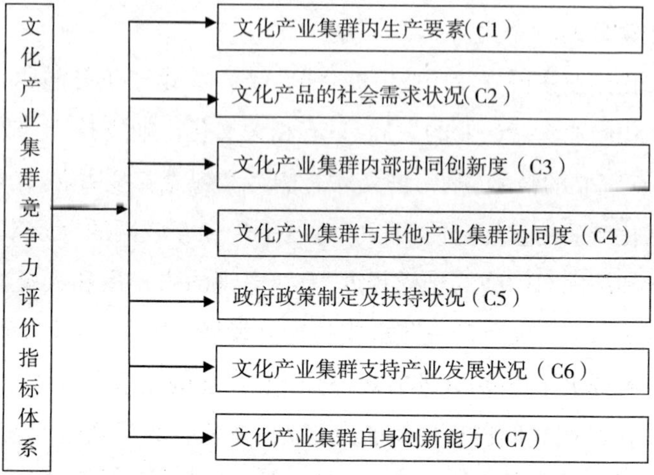

图6－1　文化产业集群竞争力评价指标体系

6.2 文化产业集群的投入产出效率

一般来讲,在给定投入和技术的条件下,如果经济资源得到了最大可能的利用而没有浪费,那么这种情况就被称为具有效率。文化产业集群具有效率是指文化产业集群的人力、资本等要素投入得到了充分利用,能够带来最大产出的情况。研究文化产业集群的投入产出效率,对于提升文化产业集群的竞争力具有重要意义。一方面,效率是外在竞争力的内在本质反映,是驱动竞争力提升的重要因素;另一方面,通过效率评价,能够发现投入的冗余程度以及产出的亏空水平,对于节约资源、提高效率乃至产业的可持续发展都具有十分重要的作用。

文化产业集群效率的构成要素主要包括两个方面:一个是投入,另一个是产出。一般来讲,投入要素主要体现在劳动、资本等方面,产出主要体现在收入、产值等方面。对于文化及相关产业投入产出的效率,国外有学者应用不同方法进行了研究。如 D. O. Choi 和 J. E. Oh 应用 Order – m Frontier 模型对韩国数码文化产业集群投入产出效率进行了实证分析;Carlos P. Barros 和 Fernando P. Alves 应用 DEA(Data Envelopment Analysis)方法对葡萄牙 1999 年至 2001 年旅游业的投入产出效率进行了分析。

6.2.1 文化产业集群效率的构成要素

6.2.1.1 投入产出的指标选择

对文化产业集群投入指标进行选择时,主要考虑人力和资本方面的投入,基于数据可获得性和有效性,选择文化产业集群实收资本、文化产业集群年平均从业人员数、文化产业集群法人单位数作为文化产业集群投入指标,选择文化产业集群增加值、文化产业集群营业收入作为文化产业集群的产出指标(蒋萍、王勇,2011)。

表 6 – 1 文化产业集群投入、产出指标选择

投入指标	产出指标	
实收资本(亿元)	增加值(亿元)	
年平均从业人员数(万人)		
法人单位数(万个)	营业收入(亿元)	

应用DEA进行效率分析时应该保证决策单元的数量是投入产出指标的至少2倍以上，本书决策单元为31个，而投入产出指标为5个，因此适合应用DEA方法。另外，投入指标和产出指标之间应该具有显著的正相关关系，以避免出现某投入指标数量增加却引起产出指标数量减少的情况。表6-2为投入指标和产出指标之间的Pearson相关系数表。

表6-2　投入产出指标之间的Pearson相关系数

指标	实收资本	年平均从业人员数	法人单位数
增加值	0.978**	0.957**	0.918**
营业收入	0.957**	0.945**	0.930**

注：**表示 $p<0.01$(2-tailed)。

由表6-2可知，在1%的显著性水平下，投入指标和产出指标之间存在着显著的正相关关系，因此适合进行DEA效率分析。

6.2.1.2　影响因素的指标选择

在进行SFA建模时，通过考虑文化产业集群的属性和发展特点，我们从教育、社会、经济发展、文化体制、政府支持、科技水平等方面考虑外部不可控因素：选择大专及以上学历占6岁及以上人口的比重作为教育因素，选择城市化率作为社会因素，选择人均GDP作为经济发展因素，选择文化事业机构数作为文化体制因素，选择文化体育与传媒拨款占全部财政支出比重作为政府支持因素，选择专利申请授权数作为科技因素。其中，城市化率以城镇人口与全部人口的比重来表示。之所以选择上述变量作为影响文化产业集群效率的影响因素是因为有如下假设：

假设一：文化产业集群的发展与居民受教育程度高低有关。我们可以从两个方面对该假设进行理解：首先，居民的文化消费受教育程度高低的影响,文化产业集群是一种服务业,但又不同于一般的服务业,人们对文化消费的目的更多的是追求精神上的享受,一般认为,涉及精神层面的消费与受教育程度高低有关;其次,居民受教育程度的提高可以直接带动文化产业集群从业人员素质的提高,从业人员素质的提高显然可以提高文化产业集群的效率。综上,选择居民受教育程度作为影响文化产业集群效率的一个变量,用大专及以上学历占6岁及以上人口的比重表示。

假设二:城镇发展水平的高低对文化产业集群发展有重要影响。毋庸置疑,城市在文化产业集群发展过程中具有巨大的优势和重要性。城市人口集中、资源丰富、居民收入高、巨大的市场容量和消费群体以及丰富的文化资源都是城市发展文化产业集群的条件优势。因此,我们选择城市化率作为影响文化产业集群效率的一个重要因素。

假设三:文化产业集群的发展与政府支持密切相关。政府对一个产业的支持表现在很多方面,如财政拨款、政策优惠等,基于数据的可获得性,选择文化体育与传媒拨款占财政支出比重作为衡量政府支持的标准。

假设四:文化体制因素对于文化产业集群的发展有重要影响。由于我国特殊的历史问题,我国的文化产业集群在发展过程中受文化体制因素的制约,政府在很长时间内将文化产业集群的发展作为一项公共事业,这与文化产业集群化、市场化的发展趋势有所背离,对文化产业集群效率也有很大的制约。因此,要使文化产业集群更好地发展就必须进行文化体制改革,即对文化企业进行政企分离、企业转制等。事实上,文化体制改革早已提上各级政府的日程并付诸实践。为了衡量文化体制因素对文化产业集群效率的影响，我们以文化事业机构数作为衡量指标。事实上，模型在对文化体制因素分析的同时也在检验政府文化体制改革的成效。

假设五：文化产业集群效率与经济发展水平呈正相关关系。对于该假设可以从两个方面进行理解：首先，经济发展水平越高，居民文化消费支出也会越多，这会极大地促进文化产业集群的发展；其次，经济发展水平的提高会为文化产业集群的发展提供更多的资金支持、改善企业设备等，这显然可以提高文化产业集群效率。我们以一个地区人均国内生产总值作为衡量该地区经济发展的水平。

假设六：文化产业集群的效率和发展与科技进步密切相关。文化产业集群是一个与科技产品紧密联系的产业，由于其对于科技的过分依赖，文化产业集群在英国等国家也被称为“创意产业”，能否将科技产品很好地融入文化产业集群是事关文化产业集群长远发展的重要因素。我们选择专利申请授权数作为科技因素。

6.2.2 文化产业集群投入产出效率模型的建立

6.2.2.1 文化产业集群投入产出效率的测算——三阶段DEA 模型

三阶段 DEA 方法是 Fried、Lovell、Schmidt 和 Yaisawarng 于 2002 年提出的一种新的效率评价模型，它克服了一阶段 DEA 方法无法衡量影响效率因素的缺点以及二阶段 DEA 方法给定影响因素函数的形式和无法剔除环境影响因素的缺点。Fried 等认为，企业生产的低效率不仅受企业管理的影响，还受环境与随机误差两个外生因素的影响，三阶段 DEA 模型的目的就是剔除环境和随机误差的影响，从而更加真实地反映各决策单元的效率情况。

步骤一:对原始投入产出变量进行 DEA 分析。设有 n 个决策单元,每个决策单元 DMU_j 有 m 种类型的输入和 s 种类型的输出,分别用输入变量 X_j 和输出变量 Y_j 表示。$X_{ij}>0$ 表示第 j 个决策单元的第 i 种类型的输入量,Y_{ij}表示第 i 个决策单元的第 j 种类型的输出量;对每一个决策单元,投入导向下对偶形式的 CCR 模型表示如下:

$$\begin{cases}\min\left[\theta-\varepsilon\left(\sum_{j=1}^{m}s^{-}+\sum_{j=1}^{s^{+}}\right)\right]=v_d(\varepsilon)\\ \text{s. t. } \sum_{j=1}^{n}\lambda_j x_j+s^{+}=\theta x_0\\ \sum_{j=1}^{n}\lambda_j y_j-s^{-}=y_0\\ s^{+}\geqslant 0,s^{-}\geqslant 0\end{cases} \qquad (6-1)$$

模型(6-1)中,θ 为决策单元的有效值,s^{+}、s^{-} 为松弛变量,ε 为非阿基米德无穷小量。

上述模型中,当加入凸性约束条件 $\sum_{i=1}^{n}\lambda_j=1,\lambda_j\geqslant 0$ 时称为 BCC 模型。CCR 模型假设规模报酬不变,凸性约束条件使得 BCC 模型允许规模报酬可变。BCC 模型可以将每个决策单元的技术效率(Technical Efficiency,TE)、纯技术效率(Pure Technical Efficiency,PTE)和规模效率(Scale Efficiency,SE)区分开来。其中,技术效率指的是实现投入既定下产出最大或者产出既定下投入最小的能力;规模效率表示与规模有效点相比规模经济性的发挥程度;纯技术效率指的是剔除规模因素的效率。从经济学中的厂商生产论角度来说,技术有效指输出相对输入而言已经达到"最大",即厂商的投入和产出位于生产函数曲线上;规模有效指的是厂商目前的投入规模既不偏大,也不偏小,即厂商选择的生产点恰好位于规模报酬递增和规模报酬递减的转折点上,此时的生产规模恰好为最优。三者之间的关系如下:

$$TE = SE \times PTE \tag{6-2}$$

模型(6-1)中,当 $\theta = 1$ 且 s^+ 和 s^- 均为0时,决策单元为 DEA 有效,决策单元的经济活动同时为技术有效和规模有效;当 $\theta = 1$ 且 $s^+ \neq 0$ 或者 $s^- \neq 0$ 时,决策单元为弱 DEA 有效,决策单元的经济活动不是同时为技术效率最佳和规模最佳;当 $\theta < 1$ 时,决策单元不是 DEA 有效,经济活动既不是技术效率最佳,也不是规模最佳。

步骤二:应用 SFA 模型找出环境变量并根据结果调整文化产业集群投入量。本书以投入导向为例,分别对 n 个决策单元的 m 个投入松弛变量进行 SFA 分析。构建 SFA 回归方程如下:

$$s_{ij} = f^j(z_j, \beta^j) + v_{ij} + u_{ij}, i = 1, 2, \cdots, m; j = 1, 2, \cdots, n \tag{6-3}$$

其中,s_{ij}表示第 j 个决策单元的第 i 种投入的松弛变量。$z_j = (z_{1j}, z_{2j}, \cdots, z_{kj})$为 k 个可观测的环境变量,β^j 为环境变量的待估参数,$f^j(z_j;\beta^j)$表示环境变量对冗余 s_{ij}的影响,一般取 $f^j(z_j;\beta^j) = z_j\beta^j$。$v_{ij} + u_{ij}$为混合误差,假设 $V_{ij} \sim N(0, \sigma_{vi}^2)$反映随机因素的影响,$u_{ij} \geq 0$ 反映管理的无效率,且 u_{ij}服从截断正态分布,即 $u_{ij} \sim N^+(\mu^i, \sigma_{ui}^2)$,$v_{ij}$与 u_{ij}独立互不相关。我们定义 $\gamma = \dfrac{\sigma_{ui}^2}{\sigma_{ui}^2 + \sigma_{vi}^2}$,显然,当 γ 趋向于1时,说明在无效率决策单元中,管理因素的影响占主要地位;当 γ 趋向于0时,说明随机误差的影响占主导地位。γ 的零假设统计检验可用于检验 SFA 模型设定的合理性,若 θ_0 和 θ_1 分别为 $\gamma = 0$ 和 $\gamma \neq 0$ 假设条件下待估参数向量的极大似然(ML)估计量,$L(\theta_0)$和 $L(\theta_1)$分别为似然函数值,则检验 γ 零假设的单边似然检验统计量

LR 为：

$$LR = -2\ln\left[\frac{L(\theta_0)}{L(\theta_1)}\right] = -2\left[\ln L(\theta_0) - \ln L(\theta_1)\right] \quad (6-4)$$

在 $\gamma=0$ 的假设条件下，当 LR 大于 $Mixed\chi^2$ 分布临界值时，原假设被拒绝，表明 SFA 模型的设定是合理的。

利用 SFA 模型的回归结果进一步对决策单元的投入进行调整，调整的原理是将所有的决策单元调整到相同的环境，同时考虑随机因素的干扰。进行调整之前，首先需要从 SFA 回归模型的误差中将随机因素分离出来，文章采用 Jondrow、Lovell、Materov 和 Schmidt 提出的方法（JLMS 技术）首先得到 u_{ij} 的条件估计量：

$$\hat{E}(u_{ij} \mid u_{ij} + v_{ij}) = \sigma_* \left[\frac{\phi(\frac{\varepsilon_i\lambda}{\sigma})}{1 - \phi(\frac{\varepsilon_i\lambda}{\sigma}) + \frac{\varepsilon_i\lambda}{\sigma}}\right], i = 1,2,\cdots,m;$$

$$j = 1,2,\cdots,n \quad (6-5)$$

式(6－5)中，$\sigma_* = \sigma_u^2\sigma_v^2/\sigma^2$，$\varepsilon_i = u_{ij} + v_{ij}$，$\lambda = \sigma_u/\sigma_v$，$\sigma^2 = \sigma_u^2 + \sigma_v^2$，$\phi$ 和 $\mathrm{\phi}$ 分别为标准正态分布的密度函数和分布函数。继而，我们得到随机因素条件估计：

$$\hat{E}[v_{ij} \mid v_{ij} + u_{ij}] = s_{ij} - z_j\hat{\beta}^j - \hat{E}[u_{ij} \mid v_{ij} + u_{ij}], i = 1,2,\cdots,$$
$$m; j = 1,2,\cdots,n \quad (6-6)$$

然后基于最有效的 DMU，以其投入项为基准，对其他各决策单元投入量调整如下：

$$\overset{A}{x_{ij}} = x_{ij} + [\max_j\{z_i\hat{\beta}^j\} - z_i\hat{\beta}^j] - [\max_j\{\hat{v}_{ij}\} - \hat{v}_{ij}], i = 1,2,\cdots,$$
$$m; j = 1,2,\cdots,n \quad (6-7)$$

$\overset{A}{x_{ij}}$ 和 x_{ij} 分别是调整后和调整前的投入数量。式(6－7)右边第一个中括号的调整是使所有决策单元都处于共同的运营环境,即样本遇到的最坏环境;第二个中括号的调整是使所有决策单元处于共同的自然状态,即样本遇到的最不幸的状态。以上调整使每个决策单元面对相同的运营环境和经营运气。

步骤三:对调整后的投入产出变量进行 DEA 分析。第三步将第二阶段得出的调整后的投入值x_{ij}^{A}与原始产出值 y_{rj}再次代入 DEA 模型,此时得到的效率值即为消除了环境和随机误差影响后的效率值。

6.2.2.2 文化产业集群投入产出有效区间的甄别——超效率 DEA 模型

一般的 DEA 模型可以将决策单元分为有效和无效两个类别,但是对有效的决策单元却无法进一步区分。为了弥补这个缺陷,Andersen 和 Petersen 提出了超效率(Super - Efficiency)模型,它可以使有效决策单元之间也能比较投入产出效率值的高低。其基本思想是在评估决策单元时,将该决策单元本身排除在单元的集合之外。为了更直观地说明,我们以图 6 - 2 来阐述超效率模型的原理。

图 6 - 2 中,B、C、D 点为决策单元有效点,位于生产的最优前沿面上,显然,A 点为生产效率无效点。当应用超效率模型计算 A 点时,对生产前沿面没有影响,仍然为 BC - CD;考虑 C 点,当计算 C 点的效率值时,由于超效率模型将 C 点排除在外,则生产前沿面变为 BD 段,C 点与新的生产前沿面的距离 CC′为 C 点的可扩张大小,从而可以计算出扩张比例,如计算出的比例为 25% ,这意味着 C 点在投入扩大 25% 的情况下仍然是有效的。由以上分析可知,C

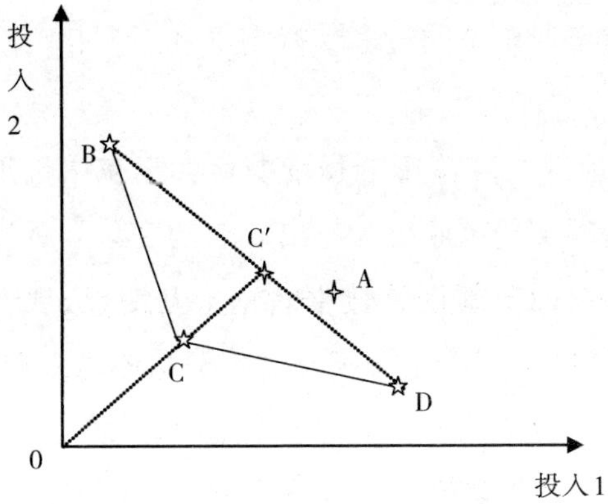

图6-2 超效率DEA模型示意

点在扩张到C′的过程中始终有效，而对于DEA无效的A点，其效率评价值是不变的，因此，对于超效率模型而言，DEA无效点的效率值与一般DEA模型相同，而DEA有效点的有效值则由于可扩张比例不同而很好的区分。

蒋萍、王勇（2011）应用三阶段DEA方法和超效率DEA模型对2008年我国31个省市区文化产业投入产出效率进行了分析，将文化产业投入产出效率分解为综合技术效率、规模效率和纯技术效率。找出了影响文化产业投入产出效率的环境因素，重点分析了去除环境影响因素后的文化产业投入产出效率，以便能反映各省市区文化产业投入产出的真实效率值。还对同属文化产业有效生产前沿面的各省市区进行了甄别比较。研究发现：

（1）文化产业投入产出效率受环境影响较大。去除环境影响后的各省市区文化产业综合技术效率均显著下降。第二阶段的SFA结果显示，居民受教育水平、经济发展水平、科技水平对减少文化产业投入冗余变量有显著的促进作用，而文化体制因素、城市化率和政府对事业单位的过多支持则不利于文化产业整体投入冗余的减少。

(2)西部地区受环境影响程度明显大于东中部地区。西部地区去除环境后的文化产业投入产出效率的变化要远远大于东中部地区，具体来说，西部地区纯技术效率上升明显，规模效率下降显著，说明西部地区文化产业投入产出效率受环境影响更大，之前文化产业投入产出效率低下很大程度上是由环境不好导致的。

(3)影响文化产业综合技术效率的主要因素为规模效率。通过对文化产业投入产出综合技术效率进行分解后可知，大部分省市区调整后的文化产业规模效率明显低于纯技术效率。

(4)文化产业投入产出无效省市区全部处于规模报酬递增状态。根据规模报酬分析结果，除了处于生产前面的 4 个省市区的规模报酬不变外，其余各省市区文化产业规模报酬均处于规模报酬递增的阶段。

(5)我国大部分省市区文化产业投入产出效率不容乐观。研究发现，我国 31 个省市区中有一半多的省市区文化产业投入产出的纯技术效率和规模效率均有待提高，仅有 7 个省市区文化产业的投入产出效率较为理想。

(6)文化产业投入产出有效的省市区间差别较大。由超效率 DEA 分析可知，即使同属文化产业投入产出有效的省市区也存在较大差别，调整后处于有效生产前沿面的 4 个文化产业有效的省市区中，文化产业投入产出效率排名分别为广东、北京、山东、上海。

基于上述研究可以看到，我国文化产业集群投入产出效率整体状况不容乐观,存在较大的区域差距,文化产业集群投入产出效率受环境影响较大。在提高各省市区文化产业集群投入产出效率的过程中,一是要考虑环境对文化产业集群投入产出效率的影响,加大科技创新力度,进一步改革文化体制,加强对经营型文化产业单位的支持力度等。二是要扩大文化产业规模,提高目前处于较低水平的规模效率。三是要重视中西部地区文化产业投入产出效率的提高,改善目前不均衡的地区差距。

第7章　文化产业集群化发展：以河南省为例

7.1 文化产业园区与产业集群

7.1.1　文化产业园区的概念

当今世界，文化与经济和政治相互交融，在综合国力竞争中已显得越来越重要。我国的文化产业主要包括图书出版、新闻传媒、广播、影视、动漫、网络、表演艺术、广告、娱乐、旅游等新兴的服务领域。文化产业一方面与人民的日常生活消费密切相关，是人们精神文化需求不可缺少的部分；另一方面也处在高科技前沿领域，可以创造出高附加值（胡惠林，2005）。国务院在2010年发布的《文化产业振兴规划》中提出把文化产业作为一个新的经济增长点；党的十八大报告提出要推动文化产业快速发展，要发展新型文化业态，提高文化产业规模化、集约化、专业化水平。周文彰（2012）认为，文化经济是一种新的经济门类，是推动我国经济转型以及发展方式转变的最好选择。

文化产业园区指的是以一定的地域文化资源为基础，以提升竞争力、实现价值增值为目的，以创意为核心，以文化产业链为中心的一批既相互依赖又相互竞争的文化企业在特定地理空间的集聚。其特征主要包括三个方面：一是文化产业园区是一个特定的地理空间；二是其根植于地域文化，即以一定的地域文化特性为优势，并在此基础上开发文化产品；三是其拥有一条以创意为起点的文化产业链，园区内的企业不是随意的聚集，而是有一条以文化创意为核心的文化产业链贯穿其中，该产业链可以进行横向延伸和纵向延伸。

7.1.2 文化产业园区是产业集群的一种类型

在特定的区域，产业集群在空间结构的地理位置上较为集中，区域内的企业相互关联，具有合作和竞争的关系，有链条式的供应商负责专业化的服务，产业区可以作为衡量该地区发展水平的重要的考察经济体。综合产业集群现有的研究，可将其定义为在产业发展的过程中，在一定地域，某领域相关联的企业和机构集中分布所构成的产业群。在同一产业链上的产业呈纵向或横向发展，分工格局具有专业化，企业之间紧密相连具有共性与互补性，彼此可以共享区域内的信息、人才、技术、政策要素等资源，在产业链上可以快速地传播和创新知识信息等，产业集群区内企业可以扩大经济规模，从而提升产业群体的整体竞争力（吴向鹏，2003）。由于空间结构上地理位置彼此邻近，可以形成专业人才区域化，有利于提高产业区内企业的生产效率。区域内企业间可以进行有效的信息沟通和协调，相关的知识、技术、市场信息传播迅速，互相共享有用的产业资源。政府对大规模的产业集群区提供专业的基础设施,搭建相关的服务平台来促进产业经济快速发展。在集群区内的竞争压力下,企业会不断地更新知识、技术、设施来迎合市场的需求,这样产业集群内企业的创新能力会持续化(刘丽、张焕波,2006)。随着经济结构调整和产业转移,文化产业呈现出多业态、多元化、规模化、集约化的发展趋势,产业集中度日益提高,在很多地方文化产业园区已成为推动文化产业集聚发展的有效载体。

文化产业园区是发挥文化产业集聚效应的载体,文化产业集群包括互补产品的供应商、专业化基础结构的供应者、下游产业的文化产业企业,还包括提供培训、技术支持、教育的其他机构。总之,文化产业园区是大量文化企业、金融机构与相关支持体系在空间上的集聚,相关资源在园区内可以得到有效整合,达到文化产品生产和销售的最优化,可以放大园区的创意扩散效应和财富增值效应,形成园区的品牌优势。

7.2 河南省文化产业园区建设

7.2.1 河南省文化产业园区建设的意义

文化产业一旦形成集群,其示范性与融合性将是文化产业发展的重要推动力。文化产业园区能够聚拢资金、吸引人才、提高文化企业竞争力,使文化产业在特定地理空间内快速发展。河南省建设文化产业园区的意义主要表现在以下几个方面:

7.2.1.1 有利于增强文化产业的整体实力

推进文化产业园区建设,能够有效促进资源、资本、技术、信息、人才、企业的集聚和整合，进而促进行业间联合共进、企业间合作共生，不断完善产业链，提高文化产业的规模化、集约化水平。同时，通过构建投融资、信息咨询、科技研发、产权交易和人员培训等平台，能够为企业提供完备的公共服务，有效增强园区承接产业转移的能力，吸引国内外重点企业和重大项目入驻，从而辐射、带动区域文化产业发展，增强整体实力。

7.2.1.2 有利于促进产业结构优化升级

文化产业被誉为21世纪最具潜力的产业，与传统产业相比，具有资源消耗低、带动系数大、就业机会多、综合效益好的特点，成为发达国家竞相抢占的产业制高点。河南省是中华民族和中华文明的重要发祥地，文化底蕴深厚、资源丰富，但长期以来，这种资源优势并没有很好地转化为产业优势，其中一个重要原因就是缺乏有效的载体和平台。推进文化产业园区建设，有助于利用河南深厚的文化积淀，加快推进华夏历史文明传承创新区建设；有助于推动传统文化资源与现代科技相结合，研发、生产新的文化产品，促进传统产业改造升级；有助于推动文化产业与现代制造业、农业、旅游、会展、商贸等行业融合发展，减少资源消耗，提高产品的文化内涵，增强经济的文化附加值，从而推动产业结构持续优化升级。

7.2.1.3 有利于加快城乡一体化进程

文化产业园区的建设和发展历程与城市发展和城镇化密切相关。园区或依托大城市厚重的文化积淀、丰富的文化创意人才、雄厚的科技实力、完善的基础设施、良好的区位优势等因素发展，或依托中小城市和特色文化景区悠久的文化传统、独特的文化资源、宜人的环境氛围等因素发展。发展文化产业园区，不仅能够提升城市的文化品位，增加人文精神，改善人居环境，推动城市功能的转型与完善，而且能够扩大就业，促进中小城市、小城镇和新农村协调发展，实现产城互动、以产兴城、兴产促城，加快城乡一体化进程。

7.2.2 河南省文化产业园区建设的成效

自2005年《河南省建设文化强省规划纲要(2005—2020年)》颁布实施以来，河南省文化产业园区建设取得了明显成效。目前，河南省已建成和在建的文化产业园区有40多个，其中，国家级文化产业示范园区1个、示范基地7个，省级文化产业示范园区6个、示范基地72个。2011年，河南省文化产业园区营业收入达310亿元以上，带动36万人就业。

经过几年努力，河南省的文化产业园区建设取得了明显成效。一是各地对中央提出的推动文化产业成为国民经济支柱性产业的理解越来越深刻，对建设文化产业园区的认识越来越深刻、态度越来越积极、措施越来越有力。二是各地在文化产业园区的管理体制、运营机制、投资融资、政策措施等方面进行了大胆的探索和实践。郑州、开封、镇平等地的文化产业园区，设立了独立的管理运营机构。许多省辖市、县(市、区)设立了文化产业发展专项资金，对产业发展、园区建设的投入逐年增加，扶持政策不断完善。三是部分文化产业园区发展取得了显著成效，对当地经济社会发展起到了重要作用。开封宋都古城、郑州嵩山、镇平县石佛寺镇、洛阳龙门、社旗县赊店、禹州市(神垕)等一批独具特色、富有竞争力的文化产业园区发展势头强劲、效益明显。开封宋都古城文化产业园区已聚集文化企业近1000家，年产值89.5亿元。镇平县的玉文化产业园区从业人员20多万人，年产值150亿元。一期投资25亿元的郑州华强文化科技产业基地已经开业，成为河南省第一个有影响的文化科技融合型主题公园。四是河南省文化产业园区呈现竞相发展、快速推进的局面。漯河市开源文化产业园区即将建成，温县陈家沟太极拳文化产业园区太极国际文化交流中心已经封顶，濮阳国际杂技文化产业园、灵宝函谷关老子文化产业园正在施工建设，郑州信息创意产业园、金水文化创意园、渑池仰韶文化产业园、三门峡湖滨区虢国文化产业园等已完成规划。

总的来看，河南省文化产业园区发展势头良好，产业区域布局不断优化，产业集中度不断提高，产业集聚效应不断增强，一批特色文化产业群逐步形成，河南文化产业的影响力、竞争力进一步提高。

7.2.3 河南省文化产业园区建设中存在的问题

7.2.3.1 软环境建设不足

河南省的文化产业园区多数是由政府主导或经政府批准后由企业运营，因此其管委会并非一个纯粹的为文化产业企业和人才服务的组织而难免带有行政管理的色彩。如何为创业企业提供政策、融资、法律、培训等中介服务以及研发、生产和经营的场地等软环境，从而使创业者将发明成果尽快变成商品进入市场是文化产业园区建设中应该尤为关注的问题。此外，河南省文化产业园区特别是中小园区目前面临的重要问题就是资金缺乏。尽管国家设立了文化产业方面的扶持资金，然而由于产业发展的迅速和园区数量的庞大，因此拓展投资渠道是园区发展的一个关键问题。

7.2.3.2 产业集中度较低

文化产业一个很明显的特点是产业之间的关联形态相关度比

较高并且多元化，通过不同的产业形态之间的相互耦合以实现资源的有效整合。河南省的文化产业园区在目前还难以形成规模经济，原因在于资源比较分散，一些文化产业园区涉及的利益主体较为复杂，园区之间缺乏科学布局未形成统一的体系，产业上下游关联性不足，文化产业园区的集聚效应不显著。

7.2.3.3 缺乏完善的服务平台

很多进入文化产业园区的企业缺乏可以共享共用的设备、基础设施等，那么要满足进入文化产业园区的企业的公共需求，就需要建立完善的公共服务平台，通过整合各种资源并提供基础设施、信息资源共享的种种渠道，力求实现信息共享，提高资源利用效率。融资问题是制约文化产业园区发展的一个重要方面，创意是文化产业园区的核心，创意企业由于普遍缺乏有效的实物抵押因此难以与金融机构合作并获得其扶持。大多数园区并没有建立保护文化创意产业知识产权的法律法规，所以缺乏法律保障。另外，还缺乏完备的人才培训、信息、技术支撑等平台。

7.2.3.4 缺乏品牌形象的塑造

很多城市在遵循政府导向的政策下，园区建设中存在一定的盲目跟风现象，未能真正地把握当地文化资源以及目标市场的需求特点，缺乏自身的特质。很多城市已建成或将建的各类文化产业园区产业形态相似，从而形成地区之间的不良竞争以及由于资源分散造成的效益降低。由于城市之间未形成良好的协调机制，所以受利益驱动园区数量在增加但并没有清晰的主导产业和领军企业。园区未形成明确的定位和形成鲜明的特色，未能产生明显的集群效益和塑造园区良好的品牌形象。河南省文化产业园区的品牌塑造工作还远远不够，一方面是对文化产业园区的品牌塑造不够重视，另一方面是对如何创建园区品牌以及如何塑造园区品牌形象等问题理解不深刻。文化产业园区在建立品牌形象后，要想提高知名度和美誉度，整合营销工作必不可少，但目前河南省文化产业园区品牌的营销手段还比较单一，主要靠当地政府举办的一些活动来对园区进行宣传，还未采取整合营销手段。这就造成了河南省文化产业园区普遍缺乏完整而又系统的品牌形象。

7.2.4 河南省文化产业园区的发展路径

加快文化产业园区建设，事关文化强省和华夏历史文明传承创新区建设，必须要进一步加强领导、完善制度、健全机制，动员各级各有关部门的力量，努力形成发展合力。文化产业园区建设是一个系统工程，它的发展情况是各种因素共同作用的结果。根据河南省文化产业园区现状，河南省文化产业园区的下一步建设发展目标为：到2020年，建设10个以上营业收入超百亿元的园区、30个以上营业收入超10亿元的园区，全省文化产业增加值占GDP的比重达到7%以上，力争成为中部领先、全国先进的文化产业集聚发展省份。为了实现此目标，河南省文化产业园区的发展策略有以下几个方面：

7.2.4.1 重视政府政策支持与规划引导

(1)完善扶持政策。要认真贯彻落实国家和河南省关于支持文化产业发展的一系列政策措施，用好、用活、用足现有政策，最大限度地发挥政策的引导、激励和杠杆作用。经河南省政府批准，省级文化产业示范园区比照享受同级产业集聚区的优惠政策。要加大资金支持力度，各类文化建设、服务业引导资金要向文化产业园区倾斜。要加大金融支持力度，扩大对文化产业园区内企业的授信额度。支持各类社会资本通过多种方式参与文化产业园区建设,并享受国有文化企业同等待遇。各地要将文化建设用地纳入当地的土地利用总体规划和年度计划,优先保证省、市重点文化项目建设用地。

(2)加强规划引导。总体规划决定着文化产业园区发展的基础和方向。河南省各地要从实际出发,综合考虑经济基础、市场空间、消费水平、比较优势、文化生态、资源禀赋等条件,按照突出特色、合理布局、融合产业、集聚发展的原则,编制本地文化产业园区总体发展规划及有关专项规划,明确园区的布局、定位和发展目标。文化产业园区规划要与当地经济社会发展规划、土地利用总体规划等重大规划紧密衔接,实现统筹协调发展。各级文化、发展改革部门要全面了解和掌握本地文化产业发展的基本情况,做好园区规划制定的指导工作。各文化产业园区总体发展规划经当地政府审批后,要报省文化厅、发改委备案,投资规模较大的还要按照规定报国家文化部备案,以防盲目投资、重复建设,或以文化产业园区之名开展与文化产业无关的建设、经营活动。

7.2.4.2 促进文化产业要素集群化

(1)强化产业支撑。产业发展状况决定着文化产业园区发展的水平和质量。首先,要明确主导产业。要根据不同的比较优势,走个性化、差异化发展之路。每个园区要突出发展一个主导文化产业,在继续发展演艺娱乐、文化旅游、工艺美术、文化会展等传统文化产业的同时,积极鼓励、培育发展文化创意、动漫游戏、网络文化、数字文化服务等新兴文化产业。其次,要完善产业链条。引进国内外知名文化企业、文化机构投资建设或参与运营文化产业园区,鼓励非公有制文化企业、文化工作室和个体创作者入驻园区。

要从产业关联度方面考虑如何发挥产业集聚及规模效应，用园区模式促进区域经济升级（范周，2010）。以核心产品为主导，搞好上下游企业的有机结合和共同发展，不断完善产业链和产业体系，形成园区配套集聚优势。最后，要推动产业融合发展。随着文化产业在社会发展的地位日益上升，文化产业与其他产业的融合越来越密切。文化产业园区要选好主导产业，并不是排斥产业融合、集聚发展，而是要围绕主导产业推进跨门类、跨行业发展。要推动文化与科技融合发展，提高文化科技含量，增强自主创新能力，推进产品、产业升级；推动文化与旅游融合发展，开发文化旅游产品，打造重点文化旅游品牌，提升河南文化旅游的品质；推动文化与金融融合发展，构建文化产业投融资服务平台，不断壮大文化资本市场；推动文化与生态农业、现代工业及信息、物流、房地产、商贸等产业融合发展，延伸产业链，提高附加值，拓展文化产业发展的新领域。

（2）实施项目带动。项目的数量和质量决定着文化产业园区发展的后劲和潜力。一要加强项目谋划。围绕文化产业园区的功能布局和主导产业，精心谋划、包装一批文化含量高、关联度大、辐射面广、带动力强的项目，用以延伸产业链、弥补薄弱环节，从而推进产业和产品升级。不断增强园区发展后劲。需要强调的是，项目的策划宜早不宜迟，要在园区总体发展规划、控制性详细规划确定时，根据功能布局、产业定位，同时基本确定园区的龙头型、核心型、基地型、基础型项目，避免规划实施后随意变更。二要加大招商引资力度。当前，国内外产业分工格局调整趋势仍在持续，河南省对外开放和招商引资正处于良好的机遇期。要像抓工业项目招商一样抓文化产业项目招商，充分利用文博会和各类重大经贸活动、文化活动，积极开展多层次、多渠道、多领域的文化项目招商。要加强与央企、外企和行业知名企业的对接，通过定向招商、以商招商、小分队招商等方式，引进急需项目。要注重内容型、创新型的新兴文化产业项目的引进，提高招商引资的针对性和质量。三要完善项目推进长效机制。要建立重大项目推进责任制，明确责任单位和责任人，及时解决项目建设和生产经营中存在的问题。要做好已签约项目的跟踪服务工作，对文化产业园区内投资较大的新开工项目，优先考虑纳入重点项目管理范围，实行联审联批，优先配置土地和环境容量，推动项目早开工、早投产、早见效。省文改办、文化厅、发改委、财政厅等单位要建立健全完善全省文化产业园区重大项目数据库，每年从中筛选一批重点项目予以扶持，加快推动项目建设。

7.2.4.3 加快中介服务体系建设

综合服务水平的高低决定文化产业园区发展的速度和竞争力。一要加强基础设施建设。要高度重视园区的基础建设，大力开展园区硬化、绿化、亮化、美化工程，配套完善水、电、路、气、通信、消防、排污、垃圾处理等基础设施，增强园区承载力。二要建立健全园区公共服务体系。要加快建设园区信息中介、技术培训、市场交易、展览展示等公共服务平台和设施，完善商贸、居住、餐饮、物流、休闲等公共服务功能，创造宜居宜业的优良环境。三要提高要素保障水平。要完善投融资平台，拓宽融资渠道，通过成立文化产业园区投资开发机构等方式，实现财政投入和市场运作相结合，增强园区的造血功能。要积极整合有限的土地资源，对土地进行开发、整治和储备，通过土地挖潜、节约集约等途径，保障园区建设用地。要鼓励产学研相结合，创办技术研发中心，促进技术应用和成果转化,推进文化创新。

7.2.4.4 实施品牌营销策略

品牌构建是一个系统的过程,品牌不仅包括产品本身,如名称、功能、质量、商标等,还包括品牌概念和品牌服务,如服务人员塑造、服务质量和服务项目等。品牌的价值存在于消费者的意识里,品牌说到底是由消费者创造的。文化产业园区具有了准确的品牌定位和品牌识别系统外,如何让消费者接受和认可园区定位和品牌识别系统,需要文化产业园区实施品牌营销策略。文化产业园区品牌营销策略的一个重要环节是采取整合营销策略。文化产业园区的模式可以划分为市场主导型和政府主导型。由于我国文化产业园区类型多为政府主导型,因此在品牌营销模式上也应该选择政府主导型的模式,即以当地政府为主导,在宏观层面进行指导以确定如何进行园区品牌形象的推广,组织园区内企业通过各种途径对园区品牌进行整合营销(赵维新,2005)。由于文化产业园区的营销策略同质化程度较高,因此要注意塑造文化产业园区的品牌个性。园区品牌个性是园区品牌的独特气质和特点,是园区品牌的人性化表现。塑造河南文化产业园区的品牌个性,就是建立一种象征,它能让品牌唤醒消费者的想法、追求和精神;取得消费者共鸣,产生一种认同感。久而久之也就形成了园区品牌竞争力、忠诚度、美誉度,使园区品牌得到发展、提升。

7.3 河南省文化产业集群发展的模式

7.3.1 河南省把文化产业作为战略性支柱产业的必要性

河南省“十二五”规划提出,要加快文化产业发展,建设一批市场前景好、关联程度高的重点文化产业项目,培育一批具有核心竞争力的大型文化企业和企业集团,建设一批文化产业基地、集聚区和国家级文化产业群,推动文化产业成为支柱产业。同时国家“十二五”规划中也表示要在国家战略层面把中原经济区建设成为“华夏历史文明传承核心区”。但河南文化产业的发展情况与文化强省而言还有较大差距,这与河南省文化资源大省的地位极为不符。文化产业拥有成为河南未来经济发展中主导产业、支柱产业及先导产业的可能性,不仅具有巨大的外部溢出效应,而且本身还具有巨大的直接经济效应。这种可能性和必要性在于以下几个方面:

第一,“十一五”期间,河南文化产业增长速度有较持续的高水平表现,为文化产业的下一步发展打下了坚实的基础。2005—2010 年,河南省文化产业的增长速度达到了 17.1%、17.1%、15.5%、15.1%、15.9%,高出同期河南省 GDP 增长3.0 个、2.5 个、3.4 个、4.4 个、3.7 个百分点,在加快文化强省建设的进程中取得了显著成效。

第二,在如今的数字化时代,文化信息将成为重要的战略资源。数字信息技术不断创造新的奇迹,并渗透到人们生活的方方面面。数字信息技术给文化创作生产和交流传播提供了新的、广阔的平台,在不断催生新的文化业态的同时,也不断革新传统文化生产，使得文化产业在数字化时代拥有战略性的地位。此外，数字信息技术使产业的发展趋势由重资产向轻资产转化，而文化信息是轻资产运营中的重要资源，更可以为塑造一个地区甚至一个国家的软实力贡献力量。

第三，河南省具有丰富的独有的中原文化资源，文化产业有很大的发展潜力。河南的文化资源不仅数量多，而且门类齐全，故都文化、遗址文化、红色文化、花卉文化、名人文化、宗教文化、武术文化、姓氏文化、戏曲文化、民俗文化等类型几乎全部涵盖。更重要的是，河南的文化资源特点鲜明，历史积淀深厚，七大古都河南占一半便是其最具比较优势的资源。

第四，河南省文化产业的发展还存在文化产业的总量较小、自主创新能力不足、文化投入总量不足、文化消费水平以省内为主并较低等问题，但这同时体现了河南文化产业有很大的发展空间。相对河南经济大省来看，文化产业 2012 年的总量只占 GDP 的 1.7%，比重偏低。而 2010 年河南全社会固定资产投资中用于文化、体育和娱乐业的投资为 165.63 亿元，较 2009 年增长 10.7%，但远远低于全社会固定资产投资 21.0% 的增长速度。同时，城镇和农村居民日常消费支出中文教娱乐用品及服务支出都低于全国平均水平。

河南省于 2013 年出台《河南省文化产业发展战略重点方案》（见附录 3）提出，将重点发展数字传媒、创意设计、动漫游戏、文化旅游、工艺美术五大产业，到 2015 年，五大文化产业增加值占河南省文化产业增加值比重超过 50%。

7.3.2 河南省文化产业集群现状分析

河南文化产业的发展方向应是成为战略性支柱产业,发展模式是推进集约化和可持续发展,发展观念是将服务对象集中在省外,发展结构是培育新的增长点,发展手段是由分散到集中品牌。

第一,河南省文化产业尚处于成长发展的初级阶段,需要按战略性支柱产业进行合理规划和政策引导。上文提到,河南省文化产业目前占 GDP 比重很小,还远低于北京的 8%、上海的 6.2%、广东的 4.74% 等,未能成为拉动经济增长的主要力量。但就河南省的文化产业发展基础和文化资源潜力而言,河南省政府应将文化产业作为战略性支柱产业进行培养,积极推动文化产业科学发展,使其从自身和溢出两个方面带动河南的经济可持续发展。

第二,河南省文化产业发展模式粗放,极需实行集约化和可持续发展。2010 年末,河南省平均每个文化产业法人单位有从业人员 27 人。其中,规模以上工业企业 250 人,规模以下工业企业 37 人;限额以上批零企业 75 人,限额以下批零企业 9 人;服务业企业 13 人,文化事业单位 29 人。文化产业以中小企业居多,单位的人员规模偏小使得产业主体呈"小、弱、散"的局面,缺少大型文化企业和骨干企业。因此,河南省要把建立集散平台和大力发展文化产业企业集团作为发展文化产业的两大主要任务,引领和带动全省文化产业整体发展。

第三,河南省需将服务对象的重点集中在省外。在提高省内文化消费水平的同时,更多地吸引来自省外的消费,基于省外消费的特点并结合省内比较优势发展文化产业。

第四,河南省需优化文化产业结构,整合文化产业资源。河南省现有的文化重点产业成就显著。其中，新闻出版业中豫版出版物竞争力不断增强，广播影视业中从业人员、资产总额、广播电台等都有一定提高，一系列精品生产如省影视制作集团参与拍摄的《叶问2》等成效明显，包括新编历史越调《老子》、豫剧《香魂女》在内的文艺演出也持续活跃。但是，笔者认为，基于河南的文化资源禀赋，河南省除了继续发展已有的重点行业，还要培育新的增长点，例如仿古艺术品贸易产业、会展业、文化旅游业。这样才能同时发展文化产业的“核心层”和“外围层”，建设战略性产业体系。

第五，河南省需提高文化资源转化为无形资产的能力，可围绕“中原文化”这一独特品牌建设，形成河南省文化产业特色。由于缺少国内外知名的文化品牌，使得河南省文化产业的社会影响力十分有限。课题组认为，河南省应该通过打造“中原文化”这一品牌，如“中原文化月”、“中原文化主题公园”、“中国仿古工艺品交易市场”、“中原文化深度游”，将河南省独有而丰厚的文化资源转化为无形资产，提高社会知名度和影响力，并围绕这一品牌打造相关产业，带动整个文化产业的发展，从而最终实现将文化资源转化成资本资产。

基于以上分析，将文化产业培育为河南省战略性支柱产业的方案如下：

7.3.2.1 建立“开封—郑州—洛阳”古都文化产业带

首先，应推广开封的宋都古城文化产业园区的整合提升型开发模式，将视野扩大到整个河南，整合开封、郑州、洛阳及二翼的文化资源，不仅达到文化资源间协同互动、整合提升的效果，还可以有效解决游客在开封的游览时间无法超过三天的问题。

其次，发挥郑州的省会、省经济文化中心、交通、新城硬件设施等优势，将郑东新区定位在会展业中心，以郑州的会展业为核心汇聚客流和商流，再以古都文化带的品牌效应将客流和商流溢出至整个文化带。

最后，应推广少林寺的人文旅游开发模式，而非纯自然风光游或是宗教游，而是像少林寺一样突出人文因素，发展“开封—郑州—洛阳”的古都文化产业带，以及安阳“文字文化”、佛教少林寺文化、道教太极等人文旅游产业，逐步形成中原文化产业网。例如，充分挖掘河南道教资源和佛教资源中的东方健康文化因素，打造东方健康文化之旅，吸引人流和商流去参观学习少林寺武功以及陈氏太极拳，开展休闲生态旅游、佛教、道教健康文化旅游等。

7.3.2.2 建立以仿古工艺品交易为中心的中原文化非物质文化遗产产品交易平台，使洛阳成为中原文化工艺品集散地

南阳玉市场的集散平台型发展模式降低了包括消费者和生产商信息搜集成本在内的交易成本，满足了如今消费者日益增长的个性化需求。如今人们对仿古工艺品需求很大，加之河南在仿古工艺品供应方面的能力和口碑，不仅可以在经济上实现仿古工艺品交易平台的不断壮大，更可让仿古工艺品脱去“假文物”的帽子，让地下工厂摇身变成正规的仿古工艺企业，这样，无论是对整个仿古工艺品市场的良性发展而言，还是对仿古工艺的生产者而言都是一个绝佳的机会。如果河南能率先建立起这样的平台，并率先成功地规范仿古工艺品市场的行业准则，仿古工艺品交易平台有很大可能成为河南文化产业的主导产业。而后，还可以在仿古工艺品交易平台的基础上再引入河南其他的非物质文化遗产，如将一些小的非物质文化遗产小商品化，如此，中原文化非物质文化遗产产品交易平台也可以顺利打造。

7.3.2.3 打造“中原文化月”品牌

把洛阳牡丹节扩展为“中原文化月”，整合已有的扎堆的文化节；开展省级中原文化主题公园评选活动，把省内文化旅游资源整合打包，并把它结合进“中国文化月”。

7.3.2.4 组建或培育几个有实力的文化企业集团

企业集团是产业发展中的主导力量，是拉动产业发展的主力军。企业集团因其资本优势、信息优势、上下游控制优势、产业规则制定优势等在产业发展中发挥领带作用。因此，例如，针对南阳玉市场，其下一阶段的发展重心不在于以政府的力量培养技术人才或是引进设计大师，而应强化产业支撑，以玉器企业的集群化为目标。集群化的优点不仅在于企业可以获取外部经济效应，进一步降低交易成本，并且可以突破现有的发展制约因素——创新设计能力不足以及品牌效应不强，因为集群化还可以为企业带来创新的压力和动力，增强工艺品企业竞争能力，促进产品品牌建设。同时，集群化还可以营造良好集聚环境，有利于玉器企业产生较大的市场影响力。

7.3.3 河南省文化产业集群发展的三种模式

河南省“十二五”规划也提出，要加快文化产业发展，建设一批市场前景好、关联程度高的重点文化产业项目，培育一批具有核心竞争力的大型文化企业和企业集团，建设一批文化产业基地、集聚区和国家级文化产业群，推动文化产业成为支柱产业。同时，国家“十二五”规划也表示要在国家战略层面把中原经济区建设成为“华夏历史文明传承核心区”。事实上，近年来，河南省的文化产业在产值、产业规模和产业经济效益方面有着显著的进步。按国家统计局新的统计口径，2012 年河南省文化产业增加值达 300 多亿元，占生产总值的 1.7%。但是，这个比重不仅远低于北京的 8%、上海的 6.2%、广东的 4.74%、湖南的 3.63%，甚至还低于全国平均水平 3%，可见河南文化产业的发展情况与文化强省而言还有较大差距，这与河南省文化资源大省的地位极为不符。

有关“文化产业”的定义众说纷纭，但这正反映了一个现实，即文化产业的含义非常宽泛，似乎只要与文化相关就能被产业化。那么，对于河南而言，如何才能从这许多“产业”中筛选出最有发展潜力的、最有可能实现“文化产业强省”目标的突破口？河南自身的文化资源禀赋优势独一无二，且异常丰富，每一寸黄土之下都蕴含着激动人心的历史性发现，每一口呼吸中都能感受到中华文明深厚的底蕴。若舍如此良材美玉而求诸于其他文化、其他产业，实在令人扼腕。

鉴于河南文化资源的存量之大，如何对资源进行战略性地开发成为首要的问题。下面，我们先选取目前在河南发展得较好的三种模式进行分析。我们的分析表明，每一种模式都很好地利用了河南的文化资源。我们将分析其模式的本质及其适用的条件以探讨其推广的可能性，并寻找其不足之处以完善该模式。

7.3.3.1 河南现有三种文化资源发展模式分析

(1)整合提升型——以开封宋都古城文化产业园区为例。开封宋都古城文化产业园区自设立以来，2008 年被评为河南省文化产业示范园区，2011 年 2 月 28 日，文化部决定命名开封宋都古城文化产业园区和上海市张江文化产业园区为第三批国家级文化产业示范园区。目前，文化部命名西安曲江、山东曲阜、沈阳棋盘山、深圳华侨城、开封宋都古城和上海市张江6个国家级文化产业示范园区，开封成为河南省乃至中部地区唯一获得命名的城市。

开封的目标是打造国际文化旅游名城，它以20平方公里面积的国家级文化产业示范园区——宋都古城文化产业园区为重要支撑，按照“一城两环八区”的规划，计划把开封老城打造成全城一景、宋韵彰显的特色文化园区，把开封的大宋文化打造成与西安汉唐文化、北京明清文化三足鼎立的知名文化品牌。

可以看到，开封成功的一个关键点在于充分利用了其古都资源——作为宋都所拥有的资源，包括：清明上河城影视产业基地、城摞城大宋文化博物馆、朱仙镇、包公祠等。正是由于这些资源的存在，或是潜在资源的存在，使得开封有值得开发并取得成功的可能性。这些资源是独一无二且是人们耳熟能详的，对于人们来说有着无与伦比的吸引力。

但天生丽质不意味着总是会发光，开封利用宋古都这根项链将那些优质资源串起来，最终成为一件闪亮夺目的艺术品——这就是整合提升型的发展模式，即整合一个区域的文化资源或者多个区域的多种文化资源，集中包装、提炼，从而实现“1＋1＞2”的提升效应。这里，鉴于整合的主体为古都开封，即把古都作为一个社会化“企业”进行计算管理，运用市场经济手段，对各种可经营的资源进行资本化市场运作，以实现这些资源在容量、结构、秩序和功能上的最大化和最优化，从而实现城市建设投入和产出的良性循环、城市功能的提升及城市的可持续发展。古都经营的对象是城市，这就要求城市经营者必须充分认识自己经营对象的要素构成，认识各要素在城市经营中的地位和作用。在历史文化名城经营中就必须处理好城市各要素与历史文化名城各要素——文化遗产保护的相互关系。历史文化名城在城市文化经营中要充分利用历史遗留下来的优秀文化遗产资源,利用文物形象、历史文化价值塑造城市形象。

这里要强调的是,古都资源的整合必须紧紧围绕古都开展,正如一个企业的要素利用必须紧紧围绕企业的战略目标。这就说明了整合提升型模式的前提条件——资源之间都可以用一个主题衔接起来。此外,古都所拥有的文化资源必须有被整合的价值。拿经营古都的框架来说,这些文化资源必须具有转化成生产力的能力,更需要具有一定的生产力。不是所有的文化资源都能被开发,也不是所有的文化资源能成为高产出的生产力。当我们考察宋都古城文化产业园区时,发现其现已纳入的文化资源的性质大多为遗址类,在一个平面相对集中,因此开发的成本较小,具有较强的整合潜力。此外,正如一个企业的要素要具有足够的生产力,否则其产出必然是让人失望的。开封所拥有的资源,如清明上河城、包公祠、城摞城或原本就家喻户晓,或通过影视媒体等手段让人耳熟能详。但是,耳熟能详的范围也仅限于中国的老老少少,其国际影响力并不如西安的唐文化资源和北京的元明清文化资源,因此,基于目前开封的资源禀赋,通往国际文化旅游名城的道路必然是曲折的。

(2)集散平台型——以南阳玉器市场为例。玉雕产业是南阳文化产业中规模最大的一块,已成为该市经济增长的亮点。据统计,目前,南阳市玉雕从业人员达100多万人,玉类加工户1.5万余家,年产值达120多亿元。南阳先后在南阳市区开辟了卧龙路玉器一条街,在镇平县城建起了玉雕大世界,在石佛寺镇建成了贺庄摆件市场、榆树庄玉镯市场、石佛寺翠玉玛瑙精品市场、玉雕湾市场四大玉雕专业市场。此外,一年一度的国际玉雕节也加强了与国内外玉雕业界的联系与沟通,加快了玉雕产业的快速发展。南阳把成批的玉雕产品销往美、日、德、东南亚等50多个国家和地区,年出口成交额达8亿多元,南阳已成为全国最大的玉雕工艺品生产和出口基地。

南阳成功的一个关键点在于充分利用了其非物质文化遗产资源——玉。南阳被称为“中国玉雕之乡”。据有关资料统计,南阳有30多种玉石资源,除了全国四大名玉之一的南阳独山玉,还有物美价廉的鲁山玉、汉白玉、黑绿玉等,丰富的玉矿资源为南阳玉雕产业的发展提供了坚实基础。

正如古都的资源不会自行整合,“玉”不琢不成器。非物质文化遗产可分为两类——演义文化遗产和工艺文化遗产,而玉属于后者。对于工艺文化的开发共有三种模式。

一是资源驱动型发展模式。这种模式的基本特征是立足本地资源,以资源开采和原料销售为主发展工艺品产业,就玉石行业来看,新疆和田玉和青海昆仑玉产业就是最典型的代表。

二是技术拉动型发展模式。这种模式的基本特征是,从产地购进工艺品原料进行加工,以技术和人才优势发展工艺品产业,最典型的代表是江苏扬州。扬州也是全国玉雕重点产区之一,规模较大,品种较全,技术力量较强,在全国占有很重要的地位。

三是平台推动型发展模式。这种模式的基本特征是,通过降低交易成本,发展规模较大的工艺品平台,形成工艺品原料及成品集散地,推动产业和企业发展。

南阳玉产业的成功主要在于采用了平台推动型发展模式,即建设玉的集散地——建立一个让玉得以流通的交易平台。表面看来,南阳玉结合了所有三类的开发模式,因为南阳自身就是玉的开采地,而南阳也有一定的玉雕技术人才。

但首先,除独玉外,南阳玉雕的绝大多数玉料都严重依赖外地。“中国台湾扼守着巴西的玛瑙原料和澎湖地区的珊瑚,南方把持着缅甸的翡翠料,它们要么垄断着价格,要么将高档料自己雇人加工,只抛售中低档玉料。近几年来,辽宁岫岩县政府及岫玉矿山截断了输往南阳的高档岫玉料,自己雇师傅办玉雕加工厂,以获取更大的利润。梅花玉只产于河南汝阳,过去汝阳有七八个玉矿,玉料绝大部分以低价售到南阳。而最近几年来,梅花玉矿山被掌握在一家公司手中,它们将高档玉全部垄断,只出售低档玉料,消费者要想买高档梅花玉工艺品,只有到汝阳去。”其次,浓郁的玉文化氛围孕育了一代又一代技艺高超的南阳玉雕艺人,这可以说是南阳玉雕业最具竞争力的人力资源。然而从现在的玉器市场来看,这一颇具核心竞争力的潜力并没有发挥出来。虽然南阳玉器也不乏精品,但多年来整体特点是工艺粗糙、款式陈旧,缺乏文化韵味。比如很多玉器不抛光,打上水蜡就完事,或是将极其低档的大理石、玻璃等加工成粗糙的仿玉器而大量低价抛售。

那么,平台又是如何驱动南阳玉市场发展的呢?平台本质上是消费者与生产者互相交流的场所,在平台上,消费者寻求其需求的产品,而生产者寻求其生产品的买家。平台是集商流、物流、信息流、资金流于一体的载体,具有五个方面的功能,即集货功能、交易功能、信息功能、价格形成功能和结算功能。消费者与生产者相聚于一个平台,在一个地点可以获取到其他消费者和生产者的信息,价格在这里形成,交易在这里进行,资金在这里流动。因此,平台降低了搜索信息的成本,降低了形成最终价格的成本,降低了支付的成本，一句话，平台减低了交易成本，因此交易就更容易发生。这正是发生在浙江义乌小商品市场——全球最大的小商品城批发市场的故事，也正是如今炙手可热的手机 iPhone、企业阿里巴巴成功的秘密——它们通过将手机、网站作为一个平台，让手机用户和 APP 提供商去交流，让企业与企业去交流。此外，平台还满足了如今消费者日益增长的个性化需求，这也反过来更进一步促进了平台的发展。由于交易成本的降低，各类玉雕生产者云集南阳玉市场，消费者有了更大的选择范围，也可以按自己特定的需求进行定制而不用担心自己的"异想天开"最终沦为镜中花、水中月。

这里需要强调的是，平台存在的基础是平台一边用户的生存依赖于另一边的用户。对于工艺品这类非物质文化遗产而言，这不仅意味着要有足够多的生产商，更要有足够多的消费者即需求与之相对应，二者缺一不可。

而现有的很多研究指出，目前大多在南阳玉市场交易的玉器存在设计不足、文化内涵开发不深，依然处在产业链低端的问题。但从上文的分析可以知道，南阳玉产业化的基础在于成立了平台化的集散地，它并不要求以技术、设计或是开发为基础。事实正好相反，当平台上的交易到达一个程度，当商业发展到一定阶段，自然会要求在生产端做出回应以适应商业的发展。以浙江省义乌为例，义乌人多地少，耕地、能源和矿产等资源匮乏，资源稀缺决定了义乌的发展只能走劳动密集型的轻工业之路。1982 年，义乌市提出"以商兴市"的发展战略，政府营造市场发育的良好环境，不仅提供便捷的交通、通信、水电、仓储等硬件配套设施，而且还用多种手段，调控要素和服务价格，以减轻经营者的负担，保持低成本竞争的优势。1993 年，政府提出"以商促工、工商联动" 的战略决策，依托市场发展小商品加工业，不断强化产业支撑，最终形成了一批全国乃至世界的"小型巨人"企业。因此，南阳玉器市场下一阶段的发展重心不在于以政府的力量培养技术人才或是引进设计大师，而应强化产业支撑，以玉器企业的集群化和品牌化为目标。

第一，玉器企业集群化能够使企业获取外部经济效应。在玉器企业集群内部，生产型企业的自身正常运转可以通过批量采购相关物资材料来实现，技术研发型企业可以大规模向相关企业输出技术，销售型企业则可以实现批量销售，工艺品企业集群内企业彼此间通过合作，提倡分工、讲究"弹性专精"，进而可以有效形成外部范围经济。

第二，玉器企业集群化可以进一步降低交易成本。由于地理邻近，集群内的玉器企业与企业之间的合作行为往往是基于共同的价值观念和共同的社会文化背景，企业的各项经济活动往往是植根于地方社会网络中的。这种地方社会网络无形中促进了良好信誉机制和相互依赖关系的建立，这对克服单个工艺品企业的机会主义行为起到了很大作用。此外，集群的发展模式，可促使个人关系及种种社会联系网络信息流动加快，有利于集群内成员共享大量的专业信息，使集群内成员对彼此的经营活动有着较为及时和准确的了解，从而有利于彼此相互监督，有效地制止企业的失信行为。

第三，玉器企业集群化可以为企业带来创新的压力和动力。玉器企业创新的重要基础来源于高素质的技术人才。但是，单个玉器企业往往无法进行创新性经营，主要原因在于其存在技术开发实力较弱、资金不足和培养留住人才的能力匮乏等劣势，进而往往导致企业错失许多大好的市场机会。而通过培育玉器企业集群，可以拓宽企业资金来源渠道，促使集群内企业间实现低成本融资，为企业创新活动提供必需的资金保障。降低创新成本的方式也是多样的，诸如集群内的工艺品企业可以通过共用某些基础设施等。除此之外，玉器行业资本的积累也会得益于这种联合的促进作用，行业规模上的竞争力容易在较短时间内增强。也就是说，创新和技术进步会成为玉器企业集群化的一个自然的结果。

第四，玉器企业集群化可以增强工艺品企业竞争能力，促进产品品牌建设。从一定程度上讲，品牌是潜在顾客做出决策的重要参考依据，这点对于玉器企业来说十分重要。但是，南阳现有的玉器企业，尤其是中小型玉器企业，很难培植起自有品牌，原因在于这些企业在资金、人才等方面相对缺乏，加之单个中小工艺品企业的生命周期一般比较短，管理与服务创新在开展品牌建设过程中不能顺利进行，影响了企业的营销宣传活动。但玉器企业通过集聚化的发展方式，凭借专业化分工与协作，一方面能较大程度提高工艺品质量，另一方面也为企业的资金来源提供了渠道支撑，使企业有条件通过细致的消费需求研究，来达到不断创新和改进产品工艺和技术的目的。同时，企业集群较为明显品牌优势的形成，依赖于顾客对工艺品企业品牌和产品品牌的认知水平，企业可凭借密集式、针对性的文化宣传、产品宣传等活动达到增强企业竞争能力的效果。而且，与单个工艺品企业的品牌相比，作为众多玉器企业品牌精华的浓缩和提炼，产品品牌更直接、更形象，往往可以产生持续、广泛的品牌效应。

第五，玉器企业集群化营造良好集聚环境，有利于玉器企业产生较大市场影响力。玉器企业集群长期在某区域集聚，可通过不断完善相应的配套设施，吸引更多的相关产业的投资者以及提供专业化服务的合作商进入该区域,有助于产生较大的市场影响力。更重要的是,可为集群内实力较弱的中小玉器企业带来诸多好处,主要表现在,通过充分利用企业集群提供的市场以及专业服务,使企业克服创业初期的种种困难,提高投资成功的可能性。集群内部互动协作的良好环境,可积极促进中小玉器企业产品结构优化和技术升级,为集群内玉器企业的可持续发展提供支持。

(3)人文旅游型——以云台山为例。云台山位于河南省焦作市修武县境内,是国家首批 AAAAA 级景区。2012 年,云台山景区接待游客 504 万余人次,实现门票收入 4.5 亿元。2013 年 3 月,云台山景区在韩国首尔麻浦区正式设立“中国河南焦作云台山驻韩国办事处”,这是我国旅游景区设立的第一个境外办事处。国家旅游局、河南省人民政府每两年联合举办“中国云台山国际旅游节”,迄今已经成功举办九届。已有超过 60 个国家的驻华使节出席参观,是我国对外展示旅游产业发展的重要窗口式节庆活动。

虽然云台山拥有道教洞天福地文化,属于道教文化资源,可是在其旅游开发的过程中似乎并没有融入道教的因素。云台山的旅游表面上是一种纯旅游模式,只是带领人们领略自然风光,不包含文化气息,但值得注意的是,其实人们在这种纯休闲的旅游中已经暗合了道家的健康文化。难道道家不是鼓励享受阳光、享受空气的吗?难道道家不是主张返璞归真、亲近天然的吗?难道人在远离了尘世的烦恼得到片刻内心的安宁时不是最健康的吗?因此,当我们深入考察休闲旅游的本质时,发现人们得到的并不单单只有视觉的愉悦和清新的空气,更是精神的放松和心灵的洗涤。

7.3.3.2 从三种文化资源发展模式中得到的发展优势主题文化资源的启发

上面我们分析了目前在河南发展得较好的三种模式，下面我们试图将从分析这些模式中得到的启发应用于河南的优势主题文化资源。

(1)古都资源除开封外难以应用整合提升发展模式。对开封宋都古城文化产业园区的分析表明，整合提升型的发展模式可以较好地应用于古都资源。同时，我们的分析也提示了应用整合提升型模式的前提条件，即文化资源之间都可以用一个主题衔接起来；文化资源必须有被整合的价值。根据这两个条件，我们考察除了开封外的两个古都，洛阳和安阳。

在洛阳建都的先后有夏、商、西周、东周、东汉、魏晋、西晋、北魏、隋、唐、后梁、后唐、后晋13个王朝，累计约有1400年，使得洛阳成为历史上建都时间最早、朝代最多、年代最长的著名古都。但其现有的文化资源如隋唐城里坊区、汉魏故城区、偃师商城遗址区、二里头夏都斟浔遗址区、邙山陵墓群保护区无法用一个主题衔接起来，即使以“千年帝都”为主题，这些文化资源的知名度与开封相比相差甚多，因此整合提升型模式并不适合洛阳。

在安阳建都的历史上先后有商朝、曹魏、后赵、冉魏、前燕、东魏和北齐。其知名的文化遗产主要是殷墟遗址、红旗渠、马氏庄园、羑里城遗址以及二帝陵等。这些文化资源的知名度都较高，但同洛阳相同，它们无法用一个主题衔接起来。此外，这些文化资源之间的距离都比较远，地理上很分散，很难产生“1+1>2”的规模效应。

虽然将整合提升简单地搬抄至洛阳和安阳比较困难，但当我们将视野扩大到整个河南，“开封—郑州—洛阳”的古都文化产业带就呼之欲出了。首先，开封、郑州、洛阳三者都是著名的古都，其中郑州为宋都；其次，三者之间相距不远，交通方便，从郑州出发到开封和洛阳都只需一个小时。因此，我们可以设立“古都文化产业带”的主题，将三个古都的资源整合在一起。这样的好处在于：三个古都不同的文化资源的整合既让游客可以享受到更加丰富多样的中原文化，更可以将这个文化资源原有的知名度、品牌整合在一起形成一个更知名、更具吸引力的品牌——古都文化产业带。但是，开封宋都古城文化产业园区现在面临一个问题，由于开封现有资源的限制，来开封的游客在开封游览无法超过三天，也就是说，开封现有的文化资源的开发无法形成太强的溢出效应，带动餐饮、住宿等消费，而当形成了古都文化产业带后，来开封的游客可以在游览完开封后前往洛阳或郑州继续游览，在郑州和洛阳旅游的游客也会来开封旅游，从而形成良性互动。

我们认为，整个古都文化产业带的中心应放在郑州。郑州交通便利，其自古至今均为交通要塞，是国家重要的综合交通枢纽，素有“中国铁路心脏”和“中国交通十字路口”之美誉。郑州拥有亚洲最大的列车编组站郑州北站和中国最大的零担货物转运站郑州货运东站，以及亚洲唯一运行时速350公里的高速铁路十字枢纽站郑州东站。未来郑州将成为全国普通铁路和高速铁路网中唯一的“双十字”中心，形成以郑州为中心的中原城市群“半小时经济圈”、中原经济区“1小时经济圈”和全国“3小时经济圈”。以郑州新郑国际机场为中心，一个半小时航程内覆盖全国三分之二的主要城市、五分之三的人口。也就是说，以郑州及其特殊的地理位置和交通设施为依托，能汇聚巨大的商流和客流。

那么,如何将如此大的商流和客流留在河南,留在郑州,为河南的文化产业做出贡献呢？我们认为,应充分发挥郑东新区的硬件设施优势(如交通、国际会展中心等),将郑东新区定位在会展业中心,以郑州的会展业为核心汇聚客流和商流,再以古都文化带的品牌效应将客流和商流溢出至整个文化带。

当我们将视野从整个文化带再扩散出去,可以发现还能将整个文化带附近的文化资源也整合进来,从而进一步丰富商流和客流的选择,提升整个文化带的吸引力。

(2)东方健康文化——道教资源和佛教资源。这里,我们将道教资源和佛教资源放在一起。因为从上文对云台山休闲旅游模式的分析中看到,这个模式的本质与道教文化中的健康养身文化非常契合。而河南佛教资源中的少林寺武功也有强身健体之效用,因此,我们认为可充分挖掘河南道教资源和佛教资源中的东方健康文化因素,通过东方健康文化这个主题将道教资源和佛教资源相整合。

其中,首推少林寺武功以及陈氏太极拳。正所谓"药补不如食补,食补不如练武"。可以说,武功与我们的健康息息相关。而其东方特色在于——练武,注重的是内练精神,外达肢体,讲究内外、心身的统一修炼,因而可以起到增强体质、祛病养生的作用。以太极拳为例,太极拳博大精深,源远流长,是中华民族传统文化的瑰宝,富有东方武术的魅力。太极拳具有刚柔相济、阴阳开合、内外兼修的特点。它用太极阴阳之理念,用意念统领全身,通过入静放松、以意导气、以气催形的反复习练,达到修身养性、陶冶情操、强身健体、益寿延年之目的。此外,这两大武系在国内外都享有盛名,这对推广河南的东方健康文化主题资源非常有利。

其次，还可以通过东方健康文化主题将其他的道教资源和佛教资源联系起来，将各个可用的资源利用起来，如道家名人资源以及洞天福地资源，无论是在开发还是在宣传这些资源的过程中，都应注意贯彻东方健康文化这一主题，让人一提到河南，就想到其养生文化，并开展休闲生态旅游和佛教、道教健康文化旅游，适宜综合开发旅游产品。

(3)仿古工艺品交易平台——非物质文化遗产。多姿多彩、品质丰富的非物质文化遗产是河南文化资源中闪亮的群星。基于上文对南阳玉器市场的平台化集散地模式分析，我们认为，若能建立仿古工艺品交易平台，它将成为河南今后文化产业中最耀眼的亮点之一，甚至毫不夸张地说，它有机会成为河南文化产业的主导产业。

近年来，随着改革开放的深入，人民群众的生活水平不断提高，民间收藏勃然兴起，收藏范围之广、收藏人数之多前所未有。各地古玩市场、旧货市场也应运而生，造成了对各类古玩及工艺品需求大量增长，从而也带来了文物仿古制品生产、流通的迅速发展。资本所能投资行业并不很多，“文物”收藏已成为期望值很高的投资领域。如今，已俨然走进“全民收藏”的时代，鉴宝类节目层出不穷，而这直接导致的后果就是各类假古董随处可见。

盛世收藏，老百姓有钱投资文化自然是好事，但是这里面水实在太深，又有多少人能知晓背后涌动的暗流呢？而支撑这个市场的正是已高度成熟的制假、造势、拍假、假鉴、护假的完整链条。河南由于其历史原因，制作仿古工艺品的技术非常成熟，产业链也较完整，也有一定规模。如洛阳南石山村目前有70多家仿制唐三彩的手工作坊或工厂。各家手艺不同，产品命运不同。有被文物贩子拿去当真品卖的，有在古玩市场低价销售的，也有批量生产的旅游产品。

文物仿古，古已有之。生产制作仿古制品，本身是一项研究古代工艺、揭示文物特征的活动，其目的是为了更好地研究文物、利用文物、保护文物。现在人们摹仿古代工艺品来生产，主要是供品味、玩赏、收藏，不仅有越来越多的国内消费者渐渐开始欣赏自己国家的传统艺术，而且我国古代工艺品对于国外的消费者而言也充满神秘的魅力。其实，造假市场的繁荣，正说明了人们对于仿古工艺品有需求，这恰是平台得以建立的基础。

如今，河南不仅有一些较大的正规仿古工艺品企业，如仰韶彩陶仿古研究所，洛阳市孟津县朝阳龙山古陶仿制厂、张家彩窑文物复制厂，更是已经形成了庞大的“地下市场”。那么，有没有办法让仿古工艺品的消费者和生产商都浮出水面，让仿古工艺品从此脱去“假文物”的帽子，成为中华文明艺术的传承与历史的回顾。我们的答案是，在河南建立一个合法的大型仿古工艺品交易平台。

正如在对南阳玉交易平台所做的分析中提到的，平台的建立本质上减少了交易成本，也为消费者的定制消费提供了可能。由于交易成本的减少，加之河南原本就发达的仿古工艺品生产链，仿古工艺品的生产者发现在平台中可以更自由、更方便、更快捷地找到需要其产品的客户，而消费者可以在这个平台中拥有更广的选择权、更强的议价能力，并能找到帮助实现其特殊需求的生产商。

此外，平台模式的发展不需要太多的资源禀赋，非常适合土体资源相对富足的河南。同时，河南由于本身悠久的历史文化背景对于仿古工艺品交易平台的建立而言无疑相比其他省市更有竞争力。

那么,如何在市场杜绝文物造假的行为呢?其实,该平台成立伊始,其定位就是成为仿古工艺品的集散地,所谓文物、古董不得在该平台内交易。其可行性在于,制作假文物的初衷无非是追寻更高的经济利益,如今仿古工艺品交易平台的存在让仿古工艺品的生产者有了比原来不从事假文物制作时更高经济收入,这种更高收入的缘由不仅仅在于交易成本的下降带来的潜在客户的增多,还在于仿古工艺品行业本身有较强的进入壁垒——正如上文提到的南石山村,其村民的手艺几乎都是家传——随着交易平台的兴起,对仿古工艺品的需求会越来越大,那么,作为生产者的收益也会提升,甚至在这些生产者中或许会兴起品牌企业。当交易平台发展到一定阶段,自然也会形成不交易假文物的品牌,进而让消费者更安心,也会让政府更为支持。

当然,仿古工艺品交易平台的发育离不开政府的作用,因为平台自发形成过程中的分散性、无序性,需要由政府组织、规划和规范,才能使市场形成规模效应,更不用说如今需要政府先搭好台,然后让交易主体来唱戏的模式了。政府在交易平台设立的初期需要着重注意下面三点:第一,营造市场发育的良好硬环境,如提供便捷的交通、通信、水电、仓储等硬件配套设施。第二,注重软环境的建设,如严打假文物交易,建立平台行业准则。第三,政府自身积极推广宣传。

关于该仿古工艺品交易平台的发展路径,我们认为可以分为四个步骤。

第一,地点选择在洛阳附近。原因在于洛阳附近的仿古文物生产者较多,在平台建立初期需要在短期内汇聚人气,形成一定气候。

第二,先选择一两种重点的仿古工艺品作为交易品。所谓重要,即需求量大、生产者多、影响力大,容易形成规模效应。

第三,当首先开发的仿古工艺品交易做大做强后,再引入其他各类品种的仿古工艺品,最终逐渐形成中国最大甚至是具有国际影响力的仿古工艺品产品交易平台。

第四,在仿古工艺品交易平台的基础上再引入河南其他非物质文化遗产,如将一些小的民俗工艺品小商品化,如此,河南民俗非物质文化遗产交易平台也可以顺利打造。

河南近年来在文化产业的发展中取得了不俗的成绩,但距文化产业强省仍有一定距离。本书认为河南文化产业的战略重点应着眼于自身丰富璀璨的文化资源,并根据不同主题将河南具有独特优势的文化资源分成五类——古都资源、道教资源、佛教资源、三国资源和非物质文化遗产资源。然后,本书针对河南现存的三种文化产业发展模式进行分析,发现每一种模式都很好地利用了一类主题资源。根据三类模式的本质及其适用的条件,我们首先提出完善现有模式的建议,其次探讨三类模式在不同文化资源分类上的可能性。

一是开封宋都古城文化产业园的整合提升型发展模式,它充分利用了其古都资源——作为宋都所拥有的资源。这种模式要求将古城当作不同要素的集合来经营,整合一个区域的文化资源或者多个区域的多种文化资源,集中包装、提炼,从而实现“1 + 1 > 2”的提升效应。这种模式的前提条件为古都所拥有的资源之间都可以用一个主题衔接起来,且这些文化资源必须有被整合的价值。洛阳和安阳因不具备以上某个或全部前提而不适合走整合提升型的发展模式。

二是南阳玉市场的集散平台型发展模式，它充分利用了其非物质文化遗产资源——玉。这种模式通过建设玉的集散地——一个让玉得以流通的交易平台，不仅减低了包括消费者和生产商信息搜集成本在内的交易成本，还满足了如今消费者日益增长的个性化需求。南阳玉器市场下一阶段的发展重心不在于以政府的力量培养技术人才或是引进设计大师，而应强化产业支撑，以玉器企业的集群化为目标。集群化的优点不仅在于企业可以获取外部经济效应，进一步降低交易成本，并且可以突破现有的发展制约因素——创新设计能力不足以及品牌效应不强，因为集群化还可以为企业带来创新的压力和动力，增强工艺品企业竞争能力，促进产品品牌建设。同时，集群化还可以营造良好集聚环境，有利于玉器企业产生较大市场影响力。在此基础上，我们进一步建议，在河南（洛阳附近）建立大型仿古工艺品交易平台。如今人们对仿古工艺品的需求完全可以支撑平台的建立。加之河南仿古工艺品供应方面的能力和口碑，不仅可以在经济上实现仿古工艺品交易平台的不断壮大，更可让仿古工艺品脱去"假文物"的帽子，让"地下工厂"变成正规的仿古工艺企业，这样，无论是对整个仿古工艺品市场的良性发展而言，还是对仿古工艺的生产者而言都是一个绝佳的机会。我们相信，如果河南能率先建立起这样的平台，并率先成功地规范仿古工艺品市场的行业准则，仿古工艺品交易平台有很大可能成为河南文化产业的主导产业。

三是云台山的休闲旅游型发展模式。事实上，云台山自身便是道教资源中洞天福地之一。分析表明，云台山的旅游表面上是一种纯旅游模式，其实人们在这种纯休闲的旅游中已经暗合了道家的健康文化。我们建议，可充分挖掘河南道教资源和佛教资源中的东方健康文化因素，通过东方健康文化这个主题将道教资源和佛教资源相整合。

7.3.4 河南省文化产业集群发展的对策建议

7.3.4.1 优化文化产业结构，制订文化产业集群发展战略规划

文化产业要建设成为国民经济支柱产业，文化产业结构需加大调整。一是要提高现代新兴文化产业比重，提升文化产品科技含量。以网络服务和信息咨询业、文化电子商务、文化旅游等为代表的新兴文化产业有着十分广阔的发展空间和巨大的市场潜力，应促其加速发展，提高比重，形成主导地位。二是鼓励打破地区、部门分割和垄断，以资产为纽带，通过兼并、联合、重组等形式，促进资本、人才、技术等要素的合理配置，形成一批跨地区、跨部门、跨所有制的大型文化企业集团，实现优化组合，提高河南文化产业的市场竞争力。三是以信息产业带动文化产业结构的优化升级。数字电视、数码电影、宽带接入和视频点播、电子出版和数字娱乐等新的文化产业群有较大的发展前途，将成为文化产业的主流，在文化领域的广泛运用和创新发展趋势非常明显，因此要大力发展信息产业。加快文化与科技深度融合，促使传统文化产业比重过大的现状在文化产业结构的数字化提升中得到根本性改变。四是理顺文化产业内的各个链条、环节、要素之间以及文化产业与其他产业之间的关系，建成良性互动机制。使文化产业内部的创作、出版、展演、传播、教育、销售及消费各环节上下连接、环环相扣，形成完整的产业链，营建文化产业链的良性循环机制，推动文化产业走向繁荣。

2014 年河南省《政府工作报告》提出，要做大做强文化产业。

实施文化产业“双十”工程，加快文化产业示范园区、文化改革发展试验区建设，壮大出版传媒、演艺娱乐等传统优势文化产业，发展文化创意、动漫游戏、移动多媒体等新兴文化产业，推动文化产业规模化、专业化、品牌化发展。做大做强河南文化产业，应像推进产业集聚区建设那样，花大力气把河南现有的文化产业园区、文化改革发展试验区和文化产业基地建设好，通过空间集聚、要素集聚、产业集聚、项目集聚和服务集聚等形式，推动文化产业转型升级。

(1)推动文化企业空间集聚是前提。空间集聚是文化产业集聚发展的承载形式，也是最基本的集聚形式。文化产业要实现集聚发展，首先应对一定区域内产业关联度较高的文化企业进行集中布局，解决文化企业“散”的问题。目前，河南省拥有国家级文化产业示范园区1个、国家级文化产业基地9个、省级文化改革发展试验区10个以及一批由河南省文化厅命名的文化产业示范区和示范基地。这些文化产业示范区、示范基地和文化改革发展试验区，在文化产业的空间集聚方面都进行了有益探索，实现了资源共享、服务共享、平台共享和市场共享，呈现出良好的发展势头。但总的来看，一些地市文化产业空间集聚力度还不够大，集聚效应还不明显，主观努力与客观效果不成正比，文化企业小、弱、散的局面没有得到根本改观。因此，应充分利用已建和在建的文化改革发展试验区、各级文化产业示范区和示范基地，发挥市场决定性作用，加强科学规划，强化政府引导，促进文化产业集中布局，实现文化产业的空间集聚。

(2)促进文化生产要素集聚是基础。文化产业集聚发展的一个重要任务，就是把劳动力、人才、资本、技术等生产要素集聚在一个相对固定的空间内，通过市场机制促进各种生产要素的合理配置。河南现有的文化产业示范区、示范基地和改革发展试验区，有一些比较注重生产要素的集聚，依托人才、技术和资本优势，成为文化企业孵化地和文化创意孵化器，催生了新型文化产品，锻造出知名文化品牌。如国家动漫产业发展基地（河南基地）已成为河南动漫产业的领跑者。截至2013年7月，河南省通过认定的动漫企业有15家，其中一些动漫企业在全国同行业中有较大影响力。但是，在一些文化产业园区除了办公楼和一些厂房见不到几家企业，仅是完成了形式上的空间集聚。这些文化产业园区要实现良性发展，应该花大力气走市场之路，引导人才、资本和技术等生产要素向园区集聚。

（3）促进形成文化产业链条是重点。不论是文化产业园区还是基地，相同或相近的同类型、同质化企业的集聚，只能是企业数量的增加，而不是质量的改变。因此，文化产业要集聚发展，就应该通过市场的“无形之手”，把同一产业的上下游企业集聚在一起，通过专业化协作分工，形成产业链条，最大限度地促进资源高效利用，提高投资强度，降低生产成本，减少管理环节。在同一园区，应按照产业上中下游的分类，明确功能，划分区域，形成优势互补。如在动漫产业园区，不能所有入驻的企业都从事动漫制作。应该注重吸引动漫装备、原材料、文化创意、策划等企业加入，同时也要吸引广告、宣传、推介、衍生品制作等企业进驻，以期形成动漫产业链条，以链式发展形成强大的竞争力。另外，即使是不同的文化产业园区，也应注意文化业态的选择，以差异化经营取胜，尽量避免同质化竞争。从河南现有文化产业园区来看，名异而实同的情况不同程度地存在，差异化经营、链式发展尚未形成普遍共识，这需要引起有关方面的重视,采取有效措施加以积极引导。

(4)促进文化产业项目集聚是关键。文化产业要实现集聚发展,关键要靠有前景、有市场的产品和项目。只有那些有前景、有市场的文化产品和项目实现了集聚发展,文化产业园区才能产生影响力和带动力。当前令不少园区管理者和经营者发愁的,就是缺少有发展前景和市场占有率的产品和项目,这也是河南做大做强文化产业最大的瓶颈。为了解决这一问题,河南省政府于2013年批转了《河南省文化产业“双十”工程实施方案》,决定从全省选择10个重点文化产业园区和10个重点文化企业进行培育和扶持,以期到2015年形成年营业收入超百亿元的文化企业1个、超50亿元的文化企业2个、超20亿元的文化企业7个,形成主导产业突出、产业链条健全、服务设施完善、经济效益明显的重点文化产业园区10个。应结合河南的资源优势和区位优势,优选文化产业项目,尤其是优选具有带动力、辐射力和影响力的重大项目入驻文化产业园区,增加效益,扩大影响。

(5)政府部门服务集聚是保障。党的十八届三中全会通过的《中共中央关于全面深化改革若干重大问题的决定》明确指出,按照政企分开、政事分开的原则,推动政府部门由办文化向管文化转变。这就要求政府部门在做大做强河南文化产业的进程中,切实转换角色,把通过市场可以完成的事情交还给市场,发挥市场在资源配置中的决定性作用。与此同时,政府部门应为文化产业园区提供各种必要的服务,编制规划、制定政策、完善配套、优化环境,为文化产业集聚发展创造宽松的市场环境与和谐的社会氛围(卫绍生,2014)。

7.3.4.2 完善政策体系，不断优化文化产业集群发展环境

一是深化文化管理体制和运行机制的改革，改变现行体制下条块分割、“五龙治水”的局面。要在河南省文化体制改革工作取得重大进展和成效的基础上，按照中央的要求和省委的工作部署，全力推进文化体制改革，全面完成经营性文化事业单位转企改制任务。要加大国有文化资产管理体制创新力度，彻底解决出资人缺位和国有资产保值、增值问题。及时清理不合时宜的政策法规，全面落实国家、省已经出台的相关政策，制定促进河南省文化产业发展的“一揽子”产业配套政策法规，包括竞争政策、需求政策、信息政策、中介政策、公共服务政策等。要从以行政监管和限制为主转变为以保护和激励为主，从根本上解决演艺、电子游戏娱乐、影视作品版权、图书音像制品发行等方面不必要的限制、过高的市场准入门槛以及对民营资本的歧视等问题。积极借鉴、利用、探索一切有利于文化企业发展的组织形式、管理模式和经营方式，制定文化企业兼并、联合、重组政策。进一步创新文化产品创作生产体制机制和方式方法，精心策划组织，加强借鉴合作，全力推动文化精品创作生产。

二是要发展重点文化产业，培育龙头企业。依据河南文化产业发展的实际，重点抓好传媒出版、文化旅游、演艺娱乐、艺术与工艺美术、文化创意、文化会展、影视制作、武术体育、动漫游戏九大产业，加大扶持力度，形成完善的产业体系。要在龙头企业培育上实现新突破，重点培育和发展一批实力雄厚、具有较强竞争力和影响力的大型文化企业，并以大型企业集团为龙头，引领社会资源向龙头企业集聚，促其做大做强。力争形成一批跨行业跨地区经营、有较强市场竞争力的骨干文化企业和企业集团，引领和带动全省

文化产业整体发展。鼓励园区(基地)产、学、研有机结合,走规模化、专业化、市场化、国际化发展道路,对管理效益明显、培养文化产业经营管理人才成果显著的园区(基地),可给予一定的资金扶持或奖励。建立绿色通道,对园区(基地)在人才引进、子女就学、工商注册登记等方面给予支持。

三是疏通投融资渠道,支持民营文化企业发展。各文化产业门类要降低市场准入门槛,向民营资本、社会资本开放。允许并支持民间资本向文化产业投资,建立多元化投资机制,在国家现行政策允许范围内建立多渠道筹资机制。鼓励和支持非公有资本进入文艺表演团体、演出场所、博物馆和展览馆、互联网上网服务营业场所、艺术教育与培训、文化艺术中介、旅游文化服务、文化娱乐、艺术品经营、动漫和网络游戏、广告、电影电视剧制作发行、广播影视技术开发运用、电影院和电影院线、农村电影放映、书报刊分销、音像制品分销、包装装潢印刷品印刷等领域;非公有资本参与文艺表演团体、演出场所等国有文化单位的公司制改建,非公有资本可以控股。创新文化产业投融资体制,加快设立省级文化产业投资基金。成立专门的文化产业担保机构和专业的文化产业风险投资机构。支持金融机构、担保机构、产权交易机构及中介机构组建"文化产品投融资服务联盟",为文化企业提供"一站式"金融服务。鼓励推动文化企业通过股份制改造实现投资主体多元化,积极推荐符合条件的企业申请上市。

四是加快建设规范有序的市场环境,促进产业集群与专业市场互动发展。加快培育和完善文化产品市场和生产要素市场,发展市场中介组织,完善中介体制和行业协会的自律机制。要加强现代文化流通体系建设,打破图书出版发行、广播电视、艺术演出、文化旅游等市场地域行政分割、分散的市场格局，大力发展连锁经营、物流配送、电子商务，建设文化产品物流基地，建立以大城市为中心、中小城市相配套、贯通城乡的文化产品流通网络，建立文化产品和服务现代市场营销体系。积极扶持艺术品、传统工艺品市场以及农村出版物市场，繁荣电影、广播电视节目交易市场，大力开拓动漫游戏、移动电视、付费电视、网络广播电视等新兴市场。要统一文化市场管理，通过“服务、咨询、监督、协调”等方式把文化市场管理纳入规范化法制化轨道。鼓励和引导文化消费，创新文化产品和服务，培育消费热点，拓展消费领域，引导社会公众的文化消费。

五是加强知识产权保护，营造良好、公平的法律环境。要建立完善的文化产业知识产权保护制度，促进版权等各类文化产权交易，完善文化产业服务体系。做好重要文化资源知识产权的挖掘、整理工作，建立国家重点文化知识产权保护目录。鼓励发展知识产权代理、推介和交易服务产业，构筑覆盖全省乃至全国的知识产权服务网络。强化文化工作者的知识产权意识，推动文化单位、科研院所、高等学校重视和加强知识产权保护和管理。要在全社会形成尊重知识产权保护的良好氛围，加大对文化产品及服务的知识产权保护力度和对侵权盗版违法行为的打击力度，维护健康有序的文化市场秩序，保护文化经营单位和用户的合法权益。

六是要扩大文化消费，为文化产业发展提供强劲的需求动力。虽然目前河南文化产业有着巨大的文化消费空间，但城乡居民的消费潜力却一直没有很好发挥出来。文化产业的发展，必须靠文化消费拉动。不断适应城乡居民消费结构的新变化和审美、娱乐、休闲的新需求，创新文化产品和服务，培育新的消费热点。培育文化品牌、扩大文化消费的市场份额，有利于增强文化消费的连续性，使文化消费成为长久的、可持续的发展。

7.3.4.3 支持和鼓励创新，形成文化产业集群的持久发展动力

一是创造崇尚创新、追求卓越的产业氛围。积极引导高科技对于文化产业的支配和渗透，充分发挥文化创意在内容创新和传统企业改造中的积极作用，以技术创新、文化创新带动产业集群的尽快形成和高速发展。二是加大培育创新型文化企业的力度。要充分发挥文化产业园区已有的资源、人才和技术优势，支持企业开发具有自主知识产权的原创作品，推进处于低端的企业加快调整产品结构，使原有低附加值的产业和项目向高附加值方向升级。设立文化创意产业发展专项基金，用于支持原创文化产品、文化创意公共服务平台的建设。通过政府采购，重点扶持具有核心技术和自主品牌的创新型文化企业，支持文化企业参与和承担国家重大文化工程项目。鼓励和支持各类文化企业与科研机构、高等学校结成创新型组织，促进"产、学、研"一体化发展。三是加强创意人才的培养、引进和使用，打造专业开发团队。建议政府认真研究解决河南省文化产业人才培养中存在的供需脱节问题，加强与高校、业界之间的沟通和合作，为高校与文化企业、文化产业园区之间搭建沟通的桥梁，建立产学研相结合、适应文化产业发展需求的多渠道的产业人才培养机制。要有计划、有重点地从国内外引进河南省发展文化产业急需的各类高端创新性复合型人才。要建立文化行业人才库、人才评价体系，促进人才合理配置和有序流动。同时，建立与文化产业发展规律和市场经济规律相适应的分配激励机制，实现业绩与收入挂钩，使人才引得进、留得住。

7.3.4.4 加强管理和协调，构建文化产业集群内生机制

一是构建产业协调机制。进一步加强政府引导，建立健全协调协作机制。重点建立行政管理部门、企业、协会、创意机构、研究机构等方面力量相互协作的机制，形成文化产业规范化、制度化的扶持和促进长效机制。可以考虑以珠三角地区作为试点，构建一个有利于行政管理部门、企业、协会、创意机构、研究机构等各方对话与协作的文化产业资源整合新平台，形成各方力量对话与互动的文化产业集群发展的格局，从而充分发挥文化产业对其他经济产业的驱动效应、联动效应和辐射效应。二是构建集群竞合机制。加强对竞争与合作的协调、监督和管理，制定必要的指导原则及竞合规定，促进文化产业集群发展的规范化。特别是要充分发挥文化行业协会在组织、协调方面的作用，逐步打破行业垄断和地区分割，着力建立统一、开放、竞争、有序的文化市场体系。建议在全省建立各类文化行业联盟，如“报业联盟”、“动漫游戏业联盟”、“印刷复制业联盟”等，形成行业内市场定位明确、差异性发展、密切合作、有序竞争的新格局。三是构建资源创新性整合机制。在文化资源的认定、评估、保护、规划、开发过程中，要充分发挥政府的监管功能，建立健全标准化、规范化、法制化的体制和制度。在资源监管方面，要实施资源许可开发制度，建立健全资源开发效益评价制度、资源开发行为监督机制和资源开发奖励机制。在市场监管方面，要通过资源管理建立企业准入制度，利用经济规制手段制定有效的价格政策，加强对自然环境的监管，制定有针对性的管理政策，建立强大的社会舆论支持和监督系统。

第 8 章　文化产业集群发展的战略性支撑体系与对策

文化产业集群具备其他产业集群所没有的独特优势,在现代文化产业的发展中担当重任,同时为许多地区的经济发展方向提供了新的参考和途径。目前来讲,以构建文化产业集群的方式来促进文化产业健康快速的可持续发展具有举足轻重的意义。然而文化产业集群尚属于新生事物,力量相对薄弱,并且我国文化产业的发展处于初级阶段,文化产业的市场专业化程度有限,整体的发展水平偏低,如果仅是市场自发形成的文化产业集群,想必所需时间会比较久。因此,构建文化产业集群在遵循市场规律的同时,发挥政府等社会机构的集体力量来共同促进文化产业集群的发展也是必不可少的。本书从战略层面为我国文化产业发展集群提供战略框架,并提出四大支撑体系来具体落实。

8.1 文化产业体制创新

伴随着改革开放 30 多年的历程,我国文化产业发展迅猛。但面对规模日益扩大的文化市场和竞争日益激烈的国际环境，我国文化产业亟待实现跨越式发展。实现跨越式发展，出路在于体制创新。文化创新是营造自主创新的环境，实现创新型国家的重要内容之一（成思危，2009）。陈夷茁（2009）认为，文化体制改革最难的是体制创新。随着我国加入WTO，融入全球化的进程之中，原有的文化体制已经越来越不能适应当前的经济发展，而这种不适应，因为文化是一个特殊的行业而变得更加复杂。这个行业与经济不同，它既是企业又是事业，既是事业又是产业。刘兴华（2008）认为，依靠体制创新才能实现我国文化产业的跨越式发展，他提出，从优化要素配置出发推动文化产业投融资体制创新，从增强文化软实力的大局出发推动文化外贸体制创新，从提高国家自主创新能力出发推动文化产业业态创新。庞井君（2008）对构建新型文化体制框架提出了一系列的理论思考。他认为，构建新型文化体制框架有其复杂性：①构建新型文化体制框架的复杂性源于中国社会三重转型的复杂性，包括由传统社会向现代社会的转型；由以计划经济为基础的社会体制向以市场经济为基础的社会体制的转型；由工业社会向后工业社会的转型。②构建新型文化体制框架要正视和研究文化本身的复杂性，包括文化概念的复杂性、文化形态的复杂性和文化业态的复杂性。只有加快构建并实施新型文化体制框架，才能实现党的“十七大”确立的文化发展目标。傅才武（2009）认为，近年来文化体制的理论研究进展突出，已经形成了与文化体制改革实践相辅相成的局面。这些热点问题就是当前中国文化体制理论创新的难点和重点，而这些文化体制创新将进一步释放文化发展的活力，消除原有计划性文化体制的弊端，建构出适应社会主义市场经济发展的新型文化管理体制。吴金希（2011）从创新型社会的角度将创新文化分为发现科学知识的“知”文化、将知识转化成有用产品和服务的“做”文化,以及消费产品的“用”文化。三者具有共同的特点,亦即鼓励冒险、宽容失败等。但是,三者又有着迥然不同的特征,“知”文化强调科学创新的首创性、客观性、无私利性和公共产品属性;“做”文化强调市场竞争,强调经济和社会效益,具有功利性特征;“用”文化强调主观体验和大胆尝试。

8.1.1 完善文化产业集群发展的规划和政策

8.1.1.1 加强政府对文化产业集群的推动作用

目前我国有大量的区域已经存在文化产业集群生成和发展的社会经济基础,而且大部分区域的文化产业已经向文化产业集群的方向来发展。所以,应该充分利用本地域社会经济方面的优势,对文化产业集群的生成和发展进行准确定位。对于我国来讲,幅员辽阔,地域复杂,文化背景、文化氛围等存在各方面的差异,在发展文化产业集群时,不应该照搬成功经验,应因时因地制宜,充分利用本地现有优势来对文化产业集群的生成和发展进行支持引导,因此,在发展文化产业集群时不应该仅注重范围的扩大和数量的增加,更加应该关注入驻文化产业集群内部各产业及其企业的产业关联性,深化集群内部产业专业化的分工与合作,提高生产效率以及文化资源利用率,降低生产交易成本,增强文化产业集群整体实力和市场竞争力,正确定位和引导文化产业集群发展的方向(黄娟,2013)。

波特认为给企业打信号是政府在产业集群生成和发展中的一个重要作用。政府可以组建由政府官员、专家学者和企业管理者组成的产业资讯小组,由研究小组通过新闻媒体报道和散发文件等方式将市场需求、竞争趋势、新技术等企业所需信息传播到集群内部,提醒集群内企业即将产生的问题,提早做好应对措施。另外,信息在集群内广泛流传,厂商消息互相流通、知己知彼,更加促进了各企业的竞争与合作,从而推动文化产业集群的生成和发展。教育、旅游、信息等产业是文化产业的相关产业,提升这些相关产业的竞争力,无疑也就提升了文化产业集群的整体实力。政府部门通过制定相关措施优化教育产业机构、完善旅游资源开发体系、提高信息产业竞争力等对促进文化产业集群的生成和发展具有重要的作用。

因此,文化产业集群是在特殊的社会背景下进行的一种制度安排。这种制度安排受宏观环境的影响,包括各种产业政策的调整、税收制度的调整、国家发展战略的调整等。但是光有这些正式制度并不一定就能促成文化产业集群的形成,强行打造文化产业集群是很难成功的,这已经被证实。正式制度必须嵌入到既定的社会关系网络和社会文化环境中,即制度与网络和文化相适应或匹配,能够被认可,具有社会合法性才可能发挥作用,制度的作用才能被重新构建,即在“制度—网络—文化”的共同作用下才能促进文化产业集群发展(李毅、时秀梅,2012)。

(1)政府在培育文化产业集群中的作用机制。从实践来看,在文化产业集群形成和发展过程中,政府和市场都要发挥重要的作用,在文化产业集群不同阶段,二者发挥的作用不同。在成熟期以前,政府作用占主导,采用直接干预与引导的策略促进集群形成和发展;成熟期后市场作用占主导,主要以市场力量为主,政府不再直接干预,以引导为主。具体而言,通过政府来培育文化产业集群的作用机制，可如图 8 - 1 表示。

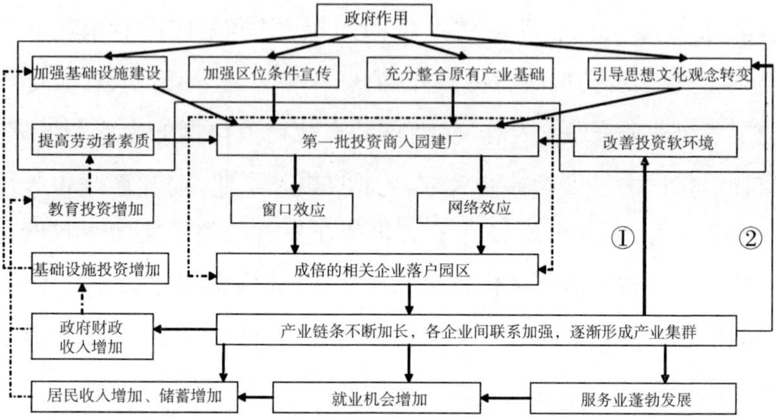

图 8 - 1　政府在文化产业集群培育中的作用机制

注：粗实线框内为政府直接干预的范围，虚线箭头表示反馈与循环效应。箭头①、箭头②代表两个正向反馈机制。其中，箭头①是指园内企业在与政府的频繁交流中使得政府服务意识不断增强、服务质量不断提高，从而使得投资软环境进一步优化。箭头②是指企业通过对员工的培训和其他潜移默化的方式使得当地民众逐渐摒弃传统保守的小农经济思想，经营和创业意识不断加强。网络效应是指如先期入园企业经济绩效的获得必然会扩大对上游供给企业的需求和对下游需求企业的供给，从而吸引相关配套企业落户园区；同时，第一批企业家获得的成功又会对其私人关系网络中的其他企业产生极大的示范作用，形成窗口效应。在网络效应和窗口效应的共同作用下吸引成倍的企业家入园建厂，促进集群形成和发展。

图 8 - 1 中粗实线框内为政府重点投资建设的部分，即政府在培育文化产业集群时，主要通过政策优惠等措施来加强基础设施建设、加强区位宣传、充分整合原有产业基础及引导区域文化观念

转变来打造文化产业集群环境。政府要与企业构建良好关系网络,不断提高政府服务意识和服务质量,不断优化投资软环境,吸引企业入驻园区,并使第一批入园企业获得良好的经济效益,形成窗口效应,进而吸引更多的企业进入,完善产业网络,产生网络效应,这是第一个正向反馈机制。

随着产业网络的不断完善,逐步降低了创办企业的成本,就会吸引更多企业进入园区,拓展产业链,进一步提升产业配套能力。随着产业的发展壮大,会带动就业增加和服务业的发展,同时增加政府税收和居民收入。随着政府税收的增加,政府就有能力进一步加大基础设施建设投资,改善投资软硬环境,同时还能够提供政策支持企业对员工进行培训,加大教育培训投资,通过培训和其他潜移默化的方式促进当地民众逐渐转变传统保守的小农经济观念,逐渐增强经营和创业意识,吸引更多企业加入园区,促进文化产业集群的形成和发展,形成第二个正向反馈机制。

随着集群的形成和发展,可以促进园区服务业的发展,分工进一步细化,这样就会增加就业机会,从而使当地居民有机会增加收入和储蓄。居民收入的增加,使得居民有能力加大教育投资,获取更多的知识和技能,提升劳动力素质,使得园区企业中劳动者可以更加容易地获得知识溢出效应,形成循环因果积累效应(正反馈效应),促进集群形成和发展。

(2)基于制度嵌入性的文化产业集群培育模式。集群是培育起来的,需要特别关注集群的发展过程。

结合上述分析,构造一个如图 8－2 所示的基于制度嵌入性的文化产业集群培育模式。在各种因素中起关键作用的是制度、网络与文化,三要素之间是一种互动关系,可以相互驱动形成新的

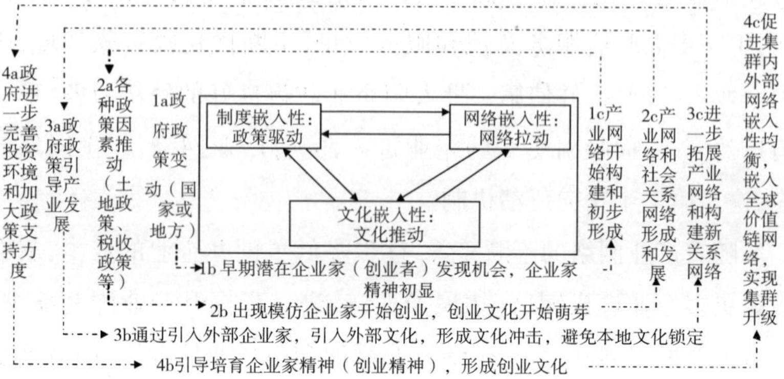

图8－2　制度嵌入性与文化产业集群培育中的“制度—网络—文化”的互动关系模式

“制度—网络—文化”，实现一种互动驱升机制推动文化产业集群形成和发展，避免出现路径依赖和锁定而导致文化产业集群衰退。培育文化产业集群是一个动态过程，制度安排需要根据集群不同阶段的特征及时调整，并结合区域独特的社会结构（网络）和文化特征制定集群发展战略，培育集群的“独特性”，而集群成功的关键就在于其“独特性”，这也是增强竞争优势的关键。

8.1.1.2　*以集群政策替代单一产业政策*

文化产业集群是一个多产业合作的群体，选取统一的集群政策符合文化产业集群发展的需要。首先，集群政策的统一有利于依照经济现状来调整各行业之间的关系，达到共同促进文化产业集群繁荣的目的。其次，文化产业集群本身具有特殊性，这就需要采取独特的管理政策。最后，在突出文化产业集群整体优势方面，集群政策的统一也起着重要的影响作用，统一的集群政策为文化企业在本区域的集聚提供了良好的预期。具体内容方面，文化产业的集群政策要为文化产业集群的整体发展服务。首先,统一的文化产业集群政策要为文化产业集群内整体的产业链服务,能够促进文化产业链条的延伸和裂变,要有利于单一文化产业链条发展为枝叶繁盛的链条。其次,统一的文化产业集群政策要有利于文化企业与其他企业分工合作,形成网络式服务。最后,统一的文化产业集群政策要能够促进企业在所在的文化产业集群内发展壮大,促使企业根植于所在集群。

8.1.1.3 完善文化产业集群的政策体系

文化产业集群的发展需要依靠稳定完善的文化产业政策体系。文化产业集群要想具有区域优势性不仅需要在宏观层面划清政府和市场的各自作用范围,还需要政府优化对公共文化资源的配置,改善政府的管理政策,强化文化产业集群内部企业的市场竞争力,只有在这样的基础上,才可以有效提升文化产业集群的整体竞争力。

8.1.1.4 从“产业政策”走向“集群政策”

文化产业的种类繁多,在国民经济中涵盖多种行业和门类,其复杂性对制度建设和管理提出了更高的要求。毋庸置疑,“政策必须因地制宜,认真分析政府能做什么,如何进行公共干预,一方面提高现有的经济基础,另一方面把更多的相关企业和机构吸引到集群中发展”,而产业政策在为重点发展产业提供更好的空间的同时,对市场的高度保护和资源配置上的倾斜可能有害于竞争。以产业的规模扩张为直接目的的产业政策一方面容易造成产业发展的盲目性;另一方面其最大受益者是行业内的主导企业或龙头企业。我国文化产业正处于快速增长阶段,增加值、增速远远超过统计国民经济与社会发展的平均增速,文化产业的发展以及文化产业集群的发展正处于快速规模化时期。因此,区域范围内,以产业集群政策代替或优化补充产业政策,不但可以促进区域文化产业竞争力的提高,而且可以有效规避因为过度关注规模化扩张而忽略了集约化和专业化的发展误区。文化产业集群的发展具有产业集群的共性规律,同时基于文化对智力成果创造、运用、保护、管理的格外强调,文化产业集群往往表现出不同于一般地区的发展落地和产业轨迹,在集群政策的设置上旨在"以集群空间为载体,通过制度上的空间构建与突破,实现对经济要素的引导和吸纳,从而创造出不同于其他区域(非集群空间)的特殊的生产力提高与释放的过程"(齐骥,2013)。

8.1.1.5　从"产城割裂"走向"产城融合"

在大规模集群建设中,基于区位理论和土地成本因素,政府往往以远离城市中心地的区域或城市边缘区为大面积集群建设发展空间。正是"资本的本性驱使着新建空间的安排遵循级差地租效益最大化的原则。也就是说,在假设单中心的城市空间里,土地和住房的价格大多随着与城市中心城区距离的增加而减少。这一变化与区位对应的便利性直接相关。越接近城市中心,各种便利条件越集中,土地的价格及房价也就越高,容易形成单中心圈层式空间地域布置格局。这一区位特征直接决定了城市中心区、城市边缘区、城市郊区的城市总体空间划分,形成了城市社会空间分异"。尽管远离中心地的产业集群一定程度上实现了产业集聚,但功能的集约化进程却远远滞后,缺少社区单元和公共服务配套,使集群缺少活跃的文化消费市场和流通要素。同时,因为集群距离中心城区和居住主体区尚有距离,集群与中心城区之间的连接带往往成为高峰时段的交通拥塞路段,造成了与现代化和城镇化相伴的城市病,在城市整体布局中形成了“产城割裂”的格局。而在当前的旧区改造动迁过程中,关乎居民根本利益的城市规划“关门决策”,缺乏居民的公共参与和表达,以至于有些城市规划成为个别官员追求政绩而随意圈地进行“权力造城”的工具,从而使产业与社区融合的功能实现化为泡影。

新城市发展观要求集群功能的集约化、企业的集聚化和服务的专业化,“产城融合”的集群发展模式,是文化产业集群破除发展定势,打破权利意识的封闭心态,从功能集群走向文化集群的重要路径。产城融合的发展理念,可以在最大范围内实现产业依附于城市、城市服务于产业的功能融合,使文化产业集群与城市成为良性互动的有机整体。随着新型城镇化建设的推进,产城融合发展规划的实施,将推动文化产业集群成为城市重要的功能区。新的城市规划更加强调城市、产业和土地的“三规融合”,也更加注重生产、生活功能的协同与土地价值最大化的复合。以“弹性规划”的发展理念设计未来集群发展框架,在旧城改造和新城建设中,为文化功能的拓展和文化价值的发挥预留更多的公共空间,是集群规划和设计重要的前提。

8.1.2 加快创意人才的培养

8.1.2.1 创意人才的概念及分类

创意人才是文化产业发展的重要基础和根本保障,是推进产业成长壮大的动力源泉,是决定产业持久健康发展的核心要素。因此,对创意人才的培养至关重要,而理解创意人才的概念和分类则是做好人才培养工作的首要任务。文化经济学家理查德·佛罗里达(Florida)在《创意阶层的崛起》一书中指出,并不是所有从事创意产业及其相关工作的人都是创意人才,只有那些从事“提出新观念、创造新技术和发明新的创作性内容”工作的人才是创意人才,其他的都只能被称为创意产业从业人员。从佛罗里达对创意人才的定义可以看到,只有在文化产业中提出了新的概念、发明了新的内容和创造了新的技术的人,才是文化产业的创意人才。本书认为,文化创意人才是指通过大脑对产品进行文化层面的创造性“加工”,从而能够产生较高附加值或经济利益的人才。创意人才对文化产业有深刻、透彻的了解,能够结合本国发展的实际情况进行不断地探索与持续地创新,他们不仅拥有专业本身的丰富知识储备,而且拥有对社会文化领域的较深理解。

针对创意人才的分类,我国有不少学者展开了细致深入的分析。根据产业链的不同环节,我国学者蒋三庚(2009)把创意人才分为创意生产者、创意策划者和创意产品的完成者。厉无畏(2009)指出,完整的文化创意人才链条包括创意的生产者、创意生产的引导者以及创意产品的销售经营者。从蒋三庚和厉无畏两位学者对文化创意人才的分类来看,概括来看基本保持一致,即分为文化创意的创造者、策划者和服务者。展开来看,文化创意的创造者是文化内容的提供者,也就是创意的原创人员,是一个文化创意团队创造力的源头。文化创意的策划者是创意产品和创意服务的生产管理者和团队组织者,是文化创意从生产到成品的中间协调方面的重要技术人才。文化创意的服务者是在创意产品的商品化过程中,既能够通晓创意产业的内容又擅长创意产品经营的专门人才,与此同时,这些服务者又能够深刻地认识到创意产业的文化属性以及用于创造增加值和附加值的商品属性,能够掌控创意产品的经营过程,如项目经理、中介机构等文化创意的服务者,他们是文化产业化的重要推动力量，是文化产品和服务面向社会大众、创造价值增值的最终推动力量。

8.1.2.2 我国文化产业创意人才的发展现状

虽然我国文化产业的产业规模扩张迅速，但是文化创意人才的缺乏是不可忽视且无法掩盖的事实，如果处理不当将成为我国文化产业进一步快速发展的瓶颈。无论是在创意人才总量和梯队结构方面，还是在职业素质等方面，我国文化产业人才都还远远不能适应和满足产业的发展和需要。

首先，创意人才数量严重不足。目前，我国从事文化产业的专业人才较少，预计“十二五”期间全国文化产业人才的缺口将超过5000万人。从现有的统计资料来看，纽约文化产业人才占全部从业人员总量的12%，伦敦的这一比例是14%，东京是15%。而目前我国文化产业发展较好的上海，其创意产业从业人员占总就业人口的比例还远未达到上述水平，全国创意人才的缺乏程度可见一斑。

其次，创意人才结构不平衡，职业素质相对不高。我国创意产业人才结构不平衡集中表现在两个方面：一是高端原创人才十分短缺。目前，我国大多数文化创意企业的创意人才都属于模仿型，一般是通过学习或复制已有的创意产品或服务，而能够真正进行原始创新的人才还比较少，这种现状致使我国文化产业领域的原创产品很少，最终导致文化创意企业的核心竞争力严重不足。例如，在电影、动漫、游戏等领域，我国的不少创意企业表现出明显的跟随和复制，能够在世界范围内引起强烈反响的电影并不多，传播范围广的动漫作品也较少，而且游戏领域更是难以有风靡全球的佳作。二是经营人才短缺。要将创意产品和服务实现产业化，需要能够将创意内容产业化和市场化且深谙文化产业的经营人才。目前,我国的创意人才往往不具备市场开拓和产品营销等才能,缺乏能将创意作品产业化以及市场化的经营管理人才,这种创意人才现阶段急需大力引进和大规模培养。

最后,创意人才相关研究的缺乏。随着文化产业先行国家的创意经济不断趋于成熟,创意人才的培养模式也正趋于稳定。然而我国在创意经济的研究方面仍然远远滞后于西方国家。

8.1.2.3　我国文化创意人才的培养和管理机制构建

培养文化产业专业人才,加大该领域的知识产权保护力度,通过营造良好的发展环境以及合理的人才培养体系将人力资源潜在优势转化为创意人才资本现实优势,是推动文化产业科学发展、健康成长的关键所在。为此,对文化创意人才的培育已成为完善创意产业链的核心工作。面对我国创意产业人才匮乏的现状,在引进国外创意人才的同时,更应该注重加强本土创意人才的培养。本书对创意人才的培养模式提出几点建议。

第一,调整教育结构,优化教育培训。文化产业是文化和技术高度融合的领域,对于专业性人才知识和能力结构的组成有着独特要求,这种战略性要求得到满足的程度将影响文化产业集群的生成和发展。文化产业集群的发展需要专业性的人才,但是因为教育体制和学科建设的滞后等原因,造成教育结构和人才需求的结构出现脱节,以致人才供给成本提高。因此调整教育结构、优化教育培训对于文化产业集群的生成和发展有重要意义。其一,大学等高等院校在学科设置上兼顾综合教育,以营销、信息技术以及文化等复合知识为教学模式,扩大学生的知识面。同时注重与文化企业的交流与合作,产学研相结合,培养创新型的高素质人才。

其二,发展专业性的职业培训机构,有针对性地教授员工专业知识,提高员工的整体素质,增强企业竞争力,从而促进文化产业集群的生成和发展。

第二,营造良好环境,吸引高素质人才。有创新力的高素质人才倾向于集中在有宽松包容社会氛围的地区,所以,在大力培养文化产业人才的同时,创造良好条件,营造良好环境以吸引高素质人才的集聚也是为文化产业集群提供人力资源的很好途径。其一,要创建干净整洁的区域环境,完善集群内的公共服务设施和通信交通设施。生存发展良好的集群生态环境更容易吸引不同门类的高素质人才。其二,营造宽松包容的社会氛围。为每一个文化创意人才提供一个自由发挥的工作生活空间,鼓励多种文化的存在,让每种类型的人才都能找到与自己兴趣爱好相似的文化团体。文化越是多元化,开放程度越高,社会氛围越是宽容,就越有利于人才能力的发挥和发展,就越能够集聚更多的高端人才,也就越能够促进文化产业集群的生成和发展。

第三,企业应注重经验训练与专业训练的结合。除高等科研院校之外,企业也应成为培养创意人才的重要平台。企业培养应注重理论与实践的结合,同时营造环境和文化氛围,鼓励创意思维的产生。企业通过创意人才的价值体现,能够快速催生员工的创造性思维和行动。美国 Google 公司通过"智力乐园"式的办公场所,给员工提供了更多的思想空间和宝贵的自由时间,工作因此也成为一种乐趣,而非负担,从而营造了一种有利于激发创意思维的文化氛围。当前,上海、北京和深圳等地的主要文化产业园区聚集了大量的复合型人才,为创意人才的脱颖而出奠定了基础。

第四,政府应注重氛围营造与职业培养的结合。文化产业链条各端所需要的三大类专门人才都具有不同的特性，例如链条前端的人才主要是进行文化产品的创意创造和设计，链条中端的人才主要是进行文化产品生产和服务的管理和组织实施，链条后端的人才主要是对文化产品和服务进行后期商品化的运作，包括经纪人才、市场研发人才以及营销运作人才等。针对这三类人才的不同特点，国家相关职能部门以及教育培训机构应尽快制定出合理的培养目标、教学方式及评价体系，从而使文化产业各个层面、各个环节的相关人才培养都能够实现同步且均衡的发展，为文化产业的持久、健康发展构建坚实的基础平台，以专业性促进文化产业腾飞。

第五，高校应建立起向文化产业链条各环节不断供给创意人才的长效稳定机制。在适宜人才培养和发展的良好政策氛围下，高校应该主动承担起发展创造性教育的重要责任，通过加快文化创意领域相关学科和专业门类的结构调整步伐，扩大创意人才的培养规模。高校应该继续坚定不移地走“产学研”相结合的办学之路，积极寻找和不断探索与文化创意企业联合办学的新思路、新途径，找准结合点和成长点。与此同时，高校应紧密配合与及时了解文化创意企业的发展需求，打造适合我国现实发展需求的创新型文化创意人才的“孵化器”，使之成为培育和培养文化创意人才和创意团队领军人物的高端平台。此外，在培养和孵化过程中，应注重理论课程与实践课程相结合，重点发展以应用为主的研究生教育。高校应根据发展形势及时更新教育观念，改变以往的灌输式教学方式，同时加强创新实践、创建实践教学体系、改革课程教学体系，以更好地适应时代发展的需要。在教学的同时，启发学生积极实践并进行相关的科学研究，实现产学研一体化。

8.1.3 完善文化产业内部链条

8.1.3.1 加强文化产业集群内部合作

在文化产业集群生成和发展的过程中，吸引大量企业进驻的同时，更要对文化产业集群内文化产业价值链的构成多加关注。文化产业作为一个复杂的生产系统，生产商、供应商和转包商之间关于信息技术交流、产品创新等合作关系更加需要加强。因此，对于文化产业集群生成时候的布局要以分工协作和本地结网为主要安排项目，对于企业的新进参与者要明确以文化产业集群为导向，积极努力使大中小企业紧密配合，注意分工与合作来完善文化产业集群中的网络体系。此外，近年来文化产业集群如雨后春笋般纷纷建立，因此协调好各文化产业集群间的关系，避免恶性竞争也比较重要。

8.1.3.2 完善文化产业集群内部的产业链条

文化产业集群规模效应的凸显和文化产业竞争优势的发挥无不依赖着对产业集群的合理布局和文化产业链条的完整。所以，应当加强对文化产业集群内产业链条的构建和设计，对集群内的企业结构进行合理规划，强化它们之间的分工与合作，在文化产业集群内实现上游产业的开发、中游产业的生产加工、下游产品的经营销售以及衍生产品的开发等，使文化产业集群内的产业链相对完整，只有在这样的基础上，文化产业集群的规模效应才可以发挥出来它的竞争优势。与此同时，引导各类生产要素流向已经产生的文化产业集群，着手特色产业链的延伸，鼓励龙头企业或优势企业进行衍生、裂变，调整文化产业集群内的产业布局，对于推动文化产业集群的发展具有重要意义。

8.2 文化产业投融资机制创新

8.2.1 我国文化产业投融资模式现状

文化产业投融资是推动文化产业发展的重要力量。美国好莱坞电影的全球化传播,就得益于用风险投资的方式来运营电影产业。较早对风险投资的经济贡献率先做出研究的哈佛大学教授勒纳(Joshua Lerner,1994),研究认为风险投资对于技术创新的贡献,是常规经济政策,如技术创新促进政策等因素的三倍。

叶朗(2008)指出,文化产业需要金融支持。长期以来,中国文化产业的投融资环境很不理想,很多资金仍然把目光锁定在利润空间较小的传统产业上,而对文化产业的投资回报没有引起足够关注,或者过分夸大投资风险。因此,许多文化企业难以得到金融方面的支持,资本投入不足已经成为制约我国文化产业发展的瓶颈。中小文化企业面临较大的融资难题,银行缺乏对中小文化企业放贷的积极性。陈庆安(2009)认为,难以评估的风险性也为信贷带来了一定的困难。他认为,在文化活动中,高投入与高产出之间并不一定具有稳定的函数关系,而是一种概率关系。尽管从普遍性角度来看,文化产品方面的高投入可以带来高产出,但当具体到某一文化产品的投入和产出时,由于存在相当程度的不确定性,市场风险依然很大。杨广立(2010)认为,文化产业界可以主动与业外资本搭建投资平台,建立类似基金的机构,专门负责文化产业的融资。同时,他建议,这一平台除了能够吸引大量风险资金外,一定要非常了解文化行业和市场现状,能够准确理解政策,熟悉该领域人员的情况,以此避免投资失败。对于如何在现阶段建立和完善文化产业投融资体系,齐勇锋等(2006)表示,应当建立以国有资本为主导的投资主体多元化、投资方式多样化、投资机制市场化、投资准入区别化为特点的,与国际惯例相接轨而又具有中国特色的新型文化投融资体系。苏勇、周笑(2007)提出政府在文化产业风险投资领域的主要战略对策:整合优势资源,完善风险投资的信息网络;提供公正、公开的风险投资品质评估,降低投资的系统风险水平;提供多元化的税收优惠政策,以提高风险投资的相对收益水平;加速风险资本的流动性,防止风险投资变成产业投资;为文化产业领域人力资本的价值转换提供法律机制。

许多金融机构已开始逐步摸索专门为文化企业开展信贷服务的新途径,但实际的信贷支持力度与文化产业发展的现实需求相比仍存在一定的差距。我国文化产业投融资模式存在的问题主要表现在以下几个方面:

8.2.1.1　投融资体系落后

与世界上文化产业发展较好的国家相比,我国文化产业的融资体制还相对落后,主要表现之一是融资体系尚未完全形成,很多关系尚未理顺。我国现行的文化产业投资体制仍以政府投资为主体,社会上的其他团体和机构参与投资占的比重比较低,这难以满足我国文化产业快速发展的需要,也无法满足文化市场扩张所需要的大量资本。由于融资体系落后而导致的融资渠道不畅,使得很多文化产业都存在资金短缺的情况,特别是对于文化产业以中小企业为主的市场格局,这就大大限制了我国文化产业的发展。

8.2.1.2　投融资渠道单一

长期以来,政府主导了我国文化产业的投资,并始终是投资的主力军。单一的投资渠道导致单一化的投资主体,究其原因,主要是市场氛围和政策环境导致民间资金和国外资金没有参与的机制和空间,市场灵活性较差。从市场氛围来看,主要是我国长期受计划经济体制的影响,许多新兴领域还在等待政府参与来主导其发展,长期的思维惯性也延伸到了文化产业。由此造成了一系列的危害和不足,如过于单一狭窄的投融资渠道导致文化产业的基础设施和基本建设受到严重限制。从政策环境来看,由于我国资本市场发展时间相对较短,发展体系尚不健全,主板市场的上市条件一般都比较高,这就对大多数在文化产业中占据主体地位的中小企业形成较高的上市融资壁垒。

8.2.1.3 投融资效率较低

对文化产业及其相关领域进行投资是一项高风险、高回报的业务,而且这种投资常常需要一定的持续性。但与文化产业发达的国家或地区相比,我国文化产业经营主体的投融资效率普遍不高,存在的差距较大。以利润较高的电影业为例,与美国相比,我国电影业不仅起步较晚,而且投融资效率较低,这也是导致我国电影行业难以与其抗衡的一个重要原因。

8.2.2 发达国家文化产业投融资模式

英国是世界上第一个提出创意产业理念的国家,其发展模式已经成为世界文化产业的典范,其发展经验值得后发国家深入学习。英国文化产业的快速发展,主要得益于英国政府在融资支持创意产业发展方面所采取的一系列有效措施。

8.2.2.1 英国文化产业融资方式

第一,多元化的融资渠道。在文化产业发展过程中,英国政府特别注重为具有创新能力的个人或企业家通过提供优质服务来拓宽融资渠道,例如,通过出版《创意产业资金地图》等书籍来指导企业如何获取资金从而实现发展,特别是针对中小企业如何从政府部门和其他金融机构获得资金支持给予了大量的指导和帮助。在提供有效指导的同时,英国政府还提供了多元化的融资渠道,除了政府拨款和准政府组织资助之外,还提供了基金会资助等社会融资方式,而且更加重要的是,英国政府建立了政府、银行、行业基金与创意企业之间密切联系的融资网络,为企业发展提供多元化的融资渠道,降低融资门槛,奠定资金基础。

第二,实行"政府配套资助"模式。该模式是英国文化产业发展过程中一种十分有特色的融资模式,顾名思义,其具体做法就是在企业投资文化产业某一领域时,政府也将会配套一定的资金支持企业发展,形成发展合力。与此同时,英国政府也给予了更为细致的扶持规则,例如,在创意企业首次投资时,政府配套资助的比例是 1∶1,而当创意企业再次投资时,政府将对企业超出前次出资额的部分实行 1∶2 的比例进行资助。政府的这种配套资助模式,大大激发了企业从事文化产业的积极性,同时,政府的介入也使得广告效应十分明显,又带来了一部分不可小觑的额外收入。

第三,国家彩票基金模式。为支持文化产业发展,有效加大其融资规模,英国政府规定,将国家彩票的部分收入投资到文化基础设施建设,用于支持艺术分支发展以及优秀人才的培养。通过采取国家彩票基金投资文化产业发展的新模式,英国文化产业的发展资金得到了有效保障,仅彩票收入一项,每年就可以为文化产业筹集资金超过 6 亿英镑,极大地弥补了政府投资的不足,为企业的发展注入了更多动力,推动创意产业在英国的发展活力不断增强,为经济和社会贡献更多的力量。

第四,鼓励私人投资。由于文化产业领域存在大量的中小企业,因此集中社会上的闲散资金、大力拓展私人投资空间对于促进文化产业发展具有十分明显的积极作用。例如,为了帮助小型创意企业扩大资金引入规模,政府设立了"企业投资项目",该计划规定对投资者的收入和资本增值税给予优惠。

第五,设立专业协助机构。在文化产业发展的过程中,很可能会存在这样一种现象,即有些企业或投资机构拥有资金,却没有很好的创意思想,无法确定投资的方向,而同时有些人才具有很好的创意理念,却没有资金将其转化为现实生产力。基于此,英国政府设立了创意产业专门工作组(Creative Industries Task Force),其主要工作之一就是为具有很好创意的人才寻求融资帮助。

8.2.2.2 英国文化产业融资经验对我国的启示

第一,政府应大力营造舒适的融资环境,为文化创意企业的健康发展提供有效的政策支持。积极营造有利于文化产业发展的市场环境,确保从事文化产业的相关企业能够在公开、公平、公正的市场环境中健康成长、有序发展。在管理制度方面,应高度重视文化产业的信用质量监管和市场准入门槛设置,使更多优秀的创意企业能够切实享受到优惠政策;在知识产权方面,应建立文化产业的信息披露制度,利用现代信息技术搭建公共服务平台,提高文化产业的市场运行效率;在金融服务方面,应大力鼓励金融机构在融资、转账、结算、资本运营等多个方面向文化创意企业提供更具有针对性的金融支持和服务,提高金融服务企业的效率;在土地和人才等方面,要实现土地的优化利用和人才的合理引进与培养,为文化产业的持久发展做好保障。

第二,政府应建立健全保障支撑体系,为文化产业发展提供组织保障。一是完善知识产权法律体系。从英国等文化产业发达的国家情况来看,其对文化产业领域的知识产权保护采取了有力措施,对侵权、盗版等影响创意产业健康发展的行为实施严厉打击,政府应为文化产业发展提供健康的知识产权环境。二是建立专业的文化产业投融资服务平台。结合我国文化产业的实际情况和特点,通过设计出包括信息披露、投融资管理、资金结算等涉及资金运作各个方面的制度安排,为文化创意企业提供具有针对性和有效性的投融资服务。三是大力推进文化创意企业信用制度建设,创建有利于企业健康发展的文化产业担保体系。政府应鼓励和规范知识产权评估、教育培训以及专业协调等中介机构的快速发展,为文化产业的快速增长和健康发展提供十分健全的体系保障。

第三,创新财政激励方式,为文化产业发展提供持久动力。一是政府应组织建立文化产业发展的风险基金,在部分领域可以成立以政府为主导、以市场为主体的担保公司,主要承担一些风险比较高的创意相关领域的投资,大幅度提高融资机构支持文化产业发展的积极性,同时也对文化创意企业大力开展技术创新活动起到很好的激励作用。二是应通过政府采购和利益补偿机制来促进文化创意企业融资水平的整体提高,同时也应注意国内外的风险资本对推动文化产业发展所起到的巨大作用,在文化产业发展的起步和快速成长阶段,政府的扶持力度对文化产业的发展趋势将会起到至关重要的作用。

第四,拓宽多元化融资渠道,为文化产业发展扩大提升空间。一是鼓励直接融资方式。从英国文化产业的发展情况来看,文化产业中以中小企业居多,因此政府应积极建设适合中小企业成长的股权融资体系，推动文化创意企业登陆中小企业板，拓宽企业的融资渠道。二是大力开拓文化创意企业间接融资渠道。银行、证券、基金、保险等金融机构应加大对文化产业市场的调研力度，深入了解产业的发展情况以及企业的现实需求，及时创新提供适合文化产业特点的新型金融服务产品，使得金融衍生产品更受企业欢迎，创造更大的效益。三是充分利用融资租赁方式。对于那些科技含量比较高以及价格水平也比较高的设备，应通过融资租赁的方式来满足文化创意企业的现实需求，从而减少这些企业不必要的资金浪费。四是充分利用好民间资本以及外资。应大力引导民间资本和私人资本投资文化产业及相关领域，同时高度重视外商直接投资的刺激作用，推动各类资金与文化产业对接，实现有效融合，全面拓宽创意企业融资渠道，拓展企业融资空间。

8.2.3 我国文化产业发展的融资模式选择

8.2.3.1 文化金融决策流程设计

极度精确的金融领域和具有不确定性特征的文化产业要实现对接，需要智慧和魄力，也需要合理的流程设计以保障其顺利运行。要实现这种对接，应以文化产业的融资需求为根本出发点，要有文化产业相关政策的推动，要有文化主管部门的引导，要有各类金融机构积极参与创新与探索，以及文化要素市场的强力支撑，这样才能形成有效的文化金融融资体系。具体来说，可以根据文化企业的不同融资需求特点，形成不同层次的文化金融决策流程。

由于文化产业涵盖面较广，从融资需求的不同特点出发，本书将文化产业又细分为高科技文化企业、中小文化企业、重大文化项目（基地）、重点文化企业。如表 8－1 所示进行分类。

表8-1 不同文化企业的融资需求特点

	具体文化企业	融资需求特点
初创期的高科技文化企业	数字媒体传播业、动漫游戏制造业、网络服务提供商	融资需求较大,融资期限较长,缺乏明确的盈利模式,没有重资产,未来现金流收入难以预期
成长期、成熟期的中小文化企业	传统工艺美术业	融资需求具有不确定性,融资需求量较小,缺乏稳定现金流收入
重点文化企业	出版业、传媒业	融资需求确定,具有较大融资需求量,兼有重资产和轻资产,具备产业链及明确的盈利模式
文化基地	文化创意产业园、文化地产	融资需求量大、周期长,有重资产与较明确的未来现金流收入

初创期的高科技文化企业。基于其"轻资产、高风险"的特性,适合以创业投资公司为主来提供融资,创业投资公司有较为科学的对高科技风险企业投资的评估体系以及抗御投资风险的能力,文化产业投资基金对文化企业的发展及价值的评估更是具有专业的识别能力。此时,商业银行可以和创业投资公司建立战略合作协议,关注高科技文化企业的成长,当其进入稳定的成长期后可提供银行贷款融资。如果有保险公司提供文化企业贷款信用保险业务,银行也可考虑贷款融资,特别将政府予以推荐的重点扶持发展的文化科技企业作为贷款的重点。

成长期、成熟期的中小文化企业。基于这类企业的融资需求特点,可由政府部门、商业银行、担保公司合作予以融资。

重点文化企业。基于这类企业的融资需求特点,主要可考虑股权融资、债权融资及推动重点骨干企业上市融资。

文化基地。基于其融资需求特点,可考虑银行贷款,或银行贷款与直接融资相结合。

可见文化金融的一般流程最终可总结为文化企业—价值及风险评估—保险公司、风险补偿基金、担保公司—银行信贷或其他融资—文化产品这样一个操作流程,在实践中要求每个环节每个部门之间衔接有序,真正发挥金融支持文化产业发展的作用。

8.2.3.2　金融业务创新

各金融机构对文化企业设置有别于工商企业的信用评级模块,制定文化金融实施指引,鼓励文化金融业务创新,为文化企业提供个性化金融产品。商业银行要量身定做适应文化产业特点的信贷政策,将文化产业作为朝阳产业列入业务重点支持方向,在担保条件、定价机制等方面予以全新设计。

(1)传统重资产业务和新兴轻资产业务协调。文化金融目前是各家商业银行业务发展的重点,商业银行在推进文化金融创新的同时,针对文化产业重资产项目及轻资产项目兼有的特色,在开展文化金融创新的同时要和传统业务相结合,在注重文化金融总量增长的同时不能放弃存量,积极积累文化金融经验。商业银行所选择的文化地产项目应具有鲜明的文化特色和明确的市场定位,能够通过文化基地建设的方式将文化理念通过一个度身定制的实体向市场做全面集中的展示,以达到宣扬理念、培育市场、引导挖掘文化消费需求的目的。在房地产业宏观调控的背景下,有着重资产的文化地产的未来也存在很大的不确定性,同时,文化地产的出售和出租具有特定对象,市场培育需要一定时间,风险控制不可忽视。鼓励文化地产项目多元化经营,文化、休闲等多领域的跨界经营有利于实现文化价值与经济价值的平衡,有利于分散风险、扩大收益、改善风险缓释条件。

(2)加强与其他金融机构的合作。商业银行还应积极探索与非银行金融机构合作,尝试开发与债券、基金、保险、信托等多种金融工具相融合的金融产品,做好文化企业从初创期到成熟期不同发展阶段的融资方式对接,其间重要的是商业银行与其他金融机构积极开展合作。

第一,与保险公司的合作,推动文化保险产品和服务方式创新。在文化产业相对发达的国家,投资文化产业项目往往是保险先行,许多保险公司都有针对各项演出、影视制作、展览、艺术品等文化产业项目的配套险种。但我国与文化产业相关的保险业务却一直种类不多、总量不大,业务亟须拓展。同时,在中国文化产业领域,中小企业的比例达到90%以上,且往往存在缺乏资金支持、竞争过于激烈、风险规避能力弱、可抵押资产少、贷款融资难度大、产品创意风险大的问题。在现有工作基础上,各保险机构应根据文化企业的特点,积极开发适合文化企业需要的保险产品,并按照收益覆盖风险的原则合理确定保险费率。对于宣传文化部门重点扶持的文化企业和文化产业项目,应建立承保和理赔的便捷通道,对于信誉好、风险低的,可适当降低费率。加快培育和完善文化产业保险市场,提高保险在文化产业中的覆盖面和渗透度,有效分散文化产业的项目运营风险。进一步加强和完善针对文化出口企业的保险服务,对于符合《文化产品和服务出口指导目录》条件,特别是列入《国家文化出口重点企业目录》和《国家文化出口重点项目目录》的文化出口企业和项目,保险机构应积极提供出口信用保险服务,鼓励和促进文化企业积极参与国际竞争。创新保险产品,发挥保险公司机构投资者的作用和保险资金的融资功能,在风险可控前提下,鼓励保险公司投资文化企业的债权和股权,引导符合条件的保险公司参与文化产业投资基金。积极开发适合文化企业需要的保险产品,探索开展知识产权侵权险,演艺、会展、动漫、游戏、各类出版物的印刷、复制、发行和广播影视产品完工险、损失险、团体意外伤害保险等适合文化企业特点和需要的新型险种及各种保险业务。

第二,加强与信托公司的合作,拓宽文化金融融资渠道。可发行支持文化基地项目融资的信托理财产品,银行代为发售这种理财产品,扩大投资文化产业。根据国际成功经验,运用知识产权进行融资的方式和模式很多,既可以进行间接融资也可进行直接融资,可通过信托公司的业务运作使知识产权这种无形资产流动化。以知识产权或未来收益权进行信托,再由信托公司从投资者处筹集到所需资金。也可以考虑借鉴日本经验,成立专门的文化产业信托公司(或银行),或者探索文化企业知识产权资产证券化的可行方案,以及以 SPC 方式融资的可能性和可行性。通过修改和完善信托制度,扩大信托范围,充分发挥信托公司在文化产业融资中的作用。

第三,发展面向文化产业的融资租赁性公司和融资性担保公司,鼓励它们加大对中小文化企业的融资支持。进一步发挥现有文化产业担保公司作用,引导和鼓励国资、民资、外资等各类资本参与文化产业领域的融资担保服务。支持符合条件的融资性担保公司和再担保公司按照《财政部、工业和信息化部关于印发〈中小企业信用担保资金管理暂行办法〉的通知》(财企〔2010〕72 号)的有关规定申请中小企业信用担保资金资助,使各类担保公司更好地为推动中小文化企业发展服务。

(3)做好文化金融的企业品牌建设和营销。品牌是现代银行的一项“虚拟资产”,品牌策略是21世纪最有前途的商业模式。品牌既为消费者提供了有关产品的综合信息,又传递着鲜明的个性特点,并指向明确的目标顾客,使消费者很容易从众多产品中识别出来。随着金融产品和金融服务同质性的日益显著、价格手段运用空间的逐步缩小,股份制商业银行必须在明确市场定位的基础上加强塑造企业品牌的个性特征,努力赢得差异化竞争优势。品牌也是最有力、最持久的营销竞争法宝,可以进一步维持客户与银行的良好合作关系。一旦消费者形成了品牌忠诚,不仅意味着更多的消费,而且意味着该金融品牌产品具有了一定的垄断权力,市场份额将进一步扩大。目前我国各家银行提供的金融产品性质相差不多,在品牌形象宣传方面,往往相互“借鉴”,导致消费者对各品牌形象的差异感知不足,选择金融服务时具有非常大的随机性和易变性。随着我国商业银行战略转型的全面推进,其在品牌营销管理过程中应逐步注入文化元素,逐渐赋予品牌内涵更多的人文关怀和社会责任。开展文化金融的商业银行要抓住这一有利时机,积极汲取文化产业的内涵,以社会效益和经济效益并重,树立文化金融品牌形象,提升银行企业形象。

8.2.3.3 金融产品创新

文化产业是以知识产权的创造、开发、运用和活用为基本特征的产业。文化产业的这一特征决定了文化企业的资产特征、金融需求和融资能力与传统的工业企业完全不同。因此,要提高文化产业金融服务水平,客观上要求金融机构必须不断提高创新能力,以能够根据文化企业的实际开发金融技术,创新金融产品。

(1)担保方式及信贷产品创新。文化产业外部投资者不愿意投资文化产业的一个重要原因,就是文化企业通常都没有充足的实物资产作为抵押,一旦投资失败就将蒙受投资无法收回的巨大损失。构建文化产业融资担保制度就是要通过担保公司为融资的文化企业提供融资担保的方式,弥补文化企业实物资产抵押不足的缺陷,为投资者提供一定的投资安全保障,以降低投资者的投资风险,增强文化产业的投资吸引力。文化产业融资担保方式包括担保和再担保两种。构建文化产业融资担保制度,同样需要政府的鼓励、支持和引导。政府应综合运用财政和税收等多种手段,鼓励和支持担保公司和再担保公司开展文化产业融资担保和再担保业务,鼓励和支持社会各类机构成立文化产业融资担保和再担保公司,鼓励和支持文化企业积极与担保公司合作,鼓励商业银行与实施文化产业担保的担保公司积极合作。突破传统抵质押品的束缚,商业银行可采取应收账款质押、知识产权质押、联贷联保等多元担保方式,解决担保难问题。

(2)信贷管理创新。一是量身定制适应文化产业特点的信贷政策,将文化产业作为朝阳产业列入支持类,在担保条件、利率等方面给予优惠,对文化企业设置有别于工商企业的信用评级模块,制定版权质押贷款指引和并购贷款指引等,为文化企业提供优质服务。在信贷规模配置上,加大倾斜力度,列出文化信贷专项规模,新增文化贷款规模不低于其他行业新增规模。二是通过创新信贷模式实现担保形式多样化。商业银行应结合文化企业运营方式和特点,弱化财务指标考核,转变以机器设备、厂房有形资产为抵押品的传统担保思路,积极试办知识产权、专利权、商标权、电影制作权、著作权、版权等无形资产抵押贷款、企业联保互保贷款等,并合理确定贷款期限,为文化企业尤其是中小文化企业融资扩大抵(质)押范围,丰富融资品种,解决文化产业普遍缺失抵(质)押物的问题。三是制定针对文化企业的授信制度,简化审批程序,缩短审批时间,为企业提供方便快捷的优质服务,确保符合贷款条件的文化中小企业获得方便快捷的信贷服务。各金融机构要对文化中小企业设立独立的审批和信贷准入标准,压缩文化中小企业贷款审批流程,切实提升贷款审批效率。鼓励有条件的银行为小微文化企业开办"一站式"金融服务。积极推广灵活高效的贷款审批模式。研究推动小微企业贷款网络在线审批,建立审批信息网络共享平台,以降低时间成本。客户可通过网络进行贷款申请,并通过"网上银行"零售信贷渠道进入预审批系统,客户可自助进行循环借款合同项下的提款和还款业务。四是各金融机构应在风险可控、商业可持续原则的基础上,根据不同文化企业的实际情况,建立符合监管要求的灵活的差别化定价机制。引导辖内银行业建立科学的风险定价机制,针对不同文化企业或不同授信品种实行差别定价,不额外收取资金管理费、财务顾问费等费用,以降低文化信贷成本。五是针对部分文化产业项目周期特点和风险特征,金融机构可根据项目周期的资金需求和现金流的分布状况,科学合理地确定贷款期限。六是针对小微文化企业循环授信,降低资金周转成本。对小微文化企业或个体工商户减少多次贷款申请、审批、抵押评估等程序带来的成本。如小微企业流动资金贷款循环额度授信期限最长可达 3 年,固定资产贷款循环额度授信期限最长可达 4 年,在 3 ~ 4 年的授信期限内只需办理一次房产评估和抵押登记,从而最大限度地减少客户办理评估、抵押手续次数及相关的费用支出。七是建立激励相容的考核机制,引入更多正向激励,实行与大客户不同的奖罚标准,以提高信贷人员营销文化企业贷款的积极性。八是小微文化企业贷款风险相对较高，信贷人员易产生“惧贷”心理，部分银行机构建立了独立的、具有可操作性的小微企业不良贷款问责和免责制度，给予适当的不良贷款容忍度，提高信贷人员发放小微企业贷款的主动性。如可对小微文化企业贷款设置1% ~2%的风险贷款容忍度，激励信贷人员放下包袱放手大干，以实现宽容问责保增量。

8.2.4 拓宽我国文化产业集群发展的资金体系

8.2.4.1 加强政府投资对文化产业集群的发展不可缺少

文化产业集群的发展离不开文化基础设施建设，然而文化基础设施的建设需要巨额资金，企业近乎无力投资，这强烈需要政府的资金支持。同时，在文化产业以及文化产业集群生成和发展的初期，文化基础设施的作用不可忽视。大型企业由于具有良好的品牌效应是文化产业集群发展的中流砥柱，为凝聚力量，需要政府先期投资的推动，促进文化产业集群的生成和发展。与此同时，政府通过财政上的补贴优惠政策和税收减免政策等措施，鼓励企业加入文化产业集群，政府可在收益率提高的发展成熟阶段再去减少投资。

8.2.4.2 利用好民营资本促进文化产业集群发展

积极调动全民加入文化建设，充分利用社会上各个层面的资金，共同促进文化产业集群的发展，提高我国文化产业集群的整体实力和竞争力。国务院于2005年8月发布了《关于非公有资本进入文化产业的若干决定》，这在一定程度上为我国民营经济参与文化产业投资提供了政策支持。民营资本一直游走于体制内外之间，体制内的沉默资源很容易被民营资本激活,值得一提的是,民营资本进入文化产业所带来的不仅仅是资金,还极大地冲击着文化体制积习已久的弊端。借助民营资本的力量来发展文化产业集群,完善文化产业资金体系,是发展文化产业集群的新亮点。

8.2.4.3 积极引进外资促进文化产业集群发展

积极引进外资是促进中小文化产业集群发展的关键性因素,也是我国文化产业集群积极应对国际化挑战的重要方法。当今已处于经济全球化的时代,积极引进外资不仅能够使我国文化产业集群获得资金,随之而来的还会有先进的信息技术、经验知识等,也会降低我国文化产业集群进入国际市场的壁垒,从而促进我国文化产业集群的发展壮大,扩大对外文化脚力,增强我国文化产业集群的总体实力和国际竞争力。

8.2.4.4 创新银行对文化产业集群内各企业的信贷政策

由于文化企业和文化市场环境自身的特点,银行贷款成为文化企业融资的主要方式,然而银行信贷体系不能满足文化产业发展资金的需求,文化企业贷款长期处于困难的境地,大型商业银行由于担心资金安全性等不愿意贷款,而中小金融机构却又无力贷款,这在一定程度上也就限制了文化产业集群的发展。创新银行贷款的政策迫在眉睫。首先可以鼓励商业银行开展针对文化企业的贷款业务,如知识产权抵押等。文化企业具有独立知识产权,无形资产比重大,银行将软件、商标等作为知识产权进行质押担保,如此措施会鼓励大量的文化企业集聚,促进文化产业集群的生成和发展。其次,银行在贷款审批手续方面也根据文化产业贷款特点建立差别化的制度措施,提高效率,满足文化产业的融资需求,为文化产业集群的生成和发展提供足够的资金支持。

8.3 文化产业市场发展与监管体系创新

文化产业的顺利发展,需要良好的文化市场体系和监管机制作为支持。而我国这方面的建设还需大力加强。

8.3.1 我国文化产业的市场管理

文化市场能够通过发布各种信号(如价格浮动、市场需求变化等)对文化生产和经营者构成压力,形成发展的动力,有利于最大限度地发挥文化产品的作用,提高文化产业的经济效益和社会效应。推进文化市场的繁荣和文化产业的发展,是提升我国文化市场品位和文化产业层次的重要途径。同时我们也应当看到文化市场和文化产业商业化和过分追求利润的动机给社会带来的负面影响。因此,在良性互动的双赢格局和正向反馈机制中,成就彼此支持共同发展的经济文化共同体,才是文化产业市场机制建立的核心基础。

赓祖海(2006)认为,市场主导发展文化产业,才能使经济发展与文化建设形成更加紧密融合的局面。提高文化产业在国民经济中的比重,促进经济与文化全面、协调、可持续发展,这样适应人民需要的文化产品才会更加丰富。文化市场是人民群众进行文化消费的主渠道。当前文化市场的主要矛盾是有效供给不足,因此文化行政部门要把发展和繁荣作为文化市场各项工作的出发点和目标,寓监管于发展之中,重点提高四个方面的能力。

徐浩然(2008)认为,文化产业市场机制的主要内容包括导向机制、激励竞争机制和优化机制。首先,建立文化产业市场机制需要意识导向。其次，市场经济之所以能带来计划经济无法比拟的经济效益，一个最重要的原因在于其自身所具有的竞争机制。再次，通过文化市场运行机制的优化，能够构筑与人民群众日益增长的文化需求相适应的文化生产服务体系，营造有利于出人才、出精品、出效益的文化发展环境。他把各国对文化产业的管理分为三种模式：市场导向型、政府主导型和混合型。市场导向型以美国为代表。政府主导型以东南亚国家及日本、韩国为代表。表现为政府对本国文化采取保护政策，进行巨额投资。混合型以美国以外的其他发达国家为代表，特征主要是对外采取文化保护主义政策，阻击美国文化入侵，对内则采取自由主义政策，努力发展本国的文化产业。

改革开放后，我国文化产业呈现出主体多元化、规模化的明显趋势。从所有制来看，文化企业出现国有企业、私营企业、股份制、中外合资、中外合作、外商独资多种形式。文化产业主体多元化的格局有力地推动了产业繁荣，但同时也暴露了许多市场管理问题，包括政治化问题仍然严重、垄断问题初显。这些需要新的市场管理体制和机制。同时，新型文化业态也不断发展，文化市场结构也出现了许多变革，这些都将产生新的市场问题（雷小龙，2011）。

8.3.2 市场失灵与管理失灵

8.3.2.1 市场失灵：集群难以提高发展效能

“市场失灵”是政府干预的基本依据。集群的市场失灵问题具体表现为：集群内部出现市场垄断；存在大量的信息不对称和外部性，使企业之间互相恶性竞争，集群资源配置效率低下，资源基础薄弱；企业在相对封闭的环境中运作，不能使用战略性知识；企业在自利行为驱动下存在“搭便车”行为和“非合作博弈”，引起价格机制失灵，并使集群内知识共享和溢出功能失效；集群及企业缺乏发展的共同使命感和一致性目标；集群缺乏能够增加协同作用的关键性要素。集群作为一个组织系统，同样存在“系统失灵”的问题。系统失灵是在相互关联的机构、组织或交易规则之间出现不协调或不一致时才会发生，它是指在组织制度设计上的缺陷不能为技术创新提供有效的激励，或者系统的技术能力与需求不匹配，从而限制了创新潜力的发挥。而且，集群的发展由于遵循新制度经济学中的路径锁定，集群内企业的创新性随着时间开始收敛（如通过模仿、合作、标准化的相似性），产生了竞争的“盲点”，由此限制了集群企业的创新潜力。市场失灵和系统失灵问题所造成的致命创伤可能是集群的脆弱性、锁定、僵化、竞争压力减弱、自满综合征和内在衰退等一系列陷阱和风险，构建一种适合集群持续创新的制度显得尤为必要（齐骥，2013）。

8.3.2.2　管理失灵：集群难以参与全球化分工合作

从我国经济社会发展的宏观改革进程来看，以文化核心技术为引领，以文化产品和服务的自主品牌建设为重点的文化产业集群，是参与国际产业分工、转移和合作的重要载体。这一基本发展思路要求文化产业集群必须跳出单一属地管理的刻板模式，站在全球城市群角度进行管理创新和技术升级。当前制约文化产业集群发展的重要障碍便是以权利意识为导向的集群管理制度。我国原有的文化宏观管理体制习惯于用计划经济的手段管文化、办文化，政企不分、政事不分、管办不分，把经营性文化产业混同于公益性文化事业，由政府统包统揽。在这种管理体制下，集群内企业的自觉性和自主性难以调动，文化产品的创造和生产缺乏活力，缺乏市场适应能力和竞争力。随着文化产业趋于成为国民经济的支柱产业，以文化产业集群为代表的文化产业聚落开始成为区域发展的重要载体，以政府主导为背景的集群成为集群迅速成长的主力军，国有资产背景的文化产业集群，成为政府主导下价值选择和权利意识导向的工具。从我国文化产业集群的类型特征来看，在集群成立之初或初具规模之前，许多集群都是市场主导的企业自发集聚，当集群成长具备雏形或产生一定的行业影响力后，地方政府开始"积极热情"地参与集群管理。但对于面向全产业链、与国民经济与社会多元行业相融合的文化产业集群而言，往往需要跨区域、跨行业、跨所有制进行资源整合和战略扩张，政府主导下的区域属地管理使集群发展呈现出行政分割、各自为政、重复建设等现象，制约了集群成长（齐骥，2013）。

8.3.3　解除文化产业集群治理障碍

8.3.3.1　"有形之手"与"无形之手"结合

改革开放以来，我国加速推进城市化和工业化，在大规模兴建产业园区的过程中，产业和城市脱节的现象还比较普遍，产业园区与新城空间在功能上形成"两张皮"，制约了城市的整体发展和城镇化的优化选择。在文化产业集群的发展进程中，也存在同样的问题。政府主导或引导的文化产业集群，往往处于城市边缘区或城市群连接带，集群与社区缺少连接性配套，集群往往成为地方政府盲目追求 GDP 的城市建设载体，在一定程度上成为衡量产业效能、测度税收贡献的"生产机器"，产业集群变成了缺少人文生态的"区域孤岛"。在这一境况下的产业集群，改变"交界地带"的"真空作用"是第一要义。从集群治理的角度来看，即以政府、企业、居民三类行为主体为核心实施差异化的集群战略和发展策略,以“有形之手”破除“市场失灵”,以“无形之手”解决“管理失灵”。从政府层面来看,产业集群与政府制度供给密切相关,政府往往通过强制性制度创新和诱致性制度创新促进产业集群形成和发展,但政府为集群提供制度供给并非万能,以“服务型政府”的方式提供制度供给,通过产业集群的公共文化基础设施建设和配套服务的完善,以及以人为本的制度创新,可以避免因扭曲性的经济政策环境的塑造而出现“管理失灵”。从企业角度来看,企业是集群的微观细胞,也是全球化产业分工中重要的节点。企业因为产业价值链整合而实现了地理的集聚,由此形成了全球范围内具有竞争力和辐射力的“经济马赛克”。在居民层面来看,创新可以源自集群中专业化的生产,但更源自居民个体的文化自觉与创新意识的积累与循环。因此,以社区为单元的集群,开始实现生产与居住功能的整合:一方面,依托社区文化网络本身的根植性,使集群发挥优厚的社会资本优势;另一方面,依托集群的经济外部性,广泛获取来自全球的域外信息、知识交流和知识创新(齐骥,2013)。

8.3.3.2 “长期性”与“动态性”结合

在实践中,经济活动的空间集聚并非是由个体企业和消费者的理性区位决策所导致的,也不是政府投资所能打造的,而是自然发展的地方化过程,是企业互动和知识积累的结果。产业集群的缘起因此带有很大的不确定性。在看似日趋一体化的全球经济体系中,独特的地方因素在国家和区域经济社会发展中的作用不是减弱,而是增强。跨国资本和其他经济要素的加速流动,以及全球和地方经济管制环境的变化,使经济活动的区位变动频繁而复杂。扎根于地方经济社会文化的产业集群也成为所在区域连接全球经济体系的载体。通过市场、技术和人员流动等途径，将不可捉摸的全球化与实实在在的本地人们的日常生活和工作联系在一起。而这种开放的网络联系又加剧了地方产业集群的发展环境动荡，使集群的结构处于不断变动与重组之中。外部环境的不确定性和多变性使集群发展充满了变化，而在政策层面，“产业政策”可能导致的有害竞争使集群更加难以按照既定方案实现“落地管理”。中国区域及产业规划的执行力度以及规划的人为变更因素进一步导致了集群发展偏离初衷。因此，建设与区域发展、城市建设、产业优化和企业成长空间高度契合的文化产业集群，应当制定动态和适时更新的影子规划，以应对全球价值链片段化对知识分解的加速和对创新速度的要求，通过长效的机制确保规划实施效果和产业发展的持续性，使文化产业集群的建设路径和方案因为产业发展规律和市场环境变化而做出修订，但不因决策群体的变更而发生改变。

8.3.4 提高文化产业集群效能的措施

8.3.4.1 提高“集群效能”

产业集群的竞争优势是集群效能的耦合。集群效能的提高表现在通过构建知识共享的创新网络提高集群创新速度和创新效率。例如在文化产业集群模块化网络组织系统内部，由于规模和地位相当的中小企业数量众多，搜寻成本减少，便于在价格、质量和产品差异化程度上形成一定的评价尺度，因而在各模块供应商、中间商和产品制造商间存在着一定程度的竞争。而企业集聚面临的竞争压力迫使企业必须不断加大研发投入，在产品质量和产品差异化上增加技术优势，通过持续创新不断提高技术水平，不断满足消费者个性化、多样化的产品需求，从而形成整个集群的核心竞争力，共同对抗集群外部更加激烈的竞争，也进一步促使整个网络的创新速度加快。此外，集群内部形成的创意模块，使得各模块企业通过正式或非正式的契约在设计、技术开发、生产、市场营销等创造价值的活动中选择性地与其他模块企业结成长期稳定的合作关系。合作形式包括基于专业化分工的合作、基于资源使用方面的合作、基于知识关系方面的合作以及基于市场需求的合作等。通过这些合作形式，集群中的模块企业可以利用地理位置的毗邻和产业的关联，通过知识资源共享、优势互补、共同投入、风险共担方式进行合作创新，这样既可以克服创新资源不足的困难，又可以分散风险，提高创新能力和创新效率，进而进一步提高文化产业集群本身的生产效率和创新能力，从而成为区域经济发展中富有活力和价值的经济实体（齐骥，2013）。

集群效能的提高还表现在通过协同创新与区域合作形成互补，使比较优势转化为竞争优势。例如利用文化的关联、地缘的接近和旅游线路的串联，跨区域文化产业合作可以有效打破区域行政壁垒，进入以市场主体为主导的深入实施阶段。随着文化产业发展愈加趋于科学理性阶段，文化产业行业之间“无边界”的问题也将进一步凸显，不仅行业之间，文化产业的区域竞合也将呈现出愈加明显的趋势，因此，应当通过有效利用资源和平台的协作，形成突出优势、错位竞合的发展格局提高文化产业的区域竞争力。跨区域的文化产业合作以文化集群的形成为核心，以跨地域的文化经济圈为载体，有效利用了资源和地缘的优势，以形成拳头的核心竞争力吸引更大的市场，获得更广的关注，在当前文化消费形态日趋多元化、文化消费市场不断扩张的时代背景下，必将有利于提升区域整体文化产业增加值。

8.3.4.2 完善要素结构

在当今全球价值链分工体系中，产业发展的比较优势已不再仅仅体现为一个具体的产业或行业及特定的产品，而更多的是在整个价值创造链条上的环节或工序上要素禀赋的投入。优化文化产业的产能结构、转变文化产业集群的增长方式，是完善文化产业要素结构、实现文化产业集群内涵式增长的重要路径。经济增长方式是指一国国民经济实现长期增长所依赖的基本源泉、机制与路径，以及由此表现出来的总体特征。文化产业集群有效推动了传统产业的转型和升级、文化制度的完善、文化环境的优化、传统制造业中文化因子的提升，以及以文化产业集群的形式实现文化资源的规模化、集约化和专业化，可进一步提高文化产业对经济的贡献率，推动传统产业在文化制度和文化环境下有序升级。完善文化产业的产业结构和消费结构，是扩大文化市场、提高集群竞争力的重要方向。产业结构升级的动力首先是消费需求升级拉动。不同产品的需求收入弹性不同，随着居民收入增加，需求弹性高的行业增长较快，从而带动产业结构升级。随着恩格尔系数的降低，我国居民对消费品的需求种类日趋多元化，体现在核心文化产业的产品中，表现为对消费的形式和内容要求的提高；体现在非核心文化产业的产品中，表现为经济与文化的融合促使一般性消费品对文化因子提高的要求更为强烈（如在工业设计和建筑设计中对原创性与艺术性的要求，直接影响了工业制造业产品的销售和产业的销售业绩）。此外，技术创新对产业升级的拉动也十分明显。不同行业技术进步快慢不同，技术进步越快、劳动生产率越高的行业规模扩张越快，它们在经济中所占的比重和贡献度便不断提升，从而带动产业结构升级。在产业结构完善的发展策略上,过去单纯地依靠原始的比较优势或者要素禀赋(如各种资源的丰裕程度)来定位一国对外贸易在世界经济中的角色,已经不存在绝对的比较优势。从我国产业分布和集群发展的现状来看,以劳动密集型和自然资源密集型产品为主仍是集群发展的主要方式,缺少具有自主知识产权的原创性文化产品和服务,使我国文化产业发展处于价值链的中低端环节,因此,着力于"以知识溢出作为产业集群内企业技术创新和产业集群整体技术升级的源泉,能够降低集群内企业创新的门槛,并激励关联企业的协同创新",进而以全球视野谋划和推动创新,提高原始创新、集成创新和引进消化吸收再创新能力(齐骥,2013)。

8.4 文化产业的品牌与营销创新

8.4.1 文化产业的品牌创新

文化产品是文化企业生存的基石,也是文化企业营销战略的出发点和基础。文化产品的内涵有广义和狭义之分。广义的文化产品指的是人类社会所创造的一切,供给社会的可见成品,包含所有的物质产品和精神产品,如服务、有形的物品、思想概念或个人的经验内容;而狭义的文化产品则专指精神产品,一般不称纯粹实用的生产生活器具、能源数据等为文化产品。

8.4.1.1 文化产品的概念

可以根据不同的需要来界定文化产品的概念,准确地对文化产品做出解释和分析。

在市场学中,产品分类有多种方式,最常用的是根据消费者为获得产品所花费的努力程度将文化产品分成便利产品、可选择产品和特殊产品。第一,便利产品。是指消费者不刻意追求品牌而经常性购买的产品。如图书、杂志、影碟等经常性消费品。第二,可选择产品。如果消费行为是经过深思熟虑的,那么消费者会在多种替代商品之间进行比较后再做决定。例如,休闲时,一个人会选择看一场马戏表演而不是一场电影。第三,特殊产品。专业消费经常涉及一些特定的消费目标,消费者会尽最大的努力去得到它们。如果所期望的不能得到,消费者也不会用其他的做替代,甚至会进行一次专门的旅行去寻求。例如,一个人会为了一场纯粹的意大利歌剧而做一次意大利之旅。

关于产品概念的确定方式,适用于产品概念分析的三个标准,也可以适用于对文化产品的界定,这三个标准是参照点、技术和环境。第一,参照点因素。能够使消费者根据各方面的参考点来确定一个产品(如类别、流派、历史、竞争产品、替代产品等),这些参考点会根据消费者不同的经验或对产品所具有的知识有所增加或减少。同类产品的比较:这个方面可以通过产品同其他现有的产品或曾经存在过的产品进行比较,从而得到一个明确的标准。产品评价:当评估某一产品时,也同样需要考虑其所需要的分销和传播手段、其他产品的存在或曾经存在的特定市场。第二,技术因素。包括消费者所得到的产品的技术和材料内容,它可能是指产品本身(一件雕塑品),也可能是媒介(MP4 或书),或者是作品表演的一个组成部分(一场戏)。当一名消费者购买一张光盘时,同时也能获得产品的一个技术特性。第三,环境因素。环境因素与文化产品的互动是暂时的,其易变的情况与形式有关,文化消费者的感受和洞察力是欣赏文化产品所需的基本要件，而且是必不可少的组成部分。当一件文化产品被展示时，同样也能说明这个问题。

8.4.1.2 文化产品系列和范围

产品系列可解释为“一组相关联的产品”，又可称“产品组合”。“产品组合”是由企业或组织提供所有产品系列组织而成的。“产品组合”的概念可以很容易地被运用到那些以促销和分销服务与娱乐产品为主要使命的企业。

文化产品具有自身的特殊性和延展性，这是由于大多数的文化产品属于精神产品，具有无限的可扩大性和包容性。相比一般的物质性产品，文化产品更容易形成系列性和多元性。总的来说，文化产品的“产品组合”可分为两大类：一是主流产品自身组合。由文化企业自身产出的系列产品组合。一个大的文化中心可以提供一种产品系列，而一场小型展示会只能提供非常有限的产品系列的组合，很可能每种系列只包含一个产品。二是主流产品加相关副产品组合。文化企业趋向于创造与主流文化产品有关的副产品，从而构成另一类产品系列。

8.4.1.3 文化产品的品牌

对大多数经营者而言，产品品牌的运用是其营销战略中一个重要的组成部分。文化产品的品牌特征主要表现在三个方面：第一，品牌具有标示性。消费者根据他们所认同产品的品牌所传达的属性来区分不同的产品。品牌可以是一个名称，也可以是设计符号。第二，品牌代表企业形象。所有文化企业都有品牌或商标。当消费者在接触到某一特定品牌的产品时，知名企业的名称可以立即在消费者脑海中组建出企业的形象。第三，好品牌吸引消费者。一个好的品牌,不仅能吸引消费者,而且还能创造出特许经营的机会。如快餐品牌麦当劳对品牌名称的强项进行资本化投资,为开拓自己的市场占有率,在全世界各地建立许多特许经营的分店。

品牌是文化产业发展的主要着力点,创建和推广中国文化产业品牌是中国文化与文化产业“走出去”战略的重要步骤。

我国文化产业要想在未来的竞争中赢得先机,除了政策扶持、资金投入、人才培养等要素以外,还须加强塑造文化产业的品牌,因为文化产业核心竞争是品牌的竞争(言恭达,2011)。欧阳友权(2009)认为,就一个文化品牌的创立而言,可以经由两条路径:其一,是对原有文化的发掘,从历史的、民族的、民间的、现有的各种人文奇观中发掘出具有深厚文化内涵与底蕴的文化品牌。其二,则是创立一个前所未有的、全新的、富有现代气息和风尚的文化品牌。创意是一个文化品牌成功所必需的,创意是梦想,是基于现实的梦想。熊铮铮(2011)则论述了传媒影响力对文化品牌的正负两方面作用。文化品牌知名度可以通过新闻报道、新闻发布会的展示、广告、公关活动等不同的方法来实现,一方面提升其品牌的知名度,另一方面可以带来巨额的投资。足够的投资和持续不断的媒介传播,就会迅速将文化品牌带入一个良性循环的过程中。文化品牌体现了文化产业的核心竞争力和文化软实力,在挖掘文化资源、打造文化产业品牌的同时,相关决策者应善于利用传媒的优势,吸引最多的关注,达到最佳传播效果。

有些研究则聚焦在企业、机构、地方实现长效发展时文化品牌的作用,具备一定的针对性。如黄振平(2008)认为,文化品牌是城市文化软实力的重要内容和主要指标,城市竞争在一定程度上是文化品牌的竞争。城市管理者应在深入调查研究的基础上制定出文化品牌建设和发展的长远规划，并从政策上给予广泛的支持，以打造具有深刻影响力的城市品牌。杨剑龙(2010)则指出要“培育文化先锋创新集群品牌”的思路。作为未来社会的“朝阳产业”，文化产业的生机与活力来自文化的经济价值和经济的文化蕴涵，这些都要靠强大的文化品牌做支撑。品牌是企业的标识，是产品的卖点，也是文化市场的亮点和最终的发展归宿。文化型企业要赢得市场，参与国际国内文化资本的激烈竞争，使自身立于不败之地，就必须走品牌化建设之路，就必须打造具有强大竞争力的文化品牌。赵小娜(2011)认为，在文化产业知名品牌的培育过程中，须打造一批实力雄厚竞争力强的龙头企业；重点培育文化创意品牌，并利用高科技手段催生文化产业知名品牌；多方营造培育文化品牌的良好氛围，并为文化产业提供人才支撑；加强政府及职能部门在品牌建设这一过程中的支持力度。

8.4.2 文化产业的营销创新

现在文化企业无论规模多大，都不可能占有人力、财力、物力、信息等一切优势，成为所有文化产业市场的开拓者和利益享有者。同时，如果资源过于分散，可能会在很大程度上影响文化企业能力的有效发挥。集中优势资源，在特定目标市场建树突出文化企业能力的竞争优势是有效市场竞争的现实方式。伴随着文化产业市场营销模式由大量市场营销转向差异化市场营销，再转为目标市场营销的过程，文化企业的竞争战略也出现明显的转型，由追求对大众市场的全面覆盖到追求对目标市场的规模化满足，目标市场营销成为当前的主流营销模式。

文化企业在进行目标市场营销的过程中,必须要做好两项重要的工作:一是市场细分,二是市场定位。

8.4.2.1 市场细分

文化产业市场细分是指文化企业根据消费者之间需求的差异性,把一个整体市场划分为若干个消费者群体,进而确定文化企业目标市场的过程。文化产业市场细分是文化产业发展到一定时期的产物,是建立在产业细分基础上的竞争行为,同时又是文化企业资源限制和有效市场竞争强制规定的结果。市场细分是实现文化企业目标市场营销战略的起点和现实基础。

对文化产业市场定义的解释有很多种,而且不尽相同,但是它们都包含这样一个基本点:文化产业市场是由一群具有近似需求的文化消费者——一组文化消费群所组成,这种文化需求是近似的而非完全相同的。

我们可以依据同类的需求将一个市场细分成许多分支,同时又依据其他细分市场来提供不同类别的需求,以此方法来分析研究市场。我们甚至可以将"市场细分"概括为:市场细分是一种将组成市场的若干个单位分解为若干个亚市场的活动。

市场细分的理论基础是"多元异致性"理论,即文化消费者对大部分文化产品的需求是多元的,具有不同的质的要求,这是实现市场细分的基础。但是异质和同质是相对而言的,差异为市场细分提供可能性,而相对的同质则可以使市场细分形成规模,满足细分的利益追求。因此,文化产业市场细分是一个包含两个层次的分析结构,即文化产品的同质市场与异质市场。

文化产品同质市场是指那种对某一文化产品的需要、欲望、购买行为以及对文化产业市场营销的反应相同或者相似的文化消费者集合。相反,如果文化消费者在对文化产品的认识结构、便利性要求、接触和阅读的行为习惯等方面存在着差异性,这类市场就是异质市场。市场细分就是把一个异质市场划分为若干个同质市场的过程。

文化产业市场细分的基本效用在于通过市场细分寻找能够组建文化企业竞争优势的市场空间,主要表现在三个方面:第一,有利于深度开发文化企业现有利基市场。文化产业市场细分可以更好地厘清当前文化企业利基市场的需求结构和边界,有利于文化企业充分了解各类文化消费者的不同需求和同类需求的规模与比例,使市场营销活动的目标变得更加明确,提高活动的投入—产出效率。第二,有利于文化企业发现最好的市场机会,形成新的市场竞争优势领域。通过文化产业市场细分,文化企业可以了解市场各部分的购买能力、潜在需求、顾客满足程度和竞争者的结构与能力状况,从而能够及时发现可能的市场机会和问题,及时采取对策,形成竞争优势。第三,有利于文化企业用最经济的投入获取最大的市场回报。市场细分的过程可以被看作一个对被细分出的市场的投资—收益率进行比较的过程,在比较的过程中,那些投资—收益率高的市场领域将会被优先考虑作为文化企业的营销方向,而那些投资—收益率较低的市场领域就会被放弃。在战略调整的过程中可以优化文化企业的业务组合,始终保证文化企业拥有高投资—收益率的市场占有结构。

文化产业市场细分的基础是同质市场中消费者需求的差异些,这种差异性产生的结构性变量将成为文化产业市场细分的基本依据,并构成市场细分方法的组合因素来源。影响文化消费者的变量很多,共同构成文化消费者独特的市场需求。其中常常被用来作为文化产业市场细分依据的是地理变量、人口变量、心理变量和行为变量。

在绝大多数市场,消费者对供应的文化产品会有不同的反应,细化市场是应对不同反应的最好方式。市场细分有五个最基本的决定性因素:第一,购买者/非购买者两个极端。两极分化是区分消费者最基本的方法。实际上购买者和非购买者的两大极端可以被看作两个细分市场,每个细分市场对营销压力有着不同的反应。任何一个市场都包含至少两个相对的市场。这种细分方法可以帮助企业开发新的文化产品。第二,购买率或购买频率。就像购买者市场和非购买者市场一样,文化产品市场也可以根据消费者相对的消费比率来进行具体的市场划分。第三,文化产品或品牌的忠诚度。消费者在购买行为中表现出来的对某一文化产品强烈的消费欲望和始终如一的习惯,亦即对文化产品的忠诚度,往往为分解市场提供极佳的基础,因为这样就可以依据消费者对于各种各样的营销压力的敏感性来对消费者群体进行分类。第四,消费者的满意度。购买还是不去购买、购买的频率是多还是少、对文化产品的忠诚度是大还是小,都直接或间接地与消费者的满意程度有关系。对消费者满意度的分析有利于新文化产品的制作和定位,这些新的文化产品或作品可以满足那些往往对市面上流行的文化产品不感兴趣的消费者。第五,品牌或文化产品偏好市场研究人员可以(作为一种理念、一个建议或既成事实)向消费者推广介绍未来这种新文化产品,以取得他们的回馈意见。如果需要,这种研究还可以用于比较消费者已经非常熟悉的、类似的文化产品。

市场分类有助于量化细分市场,并总结细分市场的特征。文化产品的市场种类可以进行以下几种划分,即地理细分、社会人口细分、购买心理细分，以及与消费者本身利益相关联的细分。一是地理细分。地理位置的不同常常反映该地文化、气候和环境生态的不同。这种方法使得营销经理或研究人员可以开发不同特征的消费区域，或使消费者的特征具体形象化。在大的范围内，大城市和周边地区的文化产品消费行为是有区别的；城市中心的消费者和周边地区消费者的文化需求不同。二是社会人口细分。参考所有用以描述和量化社会人口各个方面的变量进行细分。社会人口的这些变量要素包括年龄、性别、教育程度、收入、民族或种族背景、子女人数、语言、宗教、居住情况和职业状况等。三是购买心理细分。根据心理喜欢来选择购买文化产品的行为，是一种和个人价值观念直接相连的行为，这些细分变量称为"心理因素细分市场"变量，亦即购买心理这一细分市场的分析方式。四是利益相关细分。与消费者本身利益相关联的细分，揭示在同样的市场中存在着不同层次需求的原因。这种方法致力于细分对同样的文化传统有着同样的利益需求的消费群体，因而市场基于所寻求的个体利益或整体利益需求而得以细分为诸多具体市场。

在细分市场中的几种方法还是可以综合应用的。深入了解目标市场的人对于任何市场细分的研究都是至关重要的，在此研究的基础上，文化企业才可以运用具体的细分方法来划分市场，以便尽可能地发现这一市场的结构以及市场的利润空间。

随着文化产业市场竞争的激烈，必然走向更加专业化的细分方向，因此，研究文化产业市场细分对文化企业的生存与发展具有重大的战略意义。文化产业市场细分具有以下两项重要的功能：首先，运用市场细分的原理迫使企业不得不系统地分析市场中各种不同的需求，换言之，市场细分使得企业深入地研究市场以明确需求是在什么样的层次上存在着同构型。运用这种分析的结论,营销业务员就可以决定向针对的一个或几个细分市场,或是整个市场发动攻势。其次,依据对市场结构的分析可以制定市场战略,这种战略被称为文化产品定位。一般来说有两种基本的文化产品定位。一是文化产品差异性定位。即根据竞争对手的文化产品制定差异性产品的定位。细分市场的目标常常是一致的,每家企业都会努力地开展一些胜过其他企业的活动——哪怕只是很少的活动——来吸引顾客。二是需求差异性定位。根据一个或几个细分市场反映出的需求来定制文化产品。如图书的精装本与简装本,以满足读者的需求差异。

8.4.2.2 市场定位

在大众消费意识中消费者在购买某种商品时通常会倾向于熟记"第一名",尤其是在当今信息泛滥的社会。因此,文化企业要向目标市场传递的信息应该是可以使目标人群把自己看作该领域"第一名"的内容,即竞争优势。它主要有五个特征:最好的质量、最优质的服务、最低的价格、最佳的价值以及最先进的技术。这个向目标人群传递文化企业竞争优势信息、占据文化消费者心理选择列表"第一位置"的过程,就叫做文化产业市场定位。

文化产业市场定位作为对文化消费者心理预期结构首要位置的占领方式,主要包含两个层面的含义:一是针对特定文化消费者的价值结构塑造文化产品、品牌、组织的形象,并采取有效手段将该形象传递至目标人群的心理预期结构空间;二是该形象的传递活动贯穿文化产业市场营销活动的各个环节。

传统经济学一般均衡理论的基本前提是完全信息状态,即市场结构中的各方对信息的把握都是全面的,各方行为都是在对关系发生方信息的充分了解下做出的选择。但是,经济关系各方要想掌握完全市场信息,做出最优化市场交易选择,就要为之付出最大交易成本。对于市场竞争者来说,会有专门的机构来做这些工作,对于文化消费者来说,根本不可能会在掌握所有文化产品信息之后才选择。因此在文化产业市场,文化消费者和文化企业之间实际上处于一种非对称信息状态。文化企业市场营销首先必须要降低双方"信息不对称"的程度。

文化企业与文化消费者间由信息不对称到信息基本对称是一般文化企业营销市场定位的逻辑起点,使文化企业和文化产品信息在文化消费者心中占有不可替代的位置则是定位的使命和成功与否的判别标准。因此,文化产业市场定位应该包含以下内涵:首先,文化产业市场定位不是致力于对文化产品本身做实质性的改变,而是要使文化产品在文化消费者的使用选择序列模式中占据不可替代的位置。其次,文化产业市场定位要占领的是文化消费者心理预期结构中的位置,即文化消费选择序列中不可替代的位置,其职能在于信息传递和沟通,是"攻心为上"、降低竞争成本的战术。再次,定位既是一种沟通过程,实际上也是对文化企业竞争优势的展示过程。通过展示竞争优势使定位进而演进成为一种整合力量,使文化企业内部资源和能力向优势化结构转化,并使每一个环节都处于这种整合力量的作用下,提高各环节运作的效率。最后,好的文化产业市场定位有利于形成竞争优势,但是其本身不是竞争优势。文化产业市场定位的效用如何要看定位是否能够深入人心,单纯定位本身只是提供一种理论方面的竞争优势资源,只有定位获得目标市场的认可,文化产品才可以形成现实的竞争优势。

文化产业市场定位由文化产品定位、文化品牌定位和文化企业形象定位三个层次构成。一是文化产品定位。文化产品定位是将某种文化产品的优势利益信息传送给目标人群,使文化消费者一旦产生同类需求就会联想起该类文化产品。这一层次的定位是其他层次定位的基础,因为文化企业最终向消费者提供的是文化产品,没有文化产品这一载体,品牌和企业在目标消费者心目中的形象将无法落实。二是文化品牌定位。品牌是对文化产品定位的形象化描述,用以识别文化产品的经营者。菲利普·科特勒将品牌的作用概括为“是卖方做出的不断为买方提供一系列文化产品特点、利益和服务的承诺”。由于文化消费者往往把品牌视为文化产品的一个重要组成部分,因此建立品牌可以增加文化企业及其产品的价值。三是文化企业形象定位。文化企业形象定位是文化企业集团组织整体在公众心目中的形象定位。它的着眼点不是具体的文化产品或品牌,而是组织整体的特点与优势。文化企业形象定位处于定位阶梯的最高层,它要先定位所属的文化产品和品牌,然后才能够在公众中树立文化企业形象。没有好的文化产品定位和品牌定位,文化企业定位很难被公众确认。

定位的过程也是多维结构化的过程。这三个层次是相互关联的层次结构,相互制约、相互支撑、互动互进,构成文化产业市场定位的整体结构。其中,每一层又都是上一层的基础,如果抽取任何一层,上一级都将成为空中楼阁,而下一级则成为无源之水,定位对文化企业内部的整合能力和外部的告知能力都会产生很大的影响。

根据目标人群价值判断结构和消费行为偏好的不同,可以选择不同的变量进行检验,看哪一种文化产业市场定位模式可以保证文化产品在目标消费者的心理预期结构坐标上显示出优势地位,然后组织相应的优势利益信息传递给对方。常用的文化产业

市场定位模式包括以下几种:

第一,文化消费者定位模式。又称正向定位模式,是指按照文化消费者的类型进行定位,赋予文化产品与消费者特征、地位、品位相应的品牌形象,这样就会建立起目标消费者心理预期结构和特定文化产品之间的联系,使这一类消费者相信该文化产品就是为他们特意设计和组织的,使关系双方各自寻找到社会归属感。

第二,文化产品竞争者定位模式。又叫反向定位模式,是指针对文化产业市场竞争的现实态势,力求凸显文化产品相对优势的定位。即为了在文化消费者心目中加强或者提高文化产品现有地位,根据与竞争有关的属性和利益或针对竞争者的定位来进行本企业产品的市场定位。

第三,企业能力定位模式。任何一家文化企业都不可能满足所有的文化产业市场需求,因此引入市场细分概念。面对众多的细分市场,选择标准同样取决于文化企业自身能力和满足某些特定细分市场的能力要求间的耦合程度。文化产业市场定位其实就是一个"识别潜在竞争优势→选择竞争优势→展示竞争优势"的能力选择与使用过程。

第四,整合定位模式。上述三种定位模式其实都有不足,文化消费者模式忽视竞争对手的定位结构:文化产品竞争者模式显然过于强调对竞争风险的回避,而对文化消费者需求和文化企业能力的认识不足;而文化企业能力模式如上所述,也有忽视文化消费者现实需求的倾向。这样,就有必要对上述定位模式予以整合,在此基础上完成文化产品定位、品牌定位和文化企业定位三个层次结构的建设。我们可以通过文化消费者分析确定目标市场,通过文化企业能力分析和竞争者分析,明确文化企业的核心专长以及建立在此基础上的竞争优势，然后进一步寻找两者的利益平衡点，这就是整合定位模式。

8.4.3 文化产业集群品牌与营销创新的具体措施

从市场销售系统来看，文化产品没有形成品牌影响力，虽然有许多优秀的文化项目，由于没有根据不同文化资源的特点，对品牌进行定位，进行有目的的开发、包装、推介和销售，不能形成具有鲜明特色的文化品牌。区域品牌知名度不高，渠道建设混乱，没有形成科学规划（尚云仙，2013）。

8.4.3.1 提升集群内核心企业的品牌影响力

从文化产业化维度而言，首先，在文化产品设计阶段，文化企业要挖掘特色文化，确定鲜明的品牌定位，要对文化有深度的认识，体现文化的精神和内在意味，这是文化的核心价值；其次，文化产品要具有一定的美学价值，向消费者展示文化中健康向上的东西、正面的东西、美的东西；再次，文化产品要能展现普通消费者的人生愿望和追求；最后，要加快数字、网络等现代信息技术在文化产品创作、生产、传播等各个环节的应用，把虚产品变成实产品，把无形产品变成有形产品，把手工产品变成流水产品，把单个产品变成系列产品。

从产业文化化的维度而言，一、二产业的产品要占领市场，除了有一流的品质还要有深入人心的品牌内涵。也就是品牌所凝练的价值观念、生活态度、审美情趣、个性修养、时尚品位、情感诉求等精神象征。品牌文化的塑造通过创造产品的物质效用与品牌精神高度统一的完美境界，能超越时空的限制带给消费者更多的高层次的满足、心灵的慰藉和精神的寄托，在消费者心灵深处形成潜在的文化认同和情感眷恋。

8.4.3.2　创新文化营销模式，提升文化集群品牌影响力

集群内文化产品营销不能完全照搬物质产品的营销模式，需要在营销渠道、促销模式做一些新的尝试。在营销渠道设计中要打破物质产品从区域内到区域外、从国内到国外的层层递进的形式，文化类产品或服务既要时间上穿越，也要空间上穿越，直接面向全球的高度来设计多方位立体营销渠道，线上线下结合、虚实结合、长短结合。促销模式上可以与当地特色物质产品进行整合打造沙龙式卖场，以及各种表演、各种竞赛、各种咨询、各种体验等有效整合不同层次的社会资源，提升文化集群区域品牌在世界范围内的影响力。此外，大数据时代的来临，引发了商业的大变革，颠覆了企业传统的营销模式，建立在大数据基础上的营销架构，可以为企业带来巨大的商业价值。在大数据时代，企业的经营模式在不断地发生变化，在此背景下，分析文化产业集群的营销模式和特点，赋予大数据营销巨大的研究价值。

8.4.3.3　完善政府和行业协会的服务职能，提升文化产业集群区域品牌影响力

文化产业集群是地方经济发展的一张亮丽品牌，对促进当地经济发展有很大的促进作用，同时区域知名度的提升对文化产业集群的发展更为关键。这需要当地政府转变职能，为文化产业集群创造良好的外围硬件环境和人文环境，如在城市规划建设中充分体现历史文化的传承，体现地域特色、历史文化和现代文化，突出城市特色蕴含城市的主体文化和城市精神，提升城市的感召力，真正达到人和自然的和谐相处。同时还要加强产业集群内行业协会的建设，完善其功能，真正起到行业自律的功能。当然，区域品

牌形成需要很长的时间,需要政府主导,集群内企业积极参与以及整个区域人文环境的提升。

8.4.3.4 创新促销策略

建立以文化事业发展培育消费能力的机制,带动文化产业集群发展。如通过发放文化消费券的形式组织市民进行各种文化消费,营造良好的消费氛围,在公共文化服务项目中推行一卡通的形式加大宣传,媒体引导、营造氛围、促进市民健康科学文化消费习惯的养成。对于经济收入低的人群由政府每年通过一定文化消费定额补贴,进行订报、购书等文化消费增加文化消费总量,提高文化消费水平,是文化产业发展的内生动力。首先要打造集生产、供应、销售、运营、交流体验、娱乐服务于一体的文化产业链条,延长文化产业链条,多渠道开发衍生品,增加文化消费的亲历性体验。其次在产业集群内使消费者形成持续的吸引力,大力发展演出、影视、音像、文物赏石、集邮、图书报刊、工艺美术等市场培育知识产权、版权、技术等要素市场;发展经纪人、评估、鉴定、拍卖等中介机构,加快文化商品、物流配送、电子商务等。再次是积极推动大型企业向文化产业转型,培育特色文化产业集群,积极推进各个地市的大型传统企业向文化产业拓展,延长产业链条。举办主题文化公园、工业文化旅游、文化节与会展、主题博览馆等。促进传统产业与文化内容的渗透融合,丰富文化产业的内涵。最后整合不同的促销模式,借助现代化促销模式进行促销模式创新。除了上述传统促销模式外,还可以根据文化产品的特色策划差异化的促销模式。如构建文化产业集群的数字营销平台,整合不同层次的资源,借助网络实现多赢效果,还可以将新媒体营销方式应用到文化产业集群的促销策略中来。

结论

本书在界定文化与科技内涵的基础上，从融合基础、融合层次、融合机制以及融合方向四个相关联方面构建了文化科技融合促进传统产业转型升级的理论架构，并以景德镇陶瓷产业为例进行实证分析，揭示文化科技融合在传统产业升级中的路径和作用。文化产业集群发展的动力机制是推动其发展壮大的根本动力，是地区文化产业发展的重要影响因素。一般来讲，文化产业集群发展的动力机制包含动力因素及其关系以及各因素之间的作用机制。动力因素分为内在和外在两类，内在动力因素包括外部经济效应、产业价值链和一个地区的文化存量；外在动力因素则包括政府的支持、人才集聚效应、外部竞争环境、创新驱动等，内外两种机制的共同作用推动着地区文化产业集群的发展。第一，内在机制是一种自发的内源性动力，是内在的集群内部企业之间的相互作用，其建立在相互之间的合作和竞争之上；而外在机制是外部环境所提供的，其逐步完善是建立内在机制的显现，使得政府或者其他机构对文化产业集群内在机制所形成的外部性、产业价值链效应以及知识创新的溢出等所采取的倾向性的举措，以更好地促进文化产业集群的发展，这也在一定程度上对内在机制的形成和发挥作用起到推动作用。第二，文化产业集群发展的动力机制内部的动力因素之间存在着地位上的差异，其中文化存量是文化产业集群发展的基础，在文化底蕴上发展的文化产业集群才更具有生命力和活力。在此基础上的外部经济性、产业价值链相互耦合，加之政府的外部支撑作用和企业间、集群间的外部竞争推动作用，使得集群不断发展壮大，竞争优势初步显现，内部结构不断升级。第三，基于内外机制的文化产业集群发展的动力原理包含协调竞争机制、学习创新机制和支撑保障机制三种，在这三种机制的影响和作用下，文化产业集群才得以不断发展。

产业集群对区域经济发展和区域竞争力的提升具有显著的指导意义，产业集群实现了资源的优化整合和最大化利用。随着知识经济时代的到来，很多的研究表明，文化产业集群的知识管理能够促进文化产业集群发挥创新绩效。本书在对文化产业集群、知识整合等文献分析的基础上，分析了我国文化产业集群知识整合的影响因素与模式，设计出我国文化产业集群知识整合的运行及保障机制。为了实现我国文化产业集群知识整合的高效率，从企业和政府两层面提出了我国文化产业集群发展的对策建议。

创意经济的时代已经来临，其带来的新的经济增长点成为各国谋求新发展的主要选择。本书在概括文化创意产业的概念和特征的基础上，通过对国内外文化创意产业发展现状的总结和对文化创意产业核心要素的分析，从对知识产权的保护、借鉴国外先进经验、建立市场化运行机制、创意人才培育和开拓国际市场等方面提出了促进中国文化创意产业发展的政策建议。

本书以河南省为例研究了文化产业的集群化发展，提出要积极发展河南省文化产业园区。为推动河南省文化产业发展、打造华夏历史文明传承创新区、成为全国重要的文化产业基地，河南省应加强文化产业园区建设。河南省文化产业园区建设存在软环境建设不足、产业集中度较低、服务平台不完善、缺乏品牌形象的塑造等问题，提出从重视政府政策支持与规划引导、促进文化产业要素集群化、加快中介服务体系建设、实施品牌营销策略等方面促进河南省文化产业园区的发展。河南近年来在文化产业的发展中取得了不俗的成绩，但距文化产业强省仍有一定距离。河南文化产业的战略重点应着眼于自身丰富璀璨的文化资源，并根据不同主题将河南具有独特优势的文化资源分成五类——古都资源、道教资源、佛教资源、三国资源和非物质文化遗产资源。针对河南现存的三种文化产业发展模式进行分析，发现每一种模式都很好地利用了一类主题资源。然后根据三类模式的本质及其适用的条件，提出了完善现有模式的建议，并探讨三类模式在不同文化资源分类上的可能性。

本书从战略层面为我国文化产业集群发展提供思路，并提出文化产业体制创新、文化产业投融资机制创新、文化产业市场发展与监管体系创新以及文化产业的品牌与营销创新四大支撑体系来具体落实。①文化产业体制创新。要完善文化产业集群发展的规划和政策，加快创意人才的培养，完善文化产业内部链条。②文化产业投融资机制创新。要解决文化企业“融资难”问题，有必要研究文化产业发达地区的做法，借鉴国际先进经验，从政策上创新我国文化产业的投融资模式。第一，培育文化产业专业担保机构，构建产业融资信用担保体系。第二，创立民间投资参与产业发展的文化产业发展基金，利用股息分红、税收减免等方式鼓励私人等民间资本长期投资文化产业。第三,鼓励文化创意企业参与全产业链的投资活动,在产业发展中营造良好氛围。③文化产业市场发展与监管体系创新。产业集群的竞争优势是集群效能的耦合。集群效能的提高表现在通过构建知识共享的创新网络提高集群创新速度和创新效率,集群效能的提高还表现在通过协同创新与区域合作形成互补,使比较优势转化为竞争优势。在当今全球价值链分工体系下,产业发展的比较优势已不再仅仅体现为一个具体的产业或行业及特定的产品,而更多的是在整个价值创造链条上的环节或工序上要素禀赋的投入。优化文化产业的产能结构、转变文化产业集群的增长方式,是完善文化产业要素结构,实现文化产业集群内涵式增长的重要路径。④文化产业的品牌与营销创新。要提升集群内核心企业的品牌影响力,从文化产业化维度而言企业首先在文化产品设计阶段,文化企业要挖掘特色文化,确定鲜明的品牌定位,要对文化有深度的认识,体现文化的精神和内在蕴意,这是文化的核心价值。创新文化营销模式,提升文化集群品牌影响力。不断完善政府和行业协会的服务职能,提升文化产业集群区域品牌影响力。此外,还要创新促销策略,将网络营销、移动营销、大数据营销等新的营销方式运用到文化产业集群促销策略中来。

附录1　文化产业分类

文化及相关产业分类

类别名称	国民经济行业代码
第一部分　文化服务	
一、新闻服务	
1. 新闻服务	
新闻业	8810
二、出版发行和版权服务	
1. 书、报、刊出版发行	
(1)书、报、刊出版	
图书出版	8821
报纸出版	8822
期刊出版	8823
其他出版	8829
(2)书、报、刊制作	
书、报、刊印刷	2311
包装装潢及其他印刷 *	2319
(3)书、报、刊发行	
图书批发	6343
图书零售	6543
报刊批发	6344
报刊零售	6544

续表

类别名称	国民经济行业代码
2. 音像及电子出版物出版发行	
(1)音像制品出版和制作	
音像制品出版	8824
音像制作	8940
(2)电子出版物出版和制作	
电子出版物出版	8825
—电子出版物出版	
—电子出版物制作	
(3)音像及电子出版物复制	
记录媒介的复制 *	2330
—音像制品复制	
—电子出版物复制	
(4)音像及电子出版物发行	
音像制品及电子出版物批发	6345
音像制品及电子出版物零售	6545
3. 版权服务	
知识产权服务 *	7450
—版权服务	
三、广播、电视、电影服务	
1. 广播、电视服务	
广播	8910
—广播电台	
—其他广播服务	
电视	8920
—电视台	
—其他电视服务	
2. 广播、电视传输	
有线广播电视传输服务	6031
—有线广播、电视传输网络服务	
—有线广播、电视接收	
无线广播电视传输服务	6032

续表

类别名称	国民经济行业代码
—无线广播、电视发射台、转播台	
—无线广播、电视接收	
卫星传输服务 *	6040
3. 电影服务	
电影制作与发行	8931
—电影制片厂服务	
—电影制作	
—电影院线发行	
—其他电影发行	
电影放映	8932
—电影院、影剧院	
—其他电影放映	
四、文化艺术服务	
1. 文艺创作、表演及演出场所	
文艺创作与表演	9010
—文艺创作服务	
—文艺表演服务	
—其他文艺服务	
艺术表演场馆	9020
2. 文化保护和文化设施服务	
文物及文化保护	9040
—文物保护服务	
—文化遗产保护服务	
博物馆	9050
烈士陵园、纪念馆	9060
图书馆	9031
档案馆	9032
3. 群众文化服务	
群众文化活动	9070
—群众文化馆	
—其他群众文化活动	

续表

类别名称	国民经济行业代码
4. 文化研究与文化社团服务	
社会人文科学研究	7550
专业性社会团体 *	9621
—文化社会团体	
5. 其他文化艺术服务	
其他文化艺术	9090
五、网络文化服务	
1. 互联网信息服务	
互联网信息服务	6020
—互联网新闻服务	
—互联网出版服务	
—互联网电子公告服务	
—其他互联网信息服务	
六、文化休闲娱乐服务	
1. 旅游文化服务	
旅行社	7480
风景名胜区管理	8131
公园管理	8132
野生动植物保护 *	8012
—动物观赏服务	
—植物观赏服务	
其他游览景区管理	8139
2. 娱乐文化服务	
室内娱乐活动	9210
游乐园	9220
休闲健身娱乐活动	9230
其他计算机服务 *	6190
—网吧服务	
其他娱乐活动	9290
七、其他文化服务	
1. 文化艺术商务代理服务	

续表

类别名称	国民经济行业代码
文化艺术经纪代理	9080
其他未列明的商务服务 *	7499
—模特服务	
—演员、艺术家经纪代理服务	
—文化活动组织、策划服务	
2. 文化产品出租与拍卖服务	
图书及音像制品出租	7321
贸易经纪与代理 *	6380
—艺术品、收藏品拍卖服务	
3. 广告和会展文化服务	
广告业	7440
会议及展览服务	7491
第二部分　相关文化服务	
八、文化用品、设备及相关文化产品的生产	
1. 文化用品生产	
文化用品制造	241
乐器制造	243
玩具制造	2440
游艺器材及娱乐用品制造	245
机制纸及纸板制造 *	2221
手工纸制造 *	2222
信息化学品制造 *	2665
照相机及器材制造	4153
2. 文化设备生产	
印刷专用设备制造	3642
广播电视设备制造	403
电影机械制造	4151
家用视听设备制造	407
复印和胶印设备制造	4154
其他文化、办公用机械制造 *	4159
3. 相关文化产品生产	

续表

类别名称	国民经济行业代码
工艺美术品制造	421
摄影扩印服务	8280
其他专业技术服务 *	7690
九、文化用品、设备及相关文化产品的销售	
1. 文化用品销售	
文具用品批发	6341
文具用品零售	6541
其他文化用品批发	6349
其他文化用品零售	6549
2. 文化设备销售	
通讯及广播电视设备批发 *	6376
照相器材零售	6548
家用电器批发 *	6374
家用电器零售 *	6571
3. 相关文化产品销售	
首饰、工艺品及收藏品批发	6346
工艺美术品及收藏品零售	6547

注:①"*"表示该行业类别仅有部分活动属于文化及相关产业。

②类别前加"——"表示行业小类的延伸层。

附录2 国务院关于推进文化创意和设计服务与相关产业融合发展的若干意见

近年来，随着我国新型工业化、信息化、城镇化和农业现代化进程的加快，文化创意和设计服务已贯穿在经济社会各领域各行业，呈现出多向交互融合态势。文化创意和设计服务具有高知识性、高增值性和低能耗、低污染等特征。推进文化创意和设计服务等新型、高端服务业发展，促进与实体经济深度融合，是培育国民经济新的增长点、提升国家文化软实力和产业竞争力的重大举措，是发展创新型经济、促进经济结构调整和发展方式转变、加快实现由"中国制造"向"中国创造"转变的内在要求，是促进产品和服务创新、催生新兴业态、带动就业、满足多样化消费需求、提高人民生活质量的重要途径。为推进文化创意和设计服务与相关产业融合发展，现提出以下意见。

一、总体要求

（一）指导思想。以邓小平理论、"三个代表"重要思想、科学发展观为指导，按照加快转变经济发展方式和全面建成小康社会的总体要求，以改革创新和科技进步为动力，以知识产权保护利用和创新型人力资源开发为核心,牢固树立绿色节能环保理念,充分发挥市场作用,促进资源合理配置,强化创新驱动,增强创新动力,优化发展环境,切实提高我国文化创意和设计服务整体质量水平和核心竞争力,大力推进与相关产业融合发展,更好地为经济结构调整、产业转型升级服务,为扩大国内需求、满足人民群众日益增长的物质文化需要服务。

(二)基本原则。一是统筹协调,重点突破。统筹各类资源,加强协调配合,着力推进文化软件服务、建筑设计服务、专业设计服务、广告服务等文化创意和设计服务与装备制造业、消费品工业、建筑业、信息业、旅游业、农业和体育产业等重点领域融合发展。根据不同地区实际、不同产业特点,鼓励先行先试,发挥特色优势,促进多样化、差异化发展。二是市场主导,创新驱动。以市场为导向、企业为主体,产学研用协同,转变政府职能,加强扶持引导,实施支持企业创新政策,打破行业和地区壁垒,充分调动社会各方面积极性,促进技术创新、业态创新、内容创新、模式创新和管理创新,推进文化创意和设计服务产业化、专业化、集约化、品牌化发展,促进与相关产业深度融合,催生新技术、新工艺、新产品,满足新需求。三是文化传承,科技支撑。依托丰厚文化资源,丰富创意和设计内涵,拓展物质和非物质文化遗产传承利用途径,促进文化遗产资源在与产业和市场的结合中实现传承和可持续发展。加强技术与文化的结合,促进创意和设计产品服务的生产、交易和成果转化,创造具有中国特色的现代新产品,实现文化价值与实用价值的有机统一。

(三)发展目标。到2020年,文化创意和设计服务的先导产业作用更加强化,与相关产业全方位、深层次、宽领域的融合发展格局基本建立，相关产业文化含量显著提升，培养一批高素质人才，培育一批具有核心竞争力的企业，形成一批拥有自主知识产权的产品，打造一批具有国际影响力的品牌，建设一批特色鲜明的融合发展城市、集聚区和新型城镇。文化创意和设计服务增加值占文化产业增加值的比重明显提高，相关产业产品和服务的附加值明显提高，为推动文化产业成为国民经济支柱性产业和促进经济持续健康发展发挥重要作用。

二、重点任务

（一）塑造制造业新优势。支持基于新技术、新工艺、新装备、新材料、新需求的设计应用研究，促进工业设计向高端综合设计服务转变，推动工业设计服务领域延伸和服务模式升级。汽车、飞机、船舶、轨道交通等装备制造业要加强产品的外观、结构、功能等设计能力建设。以打造品牌、提高质量为重点，推动生活日用品、礼仪休闲用品、家用电器、服装服饰、家居用品、数字产品、食品、文化体育用品等消费品工业向创新创造转变，增加多样化供给，引导消费升级。支持消费类产品提升新产品设计和研发能力，加强传统文化与现代时尚的融合，创新管理经营模式，以创意和设计引领商贸流通业创新，加强广告营销策划，增加消费品的文化内涵和附加值，健全品牌价值体系，形成一批综合实力强的自主品牌，提高整体效益和国际竞争力。

（二）加快数字内容产业发展。推动文化产品和服务的生产、传播、消费的数字化、网络化进程，强化文化对信息产业的内容支撑、创意和设计提升，加快培育双向深度融合的新型业态。深入实施国家文化科技创新工程，支持利用数字技术、互联网、软件等高新技术支撑文化内容、装备、材料、工艺、系统的开发和利用，加快文化企业技术改造步伐。大力推动传统文化单位发展互联网新媒体,推动传统媒体和新兴媒体融合发展,提升先进文化互联网传播吸引力。深入挖掘优秀文化资源,推动动漫游戏等产业优化升级,打造民族品牌。推动动漫游戏与虚拟仿真技术在设计、制造等产业领域中的集成应用。全面推进三网融合,推动下一代广播电视网和交互式网络电视等服务平台建设,推动智慧社区、智慧家庭建设。加强通信设备制造、网络运营、集成播控、内容服务单位间的互动合作。提高数字版权集约水平,健全智能终端产业服务体系,推动产品设计制造与内容服务、应用商店模式整合发展。推进数字电视终端制造业和数字家庭产业与内容服务业融合发展,提升全产业链竞争力。推进数字绿色印刷发展,引导印刷复制加工向综合创意和设计服务转变,推动新闻出版数字化转型和经营模式创新。

(三)提升人居环境质量。坚持以人为本、安全集约、生态环保、传承创新的理念,进一步提高城乡规划、建筑设计、园林设计和装饰设计水平,完善优化功能,提升文化品位。注重对文物保护单位、历史文化名城名镇名村和传统村落的保护。加强城市建设设计和景观风貌规划,突出地域特色,有效保护历史文化街区和历史建筑,提高园林绿化、城市公共艺术的设计质量。建设功能完善、布局合理、形象鲜明的特色文化城市。加强村镇建设规划,培育村镇建筑设计市场,建设环境优美、设施完备、幸福文明的社会主义新农村。贯彻节能、节地、节水、节材的建筑设计理念,推进技术传承创新,积极发展绿色建筑。因地制宜融入文化元素,加快相关建筑标准规范的更新或修订。完善建筑、园林、城市设计、城乡规划等设计方案竞选制度,重视对文化内涵的审查。鼓励装饰设计创新，引领装饰产品和材料升级。

（四）提升旅游发展文化内涵。坚持健康、文明、安全、环保的旅游休闲理念，以文化提升旅游的内涵质量、以旅游扩大文化的传播消费。支持开发健康、养生、运动、娱乐、体验等多样化、综合性旅游休闲产品，建设一批休闲街区、特色村镇、旅游度假区，打造便捷、舒适、健康的休闲空间，提升旅游产品开发和旅游服务设计的人性化、科学化水平，满足广大群众个性化旅游需求。加强自然、文化遗产地和非物质文化遗产的保护利用，大力发展红色旅游和特色文化旅游，推进文化资源向旅游产品转化，建设文化旅游精品。加快智慧旅游发展，促进旅游与互联网融合创新，支持开发具有地域特色和民族风情的旅游演艺精品和旅游商品，鼓励发展积极健康的特色旅游餐饮和主题酒店。

（五）挖掘特色农业发展潜力。提高农业领域的创意和设计水平，推进农业与文化、科技、生态、旅游的融合。强化休闲农业与乡村旅游经营场所的创意和设计，建设集农耕体验、田园观光、教育展示、文化传承于一体的休闲农业园。注重农村文化资源挖掘，不断丰富农业产品、农事景观、环保包装、乡土文化等创意和设计，着力培育一批休闲农业知名品牌，提升农产品附加值，促进创意和设计产品产业化。发展楼宇农业、阳台农艺，进一步拓展休闲农业发展空间。支持专业农产品市场建设特色农产品展览展示馆（园），推进特色农产品文化宣传交流。建立健全地理标志的技术标准体系、质量保证体系与检测体系，扶持地理标志产品，加强地理标志和农产品商标的注册和保护。支持农业企业申报和推介绿色环保产品和原产地标记，鼓励利用信息技术创新具有地域文化特色的农产品营销模式。

（六）拓展体育产业发展空间。积极培育体育健身市场，引导大众体育消费。丰富传统节庆活动内容，支持地方根据当地自然人文资源特色举办体育活动，策划打造影响力大、参与度高的精品赛事，推动体育竞赛表演业全面发展。鼓励发展体育服务组织，以赛事组织、场馆运营、技术培训、信息咨询、中介服务、体育保险等为重点，逐步扩大体育服务规模。推动与体育赛事相关版权的开发与保护，进一步放宽国内赛事转播权的市场竞争范围，探索建立与体育赛事相关的版权交易平台。加强体育产品品牌建设，开发科技含量高、拥有自主知识产权的体育产品，提升市场竞争力。促进体育衍生产品创意和设计开发，推进相关产业发展。

（七）提升文化产业整体实力。坚持正确的文化产品创作生产方向，着力提升文化产业各门类创意和设计水平及文化内涵，加快构建结构合理、门类齐全、科技含量高、富有创意、竞争力强的现代文化产业体系，推动文化产业快速发展。鼓励各地结合当地文化特色不断推出原创文化产品和服务，积极发展新的艺术样式，推动特色文化产业发展。强化与规范新兴网络文化业态，创新新兴网络文化服务模式，繁荣文学、艺术、影视、音乐创作与传播。加强舞美设计、舞台布景创意和舞台技术装备创新。坚持保护传承和创新发展相结合，促进艺术衍生产品、艺术授权产品的开发生产，加快工艺美术产品、传统手工艺品与现代科技和时代元素融合。完善博物馆、美术馆等公共文化设施功能，提高展陈水平。

三、政策措施

（一）增强创新动力。深入实施知识产权战略，加强知识产权运用和保护，健全创新、创意和设计激励机制。加强商标法、专利法、著作权法、反不正当竞争法等知识产权保护法律法规宣传普及,完善有利于创意和设计发展的产权制度。完善网络环境下著作权保护等法律法规,加强数据保护等问题研究。加强知识产权监督执法,加大对侵权行为的惩处力度,完善维权援助机制。优化知识产权申请与审查制度,建立并完善专利优先审查通道和软件著作权快速登记通道,健全便捷高效的商标注册审查体系。完善知识产权入股、分红等形式的激励机制和管理制度。活跃知识产权交易,促进知识产权的合理有效流通。提升企业知识产权综合能力,培育一批知识产权优势企业。鼓励企业、院校、科研机构成立战略联盟,引导创意和设计、科技创新要素向企业聚集,加大联盟知识产权管理能力建设,推行知识产权集群式管理。

(二)强化人才培养。推动实施文化创意和设计服务人才扶持计划,打破体制壁垒,扫除身份障碍,营造有利于创新型人才健康成长、脱颖而出的制度环境。优化专业设置,鼓励普通本科高校和科研院所加强专业(学科)建设和理论研究。鼓励将非物质文化遗产传承人才培养纳入职业教育体系,发挥职业教育在文化传承创新中的重要作用,重点建设一批民族文化传承创新专业点。推动民间传统手工艺传承模式改革,培养一批具有文化创新能力的技术技能人才。积极推进产学研用合作培养人才,发展专业学位研究生教育,扶持和鼓励相关行业和产业园区、龙头企业与普通本科高校、职业院校及科研机构共同建立人才培养基地,支持符合条件的设立博士后科研工作站,探索学历教育与职业培训并举、创意和设计与经营管理结合的人才培养新模式,加快培养高层次、复合型人才。加大核心人才、重点领域专门人才、高技能人才和国际化人才的培养和扶持力度,造就一批领军人物。完善政府奖励、用人单位奖励和社会奖励互为补充的多层次创意和设计人才奖励体系,对各类创意和设计人才的创作活动、学习深造、国际交流等进行奖励和资助。加强创业孵化,加大对创意和设计人才创业创新的扶持力度。规范和鼓励举办国际化、专业化的创意和设计竞赛活动,促进创意和设计人才的创新成果展示交易。积极利用各类引才引智计划,引进海外高端人才。健全符合创意和设计人才特点的使用、流动、评价和激励体系,按照国家有关规定,进一步落实国有企业、院所转制企业、职业院校、普通本科高校和科研院所创办企业的股权激励政策,推进职业技能鉴定和职称评定工作,加强人才科学管理。

(三)壮大市场主体。实施中小企业成长工程,支持专业化的创意和设计企业向专、精、特、新方向发展,打造中小企业集群。鼓励挖掘、保护、发展中华老字号等民间特色传统技艺和服务理念,培育具有地方特色的创意和设计企业,支持设计、广告、文化软件工作室等各种形式小微企业发展。推动创意和设计优势企业根据产业联系,实施跨地区、跨行业、跨所有制业务合作,打造跨界融合的产业集团和产业联盟。鼓励有条件的大型企业设立工业设计中心,建设一批国家级工业设计中心。积极推进相关事业单位分类改革,鼓励国有文化企业引进战略资本,实行股份制改造,积极引导民间资本投资文化创意和设计服务领域。支持有条件的企业"走出去",扩大产品和服务出口,通过海外并购、联合经营、设立分支机构等方式积极开拓国际市场。推进文化等服务业领域有序开放,放开建筑设计领域外资准入限制。围绕提升产业竞争力,建立健全文化创意和设计服务与相关产业融合发展的技术标准体系,加快制定修订一批相关领域的重要国家标准。鼓励行业组织、中介组织和企业参与制定国际标准,支持自主标准国际化。

（四）培育市场需求。加强全民文化艺术教育，提高人文素养，推动转变消费观念，激发创意和设计产品服务消费，鼓励有条件的地区补贴居民文化消费，扩大文化消费规模。鼓励企业应用各类设计技术和设计成果，开展设计服务外包，扩大设计服务市场。创新公共文化服务提供方式，加大政府对创意和设计产品服务的采购力度。消除部门限制和地区分割，促进形成统一开放、竞争有序的国内市场。充分利用上海、深圳文化产权交易所等市场及文化产业、广告、设计等展会，规范交易秩序，提升交易平台的信息化和网络化水平，促进产品和服务交易。鼓励电子商务平台针对创意和设计提供专项服务，帮助小微企业、创意和设计创业人才拓展市场。鼓励有条件的地区在国家许可范围内，根据自身特点建设区域性和行业性交易市场。在商贸流通业改造升级中，运用创意和设计促进专业市场和特色商业街等发展。鼓励批发、零售、住宿、餐饮等生活服务企业在店面装饰、产品陈列、商品包装和市场营销上突出创意和设计，更加注重节能环保顺应消费者需求。

（五）引导集约发展。依托现有各类文化、创意和设计园区基地，加强规范引导、政策扶持，加强公共技术、资源信息、投资融资、交易展示、人才培养、交流合作等服务能力建设，完善创新创业服务体系，促进各类园区基地提高效益、发挥产业集聚优势。鼓励各地根据资源条件和产业优势，明确发展重点，科学规划建设融合发展集聚区，打造区域性创新中心和成果转化中心。建立区域协调机制与合作平台，加强产业集群内部的有机联系，形成合理分工与协作，构建优势互补、相互促进的区域发展格局。充分发挥各部门职能，组织实施基础性、引导性重大工程和重点项目提升产业整体素质，增强发展后劲。

（六）加大财税支持。增加文化产业发展专项资金规模，加大对文化创意和设计服务企业的支持力度。在体现绿色节能环保导向、增强操作性的基础上，完善相关税收扶持政策。在文化创意和设计服务领域开展高新技术企业认定管理办法试点，将文化创意和设计服务内容纳入文化产业支撑技术等领域，对经认定为高新技术企业的文化创意和设计服务企业，减按15%的税率征收企业所得税。文化创意和设计服务企业发生的职工教育经费支出，不超过工资薪金总额8%的部分，准予在计算应纳税所得额时扣除。企业发生的符合条件的创意和设计费用，执行税前加计扣除政策。对国家重点鼓励的文化创意和设计服务出口实行营业税免税。落实营业税改增值税试点有关政策，对纳入增值税征收范围的国家重点鼓励的文化创意和设计服务出口实行增值税零税率或免税，对国家重点鼓励的创意和设计产品出口实行增值税零税率。

（七）加强金融服务。建立完善文化创意和设计服务企业无形资产评估体系。支持符合条件的企业上市，鼓励企业发行公司债、企业债、集合信托和集合债、中小企业私募债等非金融企业债务融资工具。支持金融机构选择文化创意和设计服务项目贷款开展信贷资产证券化试点。鼓励银行业金融机构支持文化创意和设计服务小微企业发展。鼓励金融机构创新金融产品和服务，增加适合文化创意和设计服务企业的融资品种，拓展贷款抵（质）押物的范围，完善无形资产和收益权抵（质）押权登记公示制度，探索开展无形资产质押和收益权抵（质）押贷款等业务。建立社会资本投资的风险补偿机制，鼓励各类担保机构提供融资担保和再担保服务。鼓励保险公司加大创新型文化保险产品开发力度，提升保险服务水平,探索设立专业文化产业保险组织机构,促进文化产业保险发展。政府引导,推动设立文化创意和设计服务与相关产业融合发展投资基金。积极引导私募股权投资基金、创业投资基金及各类投资机构投资文化创意和设计服务领域。

(八)优化发展环境。评估清理现有行政审批事项,确需保留的,要精简审批流程,严控审批时限,公开审批标准,提高审批效率。支持以划拨方式取得土地的单位利用存量房产、原有土地兴办文化创意和设计服务,在符合城乡规划前提下土地用途和使用权人可暂不变更,连续经营一年以上,符合划拨用地目录的,可按划拨土地办理用地手续;不符合划拨用地目录的,可采取协议出让方式办理用地手续。广告领域文化事业建设费征收范围严格限定在广告媒介单位和户外广告经营单位,清理其他不合理收费,推动落实文化创意和设计服务企业用水、用电、用气、用热与工业同价。完善城乡规划、建筑设计收费制度,鼓励和推行优质优价。创新政府支持方式,发挥社会组织作用,加强人才队伍建设,资助创业孵化,开展研讨交流等。

四、组织实施

各地区、各部门要按照本意见的要求,根据本地区、本部门、本行业实际情况,切实加强对推进文化创意和设计服务与相关产业融合发展工作的组织领导,编制专项规划或行动计划,制定相关配套文件。要建立工作机制,加强地区间、部门间、行业间的协同联动,确保各项任务措施落到实处。要加强宣传,积极营造全社会支持创新、鼓励创意和设计的良好氛围。加强文化产业振兴方面的立法工作,不断健全相关法律法规和制度。重视完善文化产业统计制度,加强文化创意和设计服务类产业统计、核算和分析。加快发展和规范相关行业协（商、学）会、中介组织，充分发挥行业组织在行业研究、标准制定等方面的作用。发展改革委要会同相关部门对本意见的落实情况进行跟踪分析和监督检查，重大事项及时向国务院报告。

附录3　河南省文化产业发展战略重点方案

为深入贯彻党的十七届六中全会、十八大会议精神和《国务院关于支持河南省加快建设中原经济区的指导意见》(国发〔2011〕32号,以下简称《指导意见》),加快文化产业发展步伐,充分发挥文化引领风尚、教育人民、服务社会、推动发展的重要作用,促进华夏历史文明传承创新区和文化强省建设,特制定《河南省文化产业发展战略重点方案》(以下简称《方案》)。

《方案》着眼于2013年至2015年河南省文化产业发展战略重点,展望2020年,并将根据形势发展,适时进一步修订完善。

一、发展现状

近年来,省委、省政府高度重视文化产业发展,采取一系列政策措施,深入推进文化体制改革,着力培育文化市场主体,文化产业整体实力和竞争力显著提升,文化发展进入新阶段。总体规模持续扩大,吸纳就业能力不断增强。截至2010年年底,河南省共有文化产业法人单位17196个,实现增加值367.13亿元,同比增长

15.9%,高出同期生产总值增速3.7个百分点,从业人员年增长4.97%,高于全社会从业人员1.3%的增速。文化市场主体不断发展,优势行业初步显现。全面完成出版、发行、电影制作发行放映、电视剧制作机构、国有文艺院团等领域的改革任务,发展活力显著增强。河南日报报业集团、中原出版传媒集团、河南影视制作集团、河南有线电视网络集团、河南文化影视集团等大型文化企业集团已成为河南省文化产业发展的主力军,许昌瑞贝卡公司、郑州天人文化旅游公司、开封清明上河园公司、小樱桃动漫公司等一批民营文化企业迅速发展。新闻出版、工艺美术、包装印刷等行业优势逐渐显现。文化产业集聚水平不断提升。宋都古城国家级文化产业示范园区、10个省级文化改革发展试验区、5个省级文化产业示范园区健康发展,集聚效应、示范效应、带动效应日益显现,整体实力与核心竞争力稳步提升。中原文化"走出去"步伐加快。文化产品与服务出口快速增长,各类文化合作交流活跃,中原文化影响力持续扩大。

近年来河南省文化产业发展态势总体向好,但仍存在一些突出问题。文化产业总体规模偏小。2010年河南省文化产业法人单位增加值仅占生产总值的1.6%,远低于全国2.75%的平均水平。文化产业结构不合理。2010年河南省文化产业"核心层"(包括新闻服务、出版发行和版权服务、广播电视电影服务、文化艺术服务等)、"外围层"(包括网络文化服务、文化休闲娱乐服务、其他文化服务等)和"相关层"(包括文化用品设备及相关文化产品的生产和销售)增加值之比为34.8∶19∶46.2,新闻出版业、文化产品和设备制造业所占比重过大,文化创意、数字出版、移动多媒体、动漫游戏等高技术含量的新兴文化产业占比过小。文化产业同质化现象突出。各地在文化产业发展中缺乏差异化发展战略，存在低水平重复建设、结构趋同、产业特色不突出等问题。文化市场主体整体竞争力不强。行业自主创新能力和龙头企业持续发展能力不足，原创文化产品、高端文化品牌和文化精品力作严重缺乏。文化人才尤其是文化名家和领军人物匮乏，文化产业发展缺乏有力的智力支撑。同时，体制机制不活、消费滞后、投入不足、新技术开发利用不够等问题都不同程度制约着文化产业健康发展。

总体上看，河南省文化产业的发展水平与文化资源大省、经济大省的地位还不相称，与人民群众日益增长的多样化的精神文化需求还不适应，与实现社会主义文化大发展大繁荣的要求还有较大差距。《指导意见》赋予中原经济区独有的华夏历史文明传承创新使命，河南省要紧紧抓住难得的历史机遇，立足于大文化的概念，立足于特色文化资源，注重文化产业和文化事业融合，形成文化发展的有机整体和驱动活力；注重文化产业与科技融合，发展新型文化业态，增强文化产业竞争力；注重文化产业发展与经济结构调整融合，推动文化产业成为新的经济增长点和转变经济发展方式的重要着力点；注重文化产业与华夏历史文明传承创新融合，使文化产业成为弘扬中原大文化、增强文化软实力的重要推动力。通过“两个立足”、“四个注重”，努力闯出一条具有河南特色的规模化、集约化、专业化文化产业发展之路。

二、基本思路

（一）指导思想

坚持以邓小平理论、“三个代表”重要思想、科学发展观为指导，认真贯彻落实党的十七届六中全会、十八大和省第九次党代会精神，牢牢把握社会主义先进文化前进方向，树立高度的文化自觉和文化自信，以科学发展为主题，以建设文化强省和华夏历史文明传承创新区为目标，以满足广大人民群众日益增长的精神文化需求为出发点和落脚点，以改革创新为动力，着力优化产业结构、转变发展方式、壮大市场主体、提高原创能力，弘扬中原大文化，培育具有中原风貌、中国特色、时代特征和国际影响力的文化品牌，提升文化产业综合实力和核心竞争力，打造全国重要的文化产业基地，为推进中原经济区建设、加快中原崛起河南振兴提供精神动力和产业支撑。

（二）基本原则

坚持把社会效益放在首位，实现社会效益与经济效益的有机统一；坚持改革创新，推动文化资源优势转化为产业优势；坚持创意引领和科技支撑，增强文化产业核心竞争力；坚持融合发展，创造文化发展新优势；坚持开放合作，提升中原文化影响力。

（三）发展目标

到2015年，文化产业规模和竞争力显著提升，文化市场主体进一步壮大，文化原创能力进一步提高，文化发展活力进一步增强。文化产业增加值增速高于服务业增加值增速，河南省法人单位文化产业增加值占生产总值的比重提高到2%左右。培育年营业收入超过50亿元的大型文化企业2～3家、超过10亿元的文化企业6～8家，上市公司2～3家。郑州市法人单位文化产业增加值占河南省法人单位文化产业增加值的比重达到30%左右，区域性文化中心辐射带动作用显著增强。华夏历史文明传承创新区建设初见成效。

到2020年,文化产业增加值占生产总值的比重进一步提高,文化产业逐步成为国民经济支柱性产业。华夏历史文明传承创新区建设取得重大进展,中原文化整体实力、竞争力和影响力显著提升,郑州区域性文化中心地位进一步巩固和提高。

三、战略重点

(一)发展重点文化产业

按照竞争力强、成长性好、关联度高的原则,立足河南省资源条件和发展基础,重点发展数字传媒、创意设计、动漫游戏、文化旅游、工艺美术五大产业,通过重点产业带动河南省文化产业提速,推动文化产业跨越式发展。到2015年,五大文化产业增加值占河南省文化产业增加值比重超过50%。

1. 数字传媒

适应文化产业数字化、网络化发展趋势,加快推动广播影视、新闻出版等传媒产业结构调整和升级,加大前沿应用技术研发推广力度,着力构建符合数字传媒发展规律的研发、创作、生产和传播体系,提升数字传媒产品生产能力,推动全媒体化进程。加快推进传统媒体数字化改造升级。突破数字化核心技术瓶颈,积极利用高新技术改造传统传媒产业,大力发展网络广播影视、手机广播电视、移动多媒体广播电视,开发移动文化信息服务、数字娱乐产品等增值服务和产品。积极发展纸质有声读物、电子书、手机报和网络出版物等新兴出版业态。培育一批以数字化引领、全媒介经营为特征的新型传媒龙头企业,发展壮大河南日报报业集团、中原出版传媒集团、河南影视制作集团、河南有线电视网络集团、河南文化影视集团等龙头传媒企业。加快推进河南出版产业基地、数字出版基地和河南电台、电视台新台址暨媒体港等重大项目建设。提升数字内容生产水平。不断探索发展数字传媒新形态、新产品和新服务,加快传统传媒资源数字化转化,创作生产一批符合受众消费需求和满足多种媒体、多种终端传播需求的数字传媒精品。推进文化典籍资源数字化,加快实施中原出版传媒数字出版工程和华夏历史文明全媒体化出版工程。加强数字媒体传播体系建设。加快实现广电网络数字化双向化改造和整体转换,大力推进电信网、广电网、互联网三网融合,实现河南省有线广播电视网络一张网,发挥各类信息网络设施的数字传播作用,实现互联互通、有序运行。构建以消费者为中心,技术先进、传输快捷、覆盖广泛的现代传播体系。支持传媒企业和大型电子商务企业进行战略合作和资源整合,创新数字传媒产品传播手段和渠道,构建现代数字传媒流通服务体系。

2. 创意设计

立足河南省"三化"协调发展战略和产业基础,大力发展工业设计、建筑与规划设计、工艺美术设计、服装设计等创意设计产业,引导创意设计与其他产业融合、渗透,推动"河南制造"向"河南创造"转变。积极培育创意设计主体。完善创意设计业发展环境和设施条件,建设一批高水平的创意设计公共服务平台,强化硬件和技术支撑。依托科研院所及社会研发力量,建设若干创意设计中心,打造一批具有核心竞争力的创意设计品牌企业,培育和引进一批创意设计人才,推广一批具有鲜明中原文化符号的创意设计精品,进一步提升河南省创意设计业的影响力和竞争力,增强创意设计渗透力和辐射带动力。着力增强工业设计创新能力,支持拥有自主知识产权的工业设计成果产业化。推动创意设计与现代农业、装备制造业、食品、服装等优势产业合作，提升生产企业的创新能力和品牌价值。加快推进创意设计业集聚发展。鼓励引导科技研发、艺术创作、广告营销等创意类企业集聚发展，打造中原创意设计基地，培育和发展具有中原特色的创意产业集群，加快推进郑州创意产业园、郑州广告产业园等重点项目建设。

3. 动漫游戏

树立“动漫全产业链”的发展理念，优化产业结构、完善产业链条，发挥市场在资源配置中的积极作用，培育一批充满活力、专业性强的动漫企业，创意研发若干具有中原风格和广泛影响的动漫产品。加强政府政策引导和公共服务，努力形成整体技术水平先进、市场竞争有序、经济效益显著的动漫产业发展格局。加强内容建设。坚持正确的创作生产方向，加强内容引导和建设，鼓励原创，着力提升产品内涵、质量、艺术和技术水平，打造一批贴近实际、贴近生活、贴近群众、富有中原文化精神和时代特征的动漫产品。完善产业链条。大力发展应用动漫，推进动漫创意、技术在教育科普、医疗卫生、会展、广告、设计、建筑等领域广泛应用。扩大动漫衍生产品市场规模，促进与动漫形象有关的服装、玩具、食品、文具、电子游戏等衍生产品的生产和经营，延伸动漫产业链，拓展动漫产业盈利空间。推进技术创新。加大技术研发支持力度，支持动漫产业关键技术、核心技术和共性技术研发与产业化推广应用，支持开展产学研合作，针对产业发展中的关键领域和薄弱环节，研发具有自主知识产权的核心专利和技术标准，全面提升河南省动漫技术应用能力和技术装备水平。完善公共技术服务支撑体系，建立动漫技术设备、公共技术服务支撑体系，规划建设河南省动漫公共素材库和动漫产业公共信息平台，完善共享机制，实现资源互联互通和信息共享,有效降低企业创作成本。加强战略合作。拓宽公共展播平台,建立与央视少儿、金鹰卡通、嘉佳卡通、卡酷动漫等专业卡通频道及主流卡通网站的战略合作,加大广播影视、出版传媒对动漫产品的支持力度,构建传统媒体和新兴媒体、电视平台与电影院线共同促进的多层次、多元化的播映体系,形成互动传播、特色传播、多媒体传播的新型传播方式。开办河南电视台卡通频道。促进产业集聚。加快华强文化科技产业基地、国家动漫产业发展基地(河南基地)、郑州动漫产业基地等重点动漫产业园区和基地建设。加快形成创意、制作、营销、播放、版权交易、衍生品开发的完整产业链,将郑州建设成为具有重要影响力的中西部动漫产业基地。

4. 文化旅游

发挥文化旅游资源丰富的突出优势,鼓励、引导、支持市场化运作,积极引进有实力、有经验、有影响的战略投资者,高起点、高水平开发河南省文化旅游资源,注重以文化精髓提升旅游内涵,形成文化与旅游高度融合的产业发展形态,建设世界知名、国内一流的文化旅游目的地。建设中原历史文化体验区。发挥郑州、开封、洛阳、安阳四大古都和南阳、濮阳、商丘、浚县等国家级历史文化名城的文化资源优势,充分保护和科学利用以古都文化、儒释道文化、功夫文化、黄河文化等为代表的全球华人根亲文化资源,培育一批具有国际影响力的精品旅游线路。加强开封宋都古城风貌保护与展示工程建设、洛阳老城历史文化街区保护建设,保护、恢复一批历史文化名城名镇名村和地方特色浓厚的风情民俗村,建设一批资源特色突出的专题博物馆,努力提升文化旅游内涵,增强趣味性。打造旅游演艺精品。推进文化演艺与旅游资源深度融合,坚持高端演艺和大众娱乐并重，支持演艺节目内容与形式创新，发展多层次的演艺产品。提升《禅宗少林·音乐大典》、《大宋·东京梦华》、《大河秀典》、《水秀》、《武林风》、《梨园春》等演艺品牌价值，创新演出内容和演出形式，推动引进澳门“水舞间”。挖掘与旅游线路结合紧密的非物质文化遗产资源，打造一批以地方戏曲、杂技、说唱为主要演出形式的演艺精品。培育文化旅游消费新热点。适应旅游产业结构不断升级的发展趋势，充分利用河南省深厚的中医、太极、功夫文化和丰富的温泉、花卉、山水、美食资源，大力发展休闲度假游，着力培育现代都市人群需求旺盛的森林生态游、康体保健游、高端会务游、运动休闲游等新兴业态，拉长旅游产业链。

5. 工艺美术

加强对传统技艺的有效保护，创新技术、工艺和产品研发，促进传统工艺美术与高新技术相结合，着力开发一批具有中原特色，突出国际化、现代化、个性化的工艺美术精品，提高行业整体竞争力。大力发展特色工艺美术业。依托丰富、独特的文化资源优势，以中原文化元素为核心内容，运用新技术、新工艺、新材料、新设备，积极开发附加值高、市场前景好的原创性工艺美术产品。重点支持钧瓷、汝瓷、汴绣、玉雕、书画等特色工艺美术品延伸产业链、提高附加值，巩固传统优势领域。促进工艺美术企业整合，培育一批骨干文化企业，建设一批工艺美术特色产业基地。加强民间艺术保护与开发。加强对工艺美术大师、民间艺人的支持及其知识产权的保护，扶持建立民间工艺美术品研发生产机构，提升工艺品产业研发设计和生产营销能力，形成辐射全国、走向世界的民间民俗手工艺品生产基地。支持建设一批非物质文化遗产保护传承中心，发展一批特色民间艺术文化村镇。建设艺术品交易基地。加快发展和规范古玩艺术品交易市场，加强艺术品经纪、艺术品市场管理等专业人才引进与培养，鼓励发展艺术品经纪公司、艺术事务所、艺术品拍卖行等各类主体，加强行业认证监管，建设中原文化艺术品交易平台，将郑州建设成重要的艺术品交易基地。

(二)建设郑州区域文化中心

充分发挥郑州的区位、资源、人才、科技、信息、金融等综合优势，强化郑州在中原文化大发展大繁荣中的集聚功能、创新功能和引领功能，不断探索新思路、新办法，赋予传统文化资源以时代特征，实现传统文化与社会主义核心价值观的融会贯通，将郑州建设成为中原经济区现代文化引领中心，带动河南省乃至周边地区文化跨越发展。

1. 建设文化产业要素集聚高地

整合郑州人才、资本、科技等产业要素，全面服务中原经济区文化产业发展。强化人才支撑。实施文化高端人才引进计划，着力吸引财经、金融、科技、创意、设计、研发、管理等领域高端人才进入文化产业，鼓励探索郑州石佛艺术公社模式，聚集高端文化人才。支持高等院校采取多种培养方式，探索建立产学研一体化人才培养机制，加快培养一批懂文化、会经营、善管理的高层次文化经营管理人才，重点培养数字传媒、文化旅游、创意设计、动漫游戏、工艺美术等文化产业发展急需的专业技术人才。加强资本运作。充分发挥郑州金融中心作用，进一步发展壮大郑州资本市场，围绕文化产业发展战略重点，鼓励金融创新，促进文化产业和资本市场全面对接，构建满足不同类型、不同成长阶段文化企业需求的金融产品和服务体系，支持文化产业快速发展。支持中原大地传媒股份有限公司发挥上市平台优势，加快河南省文化产业跨媒体、跨地区、跨行业和跨所有制战略重组。积极推动河南有线电视网络集团、河南文化影视集团上市。强化科技支撑。深入实施科技带动战略，把现代科技植入文化产品生产、文化服务的各个环节，促进文化科技成果向文化产品转化，使技术进步与艺术进步同步。完善文化科技创新激励机制、扶持体系、服务体系，为文化新业态和新形态提供孵化和成长的良好环境。重点建设河南省创意产业公共技术服务平台、郑州华强文化公司科技平台、郑州国家中部软件园和中国郑州信息创意产业园技术平台等。

2. 建设文化创意高地

充分发挥文化要素集聚优势，推动文化、资本和科技融合，注重原创和内容生产，扶持一批优势文化创意企业和产业集群，引领河南省文化创意产业跨越发展。推进文化创意产业集聚。吸引国内外知名文化创意企业总部、知名设计机构、研发中心入驻，提升郑州创意产业整体实力。统筹文化创意产业资源，充分发挥河南日报报业集团等大型文化企业集团带动引领作用，建设一批主业突出、集聚效应明显、具有重要影响力的优势文化创意产业集聚区。依托重点文化创意产业园区和龙头文化企业，引进一批投资规模大、辐射带动作用强、科技含量高、市场前景好的文化创意产业项目，促进文化创意龙头企业集群发展。积极开展创意设计交流活动。创办中原创意设计大赛、郑州创意设计高端论坛，设立华夏历史文明传承创新设计奖，积极承办国内外重大创意设计赛事、论坛等活动，开展服装设计、工业设计、包装设计、动漫设计等专题市场推广和设计交流活动，提升郑州创意设计影响力。鼓励创意设计企业和机构参与国际展览、学术交流、项目合作和国际设计创意类奖项的评选。支持具有中原文化特色创意设计产品的国际性推广。

3. 建设区域文化消费引领中心

加快建设一批文化休闲街区和文化展示平台，引领文化消费潮流，建设中部地区文化休闲之都和区域文化消费引领中心。建设一批文化消费街区。结合商务中心区和特色商业区建设，推动郑州商业消费与文化时尚相结合，建设文物鉴赏、艺术长廊、时装珠宝以及美食、茶艺、酒吧、曲艺等若干个特色主题街区。搭建一批文化展示平台。建设一批富有中原文化特色的文化馆、博物馆、艺术馆、剧场、大遗址公园等展示平台，充分展现中原文化内涵，提高郑州城市品位。办好黄帝故里拜祖大典、中国郑州国际少林武术节、郑州图书交易会等重点文化节会，逐步提高城乡居民的文化素养和文化消费水平。完善文化消费市场体系。建立文化消费政策体系和诚信体系，强化市场监管，规范市场运营，净化文化市场环境，切实维护文化消费者权益。发展连锁经营、物流配送、电子商务等现代流通组织和流通形式，加快建设大型文化流通企业和文化产品物流基地，构建以郑州为中心、中小城市相配套、贯通城乡的文化产品流通网络和统一、开放、竞争、有序的现代文化市场体系。

(三)推进华夏历史文明传承创新

充分认识中原文化在华夏历史文明中的重要地位，以新思路、高起点谋划文化改革和发展，努力把河南省建设成为中华民族优秀传统文化传承的核心区、海内外炎黄子孙寻根拜祖的圣地、中华文化与世界文明对话的平台。

1. 大力弘扬中原人文精神

传承中原优秀思想文化。树立正确的文化价值观、审美观，挖掘儒释道文化内涵,突出“和”、“中”、“善”等中原优秀传统思想文化,弘扬愚公移山精神、红旗渠精神、焦裕禄精神和新时期“三平”(平凡之中的伟大追求,平静之中的满腔热血,平常之中的极强烈责任感)精神,进一步提炼中原文化内核,努力把传统优秀文化纳入社会主义核心价值体系,融入现代社会文化的方方面面,培育良好社会风尚,塑造文化河南、务实河南形象,形成推动中原崛起的强大精神动力。探寻中原传统文化的现代表达方式。充分挖掘中原文化丰富内涵,科学选择历史文化题材,利用影视、动漫、演艺等大众化的表现方式,注重运用数字、网络等现代信息技术和科技元素,开发一批历史与现实相结合、传承与创新相结合、形式与内容相统一的优秀文化产品。

2. 加强历史文化遗产保护传承

建设根亲文化圣地。充分挖掘中华姓氏、文字沿革、功夫文化、轩辕故里等根亲祖地文化资源优势,以黄帝故里拜祖大典、中华姓氏文化节、中原根亲文化节、郑州国际少林武术节等为主要平台,努力建设全球华人根亲文化圣地,进一步增强海内外华人的凝聚力和向心力。推进世界文化遗产保护利用工作。依托洛阳龙门石窟、安阳殷墟、登封“天地之中”历史建筑群,建设世界文化遗产保护研究基地和中国文化遗产保护传承示范基地,不断扩大中原文化的国际影响力。探索大遗址保护机制。建立国家大遗址保护特区和文化生态保护实验区,建设郑州商城、安阳殷墟、隋唐洛阳城、汉魏洛阳城、内黄三杨庄等国家考古遗址公园,创建一批华夏历史文明主题基地,努力构建经济社会发展与历史文化遗址保护和谐共赢的大遗址保护机制。加强非物质文化遗产保护传承开发。切实做好非物质文化遗产保护传承工作,创新利用优秀非物质文化遗产开发文化产品和服务，支持以非物质文化遗产保护开发为特色的文化旅游项目建设，大力推进具有市场前景的非物质文化遗产项目产业化，在与市场对接中实现积极有效的传承和保护。

3. 构建中原文化品牌体系

支持现有文化品牌做大做强。进一步壮大中原媒体品牌、中原动漫品牌、中原演艺品牌、中原工艺美术品牌以及中原名家品牌，创新表现形式，丰富文化内涵，推出一批名家大师，生产一批拳头产品，扶持一批龙头企业，提升品牌的知名度、影响力和竞争力。培育一批新兴文化品牌。坚持以群众需求为导向，加大创新力度，兼收并蓄、博采众长，培育一批时代感和吸引力强的文化品牌。实施“五个一工程”、国家舞台艺术精品工程、广播影视精品工程、文学艺术创作工程、精品图书出版等工程。结合中原区域文化特色，不断推出思想性艺术性观赏性相统一、人民群众喜闻乐见、具有中原特色和国家水准的文化艺术精品。充分发挥文化品牌的“光环效应”和引领作用，使精品创作生产和品牌建设成为华夏历史文明传承创新的主方向和突破口，推动河南省文化产业发展。

4. 加快中原文化“走出去”

扩大文化交流合作。积极组织参加国际重大文化交流活动，建设多元文化传播载体，培育中原文化国际交流平台，着力打造具有中原特色、世界水准的对外文化交流品牌，推动文化交流向深度拓展。积极利用国际文化交流机构、海外中国文化中心和孔子学院等平台推介中原文化，扩大中原文化国际影响力。继续办好以“嵩山论坛”为代表的中原国际高端文化交流活动。推动文化产品和服务输出。积极培育外向型骨干文化企业。支持国家级、省级文化产品出口示范基地建设，重点支持武术、杂技、魔术、演艺、影视作品、工艺品等优秀文化产品和服务出口。依托已有的优秀对外文化企业,着力培育一批具有国际竞争力的文化企业和企业集团,使其成为走出去发展战略的主体。鼓励有实力的文化企业在境外设立分支、分销机构,开拓国际文化市场,提高河南省文化产品和服务境外市场占有率。积极发展开展文艺演出、展览、培训等业务的对外文化中介机构,支持引导国内文化企业与国际知名演艺、展览、培训等中介机构或经纪人开展合作。依托国际友好城市、豫籍海外华人等资源,积极协助文化创意企业开拓海外市场,建立国际化的营销渠道。

四、保障措施

(一)加强组织领导

各级政府要站在全局和战略高度,充分认识加快发展文化产业的重要作用和意义,树立高度的文化自觉和文化自信,切实将《方案》实施列入重要议事日程,把《方案》提出的战略重点纳入当地经济社会发展总体规划,建立相关考核、评价、责任制度,把文化产业发展情况作为评价地区发展水平、衡量发展质量和考核领导干部工作实绩的重要内容,推动文化产业务实发展。文化行政主管部门具体组织《方案》实施,相关部门密切配合,确保《方案》提出的各项任务落到实处。进一步完善文化产业统计监测体系,增强统计分析的针对性、时效性、预见性,为文化产业发展提供科学依据。

(二)创新体制机制

以创新理念引领文化改革发展,加快转变文化发展方式,进一步解放和发展文化生产力,激发全社会的文化创造活力。紧紧抓住转企改制、重塑市场主体这个中心环节，加快推进国有经营性文化单位转企改制，推动建立健全现代企业制度。支持国有文化集团跨地区、多业态经营，跨行业拓展。发挥文化改革发展试验区先行先试的示范作用，积极探索体制机制创新模式。建立完善政策体系，引领河南省文化体制改革、文化产业健康快速发展。进一步推动政府职能转变，实现政企分开、政事分开、管办分离，不断优化文化发展环境。降低文化市场准入门槛，鼓励引导社会资本参与文化产业发展，逐步形成多元投资、有序竞争、充满活力的发展格局。

（三）完善支持政策

各级政府要加大对文化产业的投入，通过贷款贴息、项目补贴、补充资本金等方式，支持文化产业重点项目建设、国有文化企业股份制改造、文化领域新产品新技术研发等。根据文化产业发展需要，适时调整文化产业发展专项资金规模。加快设立中原文化产业投资基金，支持各地组建专业文化投融资平台，积极引导文化产业规模化、规范化发展。采取各种途径保障重点文化产业项目建设用地。全面落实各项税收优惠政策，强化对文化企业的税收支持。加强金融支持，建立文化产业信用、质押担保和无形资产评估制度，支持担保和再担保机构提供适应文化产业发展需要的担保服务。支持符合条件的文化企业通过发行债券、上市等方式扩大直接融资规模。鼓励文化产业集聚发展，经省政府批准的文化产业园区，比照享受同级产业集聚区的优惠政策。支持文化产业自主创新，加强知识产权保护，坚决打击盗版和侵权行为，营造有利于文化产业发展的良好市场环境。

（四）加强人才保障

全面完善人才培养、引进、使用、评价、激励、保障等政策体系，积极创造包容、创新、开放、自由的人才发展环境，营造有利于高素质人才大量涌现、健康成长的良好环境。实施河南文化名人名家培育工程，培育文化领军人物，造就一批名家大师和中原文化代表人物。广泛凝聚人才，大力吸引海内外优秀文化人才来豫创业，建立文化创意人才工作室、大师工作室，开辟社会保障、子女入学、住房购置等绿色通道，优化工作生活环境。采取股权、期权、年薪制等多种方式集聚文化人才，激励各类文化人才扎根河南省创业发展。表彰有杰出贡献的文化工作者。

参考文献

[1]Adorno T., Horkheimer M. The Culture Industry: Enlightenment as Mass Deception [A]. in Mass Communications and Society, Eds J. Curran, M Gurevitch, J. Woollacott, Edward Arnold, Sevenoaks, Kent, 1977.

[2]Aguirre J. L., Brena R., Cantu F. J. Multiagent – based Knowledge Networks [J]. Expert Systems with Applications, 2001 (20): 65 – 75.

[3]Akgvn Ali E., John Byrne, Halit Keskin, Gary S. Lynn, Salih Z. Imamoglu. Knowledge Networks in new Product Development Projects: A Transactive Memory Perspective [J]. Information & Management, 2005, 42(8): 1105 – 1120.

[4]Allen J. S. The Culture Economy of Cities[J]. International Journal of Urban and Regional Research. 1997(21): 323 – 339.

[5]Andy C. Pratt. Creative Citles: The Cultural Industries and the creative class[J]. Geografiska Annaler: Series B., Human Geography, 2008, 90(2): 107 – 117.

[6] Anonimous. Moreover: Culture War [J]. The Economics, 1998, Sep. 12.

[7] Beyers, W. B. Culture, Services and Regional Development [J]. The Service Industries Journal, 2002(22):4 - 34.

[8] Bill Grantham. America the Menace: France's Feud with Hollywood [J]. World Policy Journal Summer, 1998.

[9] Blang I. M. Where are We Now on Cultural Economics [J]. Journal of Economic Survey, 2001, 15(2).

[10] Bouedieu P. The Field of Cultural Production [M]. Columbia University Press, 1993.

[11] B. Yuen. Reclaiming Cultural Heritage in Singapore [J]. Urban Affairs Review, July 1, 2006, 41(6): 830 - 854.

[12] Caves, R. Creative Industries: Contrast between Art and Commerce [M]. Harvard University Press, 2000.

[13] C. Bodo and R. Fisher (eds.). New Frontiers for Employment in Europe: The Heritage, the Arts and Communication as a Laboratory for New Ideas [A]. Proceedings of the Round Table organised by CIRCLE [C]. Rome: Associazione Economia perla Culture, 1997.

[14] Coccossis H., Nijkamp P. Planning for our Cultural Heritage [M]. England: Ashgate Publishing Limited, 1995.

[15] Cowan Robin, Nicilas Jonard, Muge Ozman. Knowledge Dynamics in a Network Industry [J]. Technological Forecasting & Social Change, 2004(7): 469 - 484.

[16] Craig Beebe, Farshid Haque, Chelsea Jarvis, Martin Kenney, Donald Patton. Identity Creation and Cluster Construction: The Case of

the Paso Robles Wine Region[J]. J Econ Geogr, October 12, 2012 .

[17]Driver S. , Gillespie A. Structural Change in the Cultural Industries: British Magazine Publishing in the 1980s[M]. Media , Culture and Society, 1993(15):183 -201

[18]Filicko, Therese and Sue Anne Lafferty. Defining the Arts and Cultural Universe: Lessons from the Profiles Project[J]. Journal of Arts Management, Law, and Society,2002,2(3): 15 -205.

[19]Florida R. The Rise of the Creative Class[M]. Basic Books, 2002.

[20]G A. Cano(ed.). Culture, Trade and Globaliz ation: Questions and Answers. UNESCO Publishing,2000.

[21]Gapinski J. H. The Production of Culture [J]. Review of Economic and Statistics,1980,62(4):578 -586.

[22]Garnham, Nicholas. Concepts of Culture: Public Policy and the Cultural Industries[J]. Cultural Studies. 1987,1(1):23 -37.

[23]Gopinath. The Business of Exporting Culture and Resisting it [J]. Businessline,(Nov. 2,1998.

[24]Gornostaeva, Galina and Cheshire, Paul. Media Cluster in London[J]. Les cahiers de l'institut d'amenagement et d'urbanisme de la region d'Ile de France,2003(4):151 -160.

[25]Greg Richards, Julie Wilson. The Impact of Cultural Events on City Image: Rotterdam, Cultural Capital of Europe 2001[J]. Urban Studies,2004,41(10):1931 -1951.

[26]Hesmondhalgh, David. The Cultural Industries[M]. London: Sage. 2002.

[27] How k in s, J. The Creative Economy: How People Make Money From Idea[M]. Allen Lane/Penguin Press, 2001.

[28] James Heilbmn. The Economics of Art and Culture [M]. Cambridge University Press, 2001.

[29] Jan Vang, Cristina Chaminade. Global – local linkages, Spillovers and Cultural Clusters: Theoretical and Empirical insights from an exploratory study of Toronto's Film Cluster [D]. Centre for Innovation, Research and Competence in the Learning Economy (CIRCLE) Lund University, 2007.

[30] Jeffrey E. Garten. Cultural Imperialism' is No Joke [J]. Business Week, 1998, November30 .

[31] John Mccarthy. The Application of Policy for Cultural Clustering: Current Practice in Scotland [J]. European Planning Studies, 2006, 14(3): 397 – 408.

[32] Kong L. Culture, Economy, Policy: Trends and Developments[J]. Geoforum, 2000(31): 85 – 390.

[33] Lang, Robert and Karen Danielsen, eds. Review Roundtable: Cities and the Creative Class[J]. Journal of the American Planning Association, 2005, 71(2): 203 – 220.

[34] Lerner and Joshua. The Syndication of Venture Capital investment[J]. Financial Management, 1994.

[35] Lloyd, Richard. The Neighborhood in Cultural Production: Material and Symbolic Resources in the New Bohemia[J]. City and Community, 2004, 3(4): 343 – 371.

[36] Luciana Lazzerettia, Rafael Boixb, Francesco Caponea. Do

Creative Industries Cluster? Mapping Creative Local Production Systems in Italy and Spain [J]. Industry &Innovation, 2008 (15 - 5): 549 - 567.

[37]Maria Isabel Garcia, Yolanda Fernandez. The Economic Dimension of the Culture and Leisure Industry in Spain: National, Sectoral and Regional Analysis[J]. Journal of Cultural Economics, 2003, 27(1):9 - 30.

[38]. Mark Lorenzen and Lars Frederiksen. Why do Culture Industries Cluster? Localization, Urbanization, Products and Projects [J]. Creative Cities, Cultural Clusters and Local Economic Development, 2008:155 - 178.

[39] Mercer, Colin. Towards a Global Creative Infrastructure: New Roles for Cultural and Civic Networks and Institutions in the Digital age[A]. 2nd Asia/Pacific Culture Forum: Cultural Development in the New Information Age[C]. 10 March 1998, Seoul.

[40]Michael H. Best. The Competitive Advantage: The Renewal of American Industry [M]. Oxford: Oxford University Press, 2001: 1 - 8.

[41]Michela Addis. New Technologies and Cultural Consumption - Edutainment is Born! [J]. European Journal of Marketing, 2005, 39 (7/8):729 - 736.

[42]Mitchell D. There's No Such Thing as Culture: Towards a Reconceptualization of the Idea of Culture in Geography[J]. Transactions of the Institute of British Geographers, 1995(20): 102 - 16.

[43]M. K. Wai. In search of the market in China: The regional

dimension of Hong Kong's creative industries[J]. International Journal of Cultural Studies, September 1, 2006,9(3): 333 - 345.

[44]Morosini P. Industrial Clusters, Knowledge Integration and Performance[J]. World Development, 2004, 32(2):305 -326.

[45] Nachum, Lilach&Keeble, David. Foreign and Indigenous Firms in the Media Cluster of Central London [D]. ESRC Centre For Business Research, University of Cambridge Working, 2000.

[46]N. Bandelj. Economic Objects as Cultural Objects: Discourse on Foreign Investment in Post - socialist Europe[J]. Socio-econ. Rev. August 21, 2008; (2008) mwn014v1.

[47]Nicholas Garhham. Concept of Culture: Public Policy and the Cultural Industries [J]. Cultural Studies, 1987, 1(1):25.

[48]N. Kawashima. Advertising agencies, Media and Consumer Market: The Changing Quality of TV Advertising in Japan[J]. Media Culture Society, May 1, 2006, 28(3):393 - 410.

[49]Nonaka I. The Knowledge Creating Company [J]. Harvard Business Review, 1991, 69(6) :96 - 104.

[50]Peck, Jamie. Struggling with the Creative Class[A]. Paper presented at the American Association of Geographers meetings[C], Denver, February 2005.

[51]Pim den Hertog, Erik Brouwer, Sven Maltha. Innovation in an adolescent cluster: The Case of the Dutch multimedia cluster [D]. Paper prepared for the 3rd OECD Cluster Focus Group, 2000.

[52]Power D. Cultural industries in Sweden: An Assessment of Their Place in the Swedish Economy [J]. Economic Geography, 2002:

103 – 127.

[53]Power, Dominic and Allen Scott. Cultural Industries and the Production of Culture[M]. Routledge, 2004.

[54]Pratt A. C. Production Values: From Cultural Industries to the Governance of Culture[J]. Environment and Planning A, 1997a, 29:1911 – 1917.

[55]Pratt A. C. The Cultural Industries Sector: Its Definition and Character in Britain 1984 – 1991, from secondary sources on employment and trade[J]. Research Papers in Environmental and Spatial Analysis, 1997(41)(LSE, London).

[56]Press and Information Office of the Federal Government. Facts about Germany [M]. Germany: SocietasVerlag Frankfurt / Main, 1999.

[57]P. Sunley, S. Pinch, S. Reimer, and J. Macmillen. Innovation in a Creative Production System: The Case of Design [J]. Econ. Geogr., September 1, 2008, 8(5):675 – 698.

[58]Razita Carcofa. Technology transfer in the United States: Industrial Research at Engineering Research Centers and the Technological Needs of U.S. Industry [J]. Technological Forecasting and Social Change, 1991(3): 397 – 410.

[59]R. Mudambi. Location, Control and Innovation in Knowledge – intensive Industries [J]. J. Econ. Geogr., September 1, 2008, 8(5): 699 – 725.

[60]Rui Baptista, Peter Swann. Do Firms in Clusters Innovate More? [J]. Research Policly, 1998(27):525 – 540.

[61] Scott A. J. The Craft, Fashion, and Cultural – Products Industries of Los Angeles: Competitive Dynamics and Policy Dilemmas in a Multisectoral Image – Producing Complex[J]. Annals of the Association of American Geographers, 1996(86): 306 – 323.

[62] Scott A. J. The Cultural Economy of Cities [J]. International Journal of Urban and Regional Research, 1997(21): 323 – 339.

[63] Scott A. J. The Cultural Economy of Cities: Essay on the Geography of Image – Producing Industries[M]. Sage, 2000.

[64] Sharon Zukin. The Cultures of Cities[M]. Blackwell Publishers Ins, 1995.

[65] Stern, Mark. Culture and the Changing Urban Landscape: Philadelphia 1997 – 2002 [A]. Paper presented at the Regional Science Association International meetings [C]. Philadelphia, November 22, 2003.

[66] Storey J. An Introductory Guide to Cultural Theory and Popular Culture[M]. London: Harvester Wheatsheaf, 1993.

[67] Susanne Janssen, Giselinde Kuipers and Marc Verboord. Cultural Globalization and Arts Journalism: The International Orientation of Arts and Culture Coverage in Dutch, French, German, and U. S. Newspapers, 1955 to 2005[J]. American Sociological Review, 2008 (73): 719.

[68] Tallman S., Jenkins M., Henry N. Knowledge, Clusters, and Competitive Advantage [J]. A cademy of Management Review, 2004, 29 (2): 258 – 271.

[69] The Financial Ministry. The Swedish Budget 1990/91 [M].

Stockholm: Norstedts Tryckeri, 1990.

[70]Throsby D. Economics and Culture[M]. UK: Cambridge University Press,2001.

[71]Timothy Havens, Amanda D. Lotz, Serra Tinic . Critical Media Industry Studies: A Research Approach [J]. Communication, Culture & Critique,2009,2(2):234 -253.

[72]Toby Miller. From Creative to Cultural Industries[J]. Cultural Studies,2009,23(1): 88 -99.

[73]Unesco. Study on International Flows of Cultural Goods,1980 - 1998. UNESCO Publishing,2000.

[74]Unesco. The Futures of Culture [J]. Future - Oriented Studies Programmes,1991, 1(12).

[75]U. S. Department of Commerce/ International Trade Administration. U. S. Industry and Trade Outlook2000[M]. NY: mcgraw - hirr, 2000.

[76]Wynne Derek. Cultural industries[M]. Ashgate Publishing Company,1992.

[77]Yuko Aoyama, Hiro Izushi. Hardware gimmick or cultural innovation? Technological, cultural, and social foundations of the Japanese video game industry [J]. Research Policy, 2003(32): 423 -444.

[78]Zukin, Sharon. How to Create a Cultural Capitol: Reflections on Urban Markers and Places[A]. In Iwona Blazwick, ed. Century City: Art and Culture in the Modern Metropolis[C]. London: Tate Publishing, 2001.

[79]Zukin S. The Culture of Cities[M]. Blackwell,1995.

[80]安宇,田广增,沈山. 国外文化产业:概念界定与产业政策[J]. 世界经济与政治论坛,2004(6):6 - 9.

[81]鲍枫. 中国文化创意产业集群发展研究[D]. 吉林大学博士学位论文,2013.

[82]包国强. 论我国文化市场主体培育的路径选择[J]. 湖北社会科学,2011(2):75 - 77.

[83]博赫,肖红叶. 文化产业研究30年:现状与特点[J]. 江西财经大学学报,2011(3):18 - 21.

[84]蔡荣生,王勇. 国内外发展文化创意产业的政策研究[J]. 中国软科学,2009(8):77 - 84.

[85]蔡旺春,李光明. 中国制造业升级路径的新视角:文化产业与制造业融合[J]. 商业经济与管理,2011(2):58 - 63.

[86]曹小姣. 文化产业结构调整的新趋势[J]. 现代企业教育,2007(24):137.

[87]陈汉欣. 深圳文化创意产业的发展特点与集聚区浅析[J]. 经济地理,2009(5):757 - 763.

[88]陈红玉. 中国文化产业创新政策研究[M]. 北京:北京理工大学出版社,2012.

[89]陈剑锋,陈洋. 基于产业集群的知识管理研究[J]. 科技管理研究,2003(4):65 - 69.

[90]陈力,鲁若愚. 企业知识整合研究[J]. 科研管理,2003(3):32 - 38.

[91]陈勤建. 当代中国非物质文化遗产保护——陈勤建教授在华东师范大学的演讲[N]. 解放日报,2005 - 10 - 31.

[92]陈少峰. 文化体制改革趋势[J]. 文化月刊,2003(8):

17 – 20.

[93]陈向东,王晓方. 创意产业广电行业国际竞争力的比较分析——基于中国和欧洲的对比[J]. 现代商业,2011(17):12 – 14.

[94]陈煦. 文化主权、文化产业与全球化趋势[J]. 四川行政学院学报,2003(1):90 – 93.

[95]陈祝平,黄艳麟. 创意产业集聚区的形成机理[J]. 国际商务研究,2006(4):1 – 6.

[96]成思危. 论创新型国家的建设[J]. 中国软科学,2009(12):1 – 14.

[97]丹增. 关于发展文化产业的思考[J]. 求是,2004(6):43 – 45.

[98]杜丽芬. 新兴文化业态:核心概念及其初步分类[J]. 商场现代化,2010(6):109 – 111.

[99]范周. 中国文化产业园区现状及问题分析——以国家级文化产业园区为例[J]. 文化月刊,2010(5):61 – 64.

[100]高闯,关鑫. 企业商业模式创新的实现方式与演进机理——一种基于价值链创新的理论解释[J]. 中国工业经济,2006(11):85.

[101]顾江. 文化产业经济学[M]. 南京:南京大学出版社,2007.

[102]顾江. 文化产业研究[M]. 南京:南京大学出版社,2006.

[103]河南产业集聚区网[EB/OL]. http://www.chanyejiju.com/.

[104]河南企业统计服务网[EB/OL]. http://dcp.ha.stats.gov.cn/.

[105]河南省人民政府[EB/OL]. http://www.henan.gov.cn/.

[106]河南统计网[EB/OL]. http://www.ha.stats.gov.cn/hntj/index.htm.

[107][美]亨利·明茨伯格.明茨伯格论管理[M].闾佳译,北京:机械工业出版社,2010.

[108]侯志茹.产业集群发展的动力机制及其实证研究——以长春汽车产业为例[J].工业技术经济,2008(3):49-52.

[109]胡惠林.论中国文化产业发展的"走出去"战略[J].思想战线,2004(3):36.

[110]胡惠林.文化产业概论[M].昆明:云南大学出版社,2005.

[111]胡惠林.文化产业学:现代文化产业理论与政策[J].上海:上海文艺出版社,2006.

[112]胡青丹.发达国家文化产业发展战略探析[J].经济师,2009(11):73-75.

[113]花建.经济全球化与中国文化产业的资源开发战略[J].上海社会科学院学术季刊,2001(1):129-138.

[114]花建.推动文化产业的集聚发展——"十二五"期间提升中国文化软实力的重大课题[J].社会科学,2011(1):14-22.

[115]黄娟.影响文化产业集群生成和发展的因素分析[D].江西财经大学硕士学位论文,2013.

[116]黄振平.创建国家级文化品牌提升文化软实力[J].江海纵横,2008(4):34-35.

[117]姜明君.产业集聚区知识管理模式研究[D].哈尔滨理

工大学硕士学位论文,2012.

[118]姜晓丽.面向高技术产业集群自主创新过程的知识资源整合[J].图书情报工作,2011(9):92-98.

[119]姜照华,隆连堂,张米尔.产业集群条件下知识供应链与知识网络的动力学模型探讨[J].科学学与科学技术管理,2004(7):55-601.

[120]蒋萍,王勇.全口径中国文化产业投入产出效率研究[J].数量经济技术经济研究,2011(12):69-81.

[121]蒋三庚,张杰,王晓红.文化创意产业集群研究[M].北京:首都经贸大学出版社,2010.

[122]焦豪.双元型组织竞争优势的构建路径:基于动态能力理论的实证研究[J].管理世界,2011(11):76-91.

[123]焦豪,魏江,崔瑜.企业动态能力构建路径分析:基于创业导向和组织学习的视角[J].管理世界,2008(4):91-106.

[124]金镭,沈玉志,周平.基于产业集群的知识管理研究[J].现代管理科学,2004(6):34-35.

[125]金元浦.文化创意产业与北京的发展[J].前线,2006(3):25-26.

[126]康小明,向勇.产业集群与文化产业竞争力的提升[J].北京大学学报(哲学社会科学版),2005(2):18-21.

[127]雷晴岚.全球化进程与民族文化多样性[J].广东省社会主义学院学报,2010,40(3):27-31.

[128]雷小龙,张飞鹏.近年来文化市场的发展特点与政策应对[J].中国市场,2011(31):6-7.

[129][美]理查德化.凯夫斯.创意产业经济学:艺术的经商之

道[M]. 孙排等译,北京:新华出版社,2004.

[130]李波,王谦,汪寿阳,邢伟. 中外文化产业分类体系比较研究[J]. 管理评论 ,2010(3):12－18.

[131]李国传. 论文化市场的繁荣和管理[J]. 才智,2011(22):149.

[132]李海舰,王松. 文化与经济的融合发展研究[J]. 中国工业经济,2010(9):1－11.

[133]李毅,时秀梅. 制度嵌入性视角的产业集群发展研究——以青海藏毯产业集群为例[Z]. 中国企业管理研究会2012年年会,2012.

[134]李勇,史占中,屠梅曾. 知识网络与企业动态能力[J]. 情报科学,2006,24(3):434－437.

[135]李志刚,汤书昆,梁晓艳,肖伟科. 基于网络结构的产业集群知识创新和扩散绩效[J]. 系统工程,2007,25(5):1－8.

[136]李宗桂. 经济全球化与民族文化建设[J]. 哲学研究,2001(1):13－18.

[137]厉无畏. 创意产业导论[M]. 北京:学林出版社,2006.

[138]厉无畏. 创意产业:转变经济发展方式的策动力[M]. 上海:上海社会科学出版社,2008.

[139]厉无畏,王慧敏. 创意产业促进经济增长方式转变[J]. 中国工业经济,2006(11):5－13.

[140]厉无畏,王慧敏. 创意产业新论[M]. 上海:东方出版中心,2009.

[141]廖广莉,谢洪波. “十二五”时期我国文化产业发展建议[J]. 宏观经济管理,2011(7):54－55.

[142]林熠. 论中国文化产业的可持续发展:打造核心竞争力——中国文化产业竞争力评价理论研究[J]. 天津行政学院学报,2003(3):69.

[143]林拓. 世界文化产业发展前沿报告[M]. 北京:社会科学文献出版社,2004.

[144]伶贺丰. 英国文化创意产业发展概括及其启示[J]. 科技与管理,2005(1):30-32.

[145]刘恒江,陈继祥. 基于动力机制的我国产业集群发展研究[J]. 经济地理,2005(5):607-611.

[146]刘虹杉. 文化经济时代我国文化产业的发展与管理探究[J]. 科技创新导报,2011(21):121.

[147]刘宽忍. 立足本土优势,实现文化产业跨越式发展[J]. 民主,2004(4):41-42.

[148]刘丽,张焕波. 北京文化创意产业集群发展问题研究[J]. 中国农业大学学报,2006(3):47-52.

[149]刘兴华. 依靠体制创新实现我国文化产业跨越式发展[A]//2008年中国文化产业发展报告[C],2008:75.

[150]刘志华,孙丽君. 中美文化产业行业分类标准及发展优势比较[J]. 经济社会体制比较,2010(1):191-194.

[151]罗建华,李铁宁,朱婀丹. 文化产业组织现状及其发展和完善的目标分析[J]. 生产力研究,2008(1):110-112.

[152]麻敏,李勇. 文化产业集群竞争力的评价方法[J]. 统计与决策,2014(1):83-86.

[153]买忆媛,彭一林,乔俊杰. 区域产业集群的知识流动整合及绩效研究[J]. 地域研究与开发,2005(12):22-25.

[154][美]迈克尔·波特. 国家竞争优势[M]. 北京:华夏出版社,2002.

[155]牛慧卿. 基于 SaaS 的产业集群知识集成系统研究[M]. 北京:科学技术文献出版社,2013:68-79.

[156]潘海生、周志刚. 产业集群发展动力因素演进机制研究[J]. 科技管理研究,2008(9):271-274 .

[157]彭灿,陈丽芝. 基于知识的企业集群核心竞争力培育[J]. 科学管理研究,2006(4):67-70.

[158]齐骥. 我国文化产业集群发展的障碍与路径[J]. 中华文化论坛,2013(8):93-99.

[159]祁述裕,殷国俊. 中国文化产业国际竞争力评价和若干建议[J]. 国家行政学院学报,2005(2):50-53.

[160]齐勇锋,王家新. 建构公共文化服务体系的探索[J]. 2006 年中国文化产业发展报告[R]. 北京:社会科学文献出版社,2006.

[161]秦璇. 经济全球过程中美国文化产业的影响分析[J]. 当代经济,2006 (24):92-93.

[162]仇保兴. 小企业集群研究[M]. 上海:复旦大学出版社,1999 .

[163]任皓,邓三鸿. 知识管理的重要步骤——知识整合[J]. 情报科学,2002,20(6):650-653.

[164]任天峰. 创意产业的若干思考[J]. 商场现代化,2006(5):193-194.

[165]Saxenian. 地区优势——硅谷和 128 公路地区的文化和竞争[M]. 上海:上海远东出版社,1999.

[166]单世联.全球化时代的文化多样性[J].天津社会科学,2005 (2):24－31.

[167]上海文化发展基金办公室.C产业:创意型经济的引擎——上海创意产业的业态观察[M].上海:上海三联书店,2006.

[168]尚云仙.文化产业集群发展的战略思考——以河北省文化产业发展为例[J].开发研究,2013(6):50－53.

[169]苏宝芳.后危机时期我国文化产业发展的机遇与对策[J].改革与战略,2011(2):119－121.

[170]苏勇,周笑.上海文化产业与风险投资问题研究[R],2006.

[171]孙科,汪应洛,杨彤.集群的知识活动研究[J].科学学研究,2005,23(1):106－110.

[172]孙剑锋.全球化时代文化产业的内涵与本质特征[J].浙江省委党校学报,2006 (6):123－125.

[173]孙启明.文化创意产业的形成与历史沿革.文化创意产业前沿—希望:新媒体崛起[M].北京:中国传媒大学出版社,2008.

[174]谭正达,王文平.产业集群的知识共享机制的演化博弈分析[J].运筹与管理,2006(4):56－64.

[175]田卫东,张健.文化产业的时代语境及实践诉求[J].齐鲁学刊,2010(3):87－89.

[176]万钢.加快推进科技成果向现实生产力转化[J].求是,2011(13):52－55.

[177]万晶.文化产业集群形成研究[D].江西财经大学硕士学位论文,2013.

[178]王关义,刘希. 论中国文化创意产业商业模式创新的路径选择[Z]. 中国企业管理研究会 2013 年年会暨“文化发展与管理创新学术研讨会”,2013.

[179]王宏伟. 传统文化隐喻:神垕钧瓷历史变迁的社会学考察[D]. 华中师范大学博士学位论文,2009.

[180]王缉慈,童昕. 简论我国地方企业集群的研究意义[J]. 经济地理,2001(5):550-553.

[181]王琳. 我国创意产业发展的现状、问题与对策[J]. 理论探索,2007(5):112-114.

[182]王琳. 中国大城市文化产业综合评价指标体系研究[M]. 北京:社会科学文献出版社,308-309.

[183]王彤玲,吴强. 文化创意产业集群的分层与分布[N]. 光明日报,2011-3-25.

[184]王颖. 全球化背景下中国文化产业竞争力研究[D]. 吉林大学,2007.

[185]王哲平. “全球化”背景下世界文化产业发展的新趋向[J]. 南京社会科学,2003(8):4-7.

[186]卫绍生. 集聚发展促河南文化产业做大做强[N]. 河南日报,2014-4-23.

[187]魏剑锋. 产业集群的动态形成机制探析[J]. 经济经纬,2006(5):64-67.

[188]魏江,王铜安. 知识整合的分析框架:评价、途径与要素[J]. 西安电子科技大学学报(社会科学版),2008,18(2):8-14.

[189]魏江. 小企业集群创新网络的知识溢出效应分析[J]. 科研管理,2003(4):54-60.

[190]魏守华. 集群竞争力的动力机制以及实证分析[J]. 中国工业经济,2002(10):27－34 .

[191]魏婷. 中国文化产业未来研究趋势探析[J]. 山东经济,2011(4):81－85.

[192]闻科. 推进文化与科技融合,开创文化科技工作新局面[J]. 艺术百家,2011 (1):239－243.

[193]吴金希. 理解创新文化的一个综合性框架及其政策含义[J]. 中国软科学,2011(5):65－73.

[194]吴向鹏. 产业集群理论及其进展[J]. 四川行政学院学报,2003(2):51－54.

[195]吴学丽. 试析我国文化产业的体制转型[J]. 商业时代,2011(16):31－33.

[196]夏长荣. 文化产业结构之确立原则[J]. 重庆社会科学,2004(9):3－5.

[197]谢名家. 建设中国特色文化产业新论[J]. 广东社会科学,2003(3):10－12.

[198]熊澄宇. 英国创意产业发展的启示[J]. 求是,2012(7):58－60.

[199]熊春林,黄正泉,梁剑宏. 国内文化生态研究述评[J]. 生态经济,2010(3):153－159.

[200]熊正德,郭荣凤. 国家文化软实力评价及提升路径研究[J]. 中国工业经济,2011(9):16－26.

[201]徐浩然,雷琛烨. 文化产业管理[M]. 北京:社会科学文献出版社,2006.

[202]徐俊,丁烈云. 依靠科技创新促进文化产业发展[J]. 中

国科技论坛,2006(3):18 - 22.

[203][瑞士]亚历山大·奥斯特瓦德,[比利时]伊夫·皮尼厄.商业模式新生代[M].王帅,毛心宇,严威,译.北京:机械工业出版社,2011.

[204]闫文圣.关于产业集群动力机制动态模型的探讨[J].自然辩证法研究,2006(4):56 - 60 .

[205]杨东篱.发展文化产业与构建良性文化生态[J]..天府新论,2011(1):116 - 119.

[206]杨海霞,郑晓红.国外创意产业发展情况及其启示[J].经济师,2006(10):53 - 54.

[207]杨吉华.我国文化产业结构存在的问题及对策[J].番禺职业技术学院学报,2007(1):12 - 15.

[208]叶朗.全面推动与高质量起跳——21 世纪的中国文化产业[M].北大文化产业前沿报告[R].北京:群言出版社,2004.

[209][英]马歇尔.经济学原理[M].朱志泰译.北京:商务印书馆,1965.

[210]苑浩.全球文化产业发展的最新趋势及政策分析[J].国外社会科学,2006 (1):45 - 52.

[211]袁维海.文化产业发展问题与对策探析[J].华东经济管理,2004(1):56 - 59.

[212]赵晶媛.文化产业与管理[M].北京:清华大学出版社,2013.

[213]赵锐.创意产业的知识产权保护研究[M].北京:知识产权出版社,2012.

[214]赵维新.坚持与完善政府主导型旅游发展模式[J].中州

大学学报,2005(10):29－32.

[215]张红,程钦华,尹金龙.不同类型的产业集群内知识活动的比较分析[J].经济问题探索,2008(2):46－50.

[216]张红曼,韩尊炳,苏玲.国外创意产业发展对我国的启示[J].长春理工大学学报,2007(5):47－49.

[217]张京成.中国创意产业发展报告(2006)[M].北京:中国经济出版社,2006.

[218]张京成,王国华.创意城市蓝皮书:北京文化创意产业发展报告[D].北京:社会科学文献出版社,2012.

[219]张平,张磊.中国未来经济发展所面临的重大国际机遇[J].现代经济探讨,2004 (1):3－6.

[220]张晓玲.我国网络文化产业相关法律制度的完善[J].情报杂志,2007(1):86－88.

[221]张钰.文化产业集群发展的动力机制研究——以山东省为例[D].山东财经大学硕士学位论文,2013.

[222]张玉国,朱筱林.文化、贸易和全球化[M].北京:中国出版社,2003.

[223]张玉国.文化产业与政策导论[M].北京:高等教育出版社,2006.

[224]郑百灵,周荫祖.关于我国文化产业发展的若干思考[J].当代财经,2002(9):13－16.

[225]郑琳.探解提高我国文化产业的国际竞争力[J].南昌大学学报(人文社会科学版),2005,36(6):66－69.

[226]郑元凯.我国文化产业的发展现状与战略对策[J].经济与社会发展,2007(2):73－76.

[227]中国文化产业网[EB/OL]. http://www.cnci.gov.cn/.

[229]周文彰. 文化的出路就是经济转型升级之路[J]. 北京联合大学学报,2012(3):5-11.

[228]周乙陶. 经济转型时期的民族传统手工艺[J]. 中南民族大学学报(人文社会科学版),2007(3):58-61.

[229]朱荣林. 走向长三角——都市圈经济宏观形势与体制改革视角[M]. 学林出版社,2004.

[230]左和平. 基于全球价值链的陶瓷产业集群升级研究[D]. 南昌大学博士学位论文,2010.

[231]左和平,徐敏燕. 文化与科技融合下传统产业转型升级:理论与实证[R]. 中国企业管理研究会2013年年会暨"文化发展与管理创新学术研讨会",2013.

索引

B

保障机制　139

C

产业集群　5,6

产业集群理论　59

产业竞争力　67

产业结构升级　86

产业价值链　91,98

创意经济　148,149,152,153

创意产业　156,157

创意人　259,260,261,262

D

动力机制　90,97

F

发展战略　57

发展路径　213

H

河南文化产业　218,224,241

J

集群　5

集群效能　287,288

K

科技支撑　174

P

品牌与营销创新　290

S

商业模式　175,176

市场发展与监管体系创新　282

T

投入产出效率　194,198

投融资机制创新　266

W

文化产业　1,2,3,26,33,43,44,45,46,47

文化产业分类　29,30

文化产业集群　8,14,57,72,73

文化与科技融合　79,85

文化产业集群发展　90,93

文化产业集群知识整合　125,127,129,130,133

文化创意　75

文化创意产业　158,159,161,162

文化创意产业集群　163,164,165

文化理念　173

文化产业竞争力　10,183,184,186,187

文化产业集群竞争力　190,191

文化产业集群效率　195

文化产业园区　206,207

文化产业体制创新　250

文化产品　291,292

X

协调竞争机制　99

学习创新机制　100

Y

运行机制　137

Z

支撑保障机制　101

知识整合　121

知识联盟　135,136,137

知识整合绩效　140

战略性支撑体系　25